Jörg-Peter Schröder
Machen Sie doch, was Sie wollen

Für Claudia, die mich wach geküsst hat

Die Namen der im Buch genannten Personen sind verändert oder erfunden. Eine Übereinstimmung mit lebenden Personen wäre rein zufällig und ist nicht beabsichtigt.
Aus Gründen der Praktikabilität wird die männliche Version von Begriffen benutzt – Frauen sollen sich nicht benachteiligt fühlen. Sie sind immer mitgemeint.
Das vorliegende Buch ist sehr sorgfältig recherchiert und erarbeitet worden. Dennoch erfolgen alle Angaben ohne Gewähr. Weder Autor noch Verlag können für eventuelle Nachteile oder Schäden, die aus den im Buch gemachten Hinweisen oder Übungen resultieren, eine Haftung übernehmen.

Jörg-Peter Schröder

Machen Sie doch, was Sie wollen

Meilensteine zu mehr Selbstverantwortung und Lebensglück

GABAL
management

Bibliografische Information Der Deutschen Bibliothek

Die Deutsche Bibliothek verzeichnet diese Publikation in der Deutschen Nationalbibliografie; detaillierte bibliografische Daten sind im Internet über <http://dnb.ddb.de> abrufbar.

ISBN 3-89749-351-9

Lektorat: Susanne von Ahn, Hasloh
Umschlaggestaltung: +malsy Kommunikation und Gestaltung, Bremen
Satz und Layout: Das Herstellungsbüro, Hamburg
Druck und Bindung: RGG Printmedien, Braunschweig

www.gabal-verlag.de – More success for you!

Inhalt

Vorwort *von Dr. Marco von Münchhausen* **9**
Zu Risiken und Nebenwirkungen des Buches **11**
Hinleitung **14**

Schritt 1: Über Negativfrequenzen und innere Energieräuber – eine Schwachstellenbeschreibung 21
Darum geht es **22**
Alles ist eine Frage der Einstellung **23**
Das Syndrom der Totalverzettelung – die Lebenszerfaserung **27**
Apfelstrudel statt Alltagsstrudel **33**
Marionettentheater und persönliche Spielfilme **42**
Jammerparaden – die anderen sind schuld **56**
Vergleichen – der Wurm der Unzufriedenheit **60**
Der goldene Mittelweg – das Mittelmaß aller Dinge **64**
Arbeit, Arbeit über alles – die Arbeits-Sucht **68**
Angst-Würmer und Verwandte **71**
Grübeln und Endlosschleifen **79**
Fazit: Unsere inneren Energieräuber **82**

Schritt 2: Lebensinventur und persönlicher Masterplan – das Delta zwischen IST-Analyse und SOLL-Konzeption 83
Darum geht es **84**
Rückblick auf Ihren persönlichen Lebensweg **85**
Alarmzeichen und Orientierungsbojen als Wegweiser **89**
Ihr Gesundheitszentrum **95**
Beziehungsmanagement – Ihr emotionales Kraftwerk **101**
Energie-Check – Ihr persönlicher Frequenzmesser **105**
Talentschuppen und Arbeitskraft **111**

Zeit-Zeichen – die Zeichen der Zeit **133**
Der Leisure-Plan – sinnvoller Umgang mit der Frei-Zeit **142**
Der Geldstrom – Ihre finanzielle Unabhängigkeit **149**
Ihre persönliche Lebenslandkarte **156**
Fazit: Ihr persönlicher Masterplan **162**

Schritt 3: Aufbruchstimmung – der Aktionsplan 163
Darum geht es **164**
Das Projektmanagement Ihrer Potenziale **165**
Superbleifrei leben **177**
Vorzeichenwechsel und Transformation **187**
Das Lernkraftwerk **198**
Das Klärwerk **201**
Die Weiche stellen – effektiv oder effizient? **207**
Turbo-Kommunikation und Informationsmanagement **212**
Fazit: Ihr Aktionsplan **222**

Schritt 4: The Power of Change – Sprungbrett zur grenzenlosen Energie 223
Darum geht es **224**
Sprungbrett 1: Der Dreiklang der Individualitäts-Sinn-Fonie **225**
Sprungbrett 2: You can go your own way **231**
Sprungbrett 3: Lebendigkeit heißt proaktive Verantwortung **236**
Sprungbrett 4: Sky is the limit **240**
Sprungbrett 5: Tanzen statt kämpfen – vom Frust zur Lust **243**
Sprungbrett 6: Spiel(t)räume erschließen **248**
Sprungbrett 7: Nix ist fix **253**
Sprungbrett 8: Wer zuerst lacht, lacht am besten **256**
Fazit: Sprungbretter zur Veränderung **259**

Der Neu-Anfang 261
Der Neu-Anfang **262**
Positivaffirmationen für den Alltag **265**
Epilog **269**

Über den Autor **271**
Das kleine Energie-Glossar **272**
Literaturhinweise **274**
Stichwortverzeichis **278**

*»Wir können einander verstehen,
aber deuten kann jeder nur sich selbst.«*
Hermann Hesse

Vorwort

In einer sich immer schneller drehenden Welt mit hohen individuellen Arbeitsbelastungen, Stress und notorischer Zeitverknappung kommt dieses Buch gerade recht. Es behandelt unterhaltsam und kompetent ein hochaktuelles Thema: Was hält uns ab vom erfüllten, selbstbestimmten Leben?

Lebensfreude und persönliche Zufriedenheit sind Gradmesser für die optimale Umsetzung unserer individuellen Anlagen. Umgekehrt sind Frustrationen ein Ausdruck nicht gelebter Potenziale. In den letzten Jahren habe ich mit vielen Persönlichkeiten aus Unternehmen in verschiedenen Ländern gearbeitet. Mir wurde dabei immer wieder bestätigt, dass persönliche Talente, Befähigungen und Begabungen sich nicht voll entwickeln können, wenn sie durch Fremdbestimmung blockiert sind. Wir müssen uns immer aufs Neue fragen: Was ist mein Weg? Wie kann ich machen, was ich will?

Jörg-Peter Schröder gelingt es in einem didaktisch ausgefeilten Schritt-für-Schritt-Verfahren, auch durch Arbeit überlasteten Menschen Techniken und Wege zur persönlichen Effektivität zu vermitteln. Praxiserprobte Werkzeuge wie Übungen und Checklisten helfen, den eigenen Energieräubern auf die Schliche und der persönlichen Kernkompetenz erfolgreich und nachhaltig auf die Spur zu kommen. Dabei nutzt der Autor seinen ganzheitlichen Blickwinkel als Arzt wie seine Erfahrungen im Management, was ihm hohe Glaubwürdigkeit verleiht.

Im vorliegenden Buch lesen Sie, wie Sie Ihre Lebensvision finden, einen individuellen Aktionsplan entwickeln und die richtigen Sprungbretter zur Umsetzung nutzen. Kurz: wie Sie machen, was Ihnen entspricht, was Sie wollen.

Eine Reihe von Beispielen und Erlebnisberichten aus dem Business- und Lebensalltag machen dieses locker und erfrischend frech geschriebene Buch besonders anschaulich und helfen, die Klippen des Alltagsstrudels zu umschiffen. Der Autor ist ein Meister der Verbalakrobatik. Er versteht es, mit Worten wie mit Ideen zu jonglieren, Inhalte spielerisch und humorvoll verpackt an Leserin und Leser zu bringen. Mit messerscharfem Verstand und mitreißendem Enthusiasmus beschreibt Jörg-Peter Schröder einen Spannungsbogen zwischen wissenschaftlicher Theorie und verständlicher, gut nachvollziehbarer Umsetzungspraxis.

Die im Buch vorgestellten Schritte können Ihnen viel Zeit und Arbeit ersparen, die Sie sonst für Seminare aufwenden müssten.

Vor einigen Jahren habe ich Jörg-Peter Schröder über den Wolken auf einem Flug nach Berlin kennen gelernt. Damals schon faszinierte er mich mit seinen brillanten Ideen, wie sich äußerer Druck in inneren Drang verwandeln lässt. Manche seiner Anregungen sind auch in meine Bücher *So zähmen Sie Ihren inneren Schweinehund* oder *Die vier Säulen der Lebensbalance* eingeflossen. Für mich ist das Buch von Jörg-Peter Schröder ein unverzichtbarer Begleiter auf dem individuellen Wachstumspfad.

Machen Sie doch, was Sie wollen! Ich wünsche Ihnen viel Erfolg dabei.

Ihr Dr. Marco von Münchhausen

Zu Risiken und Nebenwirkungen des Buches

Warum machen wir nicht einfach, was wir wollen? Was zieht uns runter? Wer oder was raubt uns unsere Energie und unsere Power? Sehr bald kommen wir uns selbst auf die Schliche und merken, dass wir es sind, die Diebe, die unsere Energie stehlen. Wir entlarven die inneren Räuber und treffen Vorsichtsmaßnahmen, damit wir uns in Zukunft nicht länger selbst bestehlen.

Der Mensch – ein hochmodernes Energieunternehmen

Wie können wir einfach das machen, was wir wollen? Bei stagnierender Wirtschaft ist das innere Wachstum der größte Wachstumsmarkt, wenn wir professionell vorgehen. Der Mensch ist ein hochmodernes Energieunternehmen – Energie ist unser Lebenselixier. Das wussten bereits die Chinesen vor mehr als 4000 Jahren, die sich mit dem Energiefluss Qi im Körper beschäftigt haben. Wie jedes erfolgreiche Unternehmen benötigen wir ein professionelles Energiemanagement für einen sinnvollen Umgang mit unseren Ressourcen und unseren Potenzialen (KÖNNEN), damit wir einfach das MACHEN können, was wir WOLLEN. Werden Sie zum Energiemanager, lassen Sie Ihre kreative Energie fließen und nutzen Sie erneuerbare Energien, anstatt Ihre letzten Kraftreserven zu verheizen oder zu blockieren!

Was kostet es uns, nicht das zu machen, was wir wollen? Jede Energie, die Sie für etwas aufwenden, das Ihnen nicht entspricht, ist Negativenergie. Sie zehrt an Ihren Reserven und führt über einen Energiemangel zum Erlahmen Ihres inneren Schaffensdrangs und Ihrer Kräfte. Positivenergie bedeutet, dass Sie Energie in die Dinge stecken, die Ihnen Spaß und Freude bereiten. Das setzt immer wieder neue Energie frei. Gemeinsam werden wir daran arbeiten, Negativenergie in Positivenergie zu verwandeln. Ziel ist es, die für uns richtige Frequenz und ein optimales Energieniveau zu erreichen.

Alte Weisheiten und moderne Techniken

Da unsere Energie sehr kostbar ist, gilt es, die Symptome des Energieverlustes zu erkennen, die richtige Diagnose zu stellen und dann gezielte Energie- und Wachstumsmaßnahmen einzuleiten. Der hier dargestellte ganzheitlich energetische Ansatz basiert auf sehr alten Prinzipien des Lebens: Er integriert vernetzend die unterschiedlichen Lebensdimensionen. Alte östliche und arabische Weisheiten werden im Lichte einer sich immer schneller drehenden Welt mit effektiven Methoden und erprobten Instrumenten aus dem Projektmanagement und der westlichen Wissenschaft kombiniert und gedanklich neu destilliert, um anstehende Veränderungen schwungvoll und leicht zu meistern. Sie sind einfach und leicht anwendbar, individuell dosierbar und wohl bekömmlich.

Wenn Sie auf einer schlechten Frequenz leben, ist Ihr Energiefluss blockiert. Häufig reicht bereits eine kleine Veränderung, um die Energie wieder ins Fließen zu bringen. Der Diagnostik folgt die Therapie auf dem Fuße. Im Buch werden Ihnen unterschiedliche Würmer und Gifte begegnen, die uns unsere Energie rauben und uns lähmen. Ich stelle Ihnen Therapievorschläge für »Entwurmungskuren« und »Entgiftungen« vor, damit Ihnen die Würmer nicht weiterhin Ihre Energie abziehen und die Gifte Sie nicht länger lähmen. Die Maßnahmen sind einfach anwendbar. Mit diagnostischen Fragen möchte ich Ihnen Denk- und Handlungsanstöße geben. Bei allen Herausforderungen geht es mehr um Reflexion als um Rezepte, wie Sie Ihr Leben eigenverantwortlich leben können.

Übungen auf CD

Diesem Buch ist eine CD mit Übungen beigelegt, die Ihnen dabei helfen können, Ihren aktuellen Energiezustand zu überprüfen und vom IST ausgehend sinnvolle SOLL-Ziele zu formulieren und Schritt für Schritt umzusetzen. Die Übungen finden Sie auch im Buch abgedruckt.

Wir werden eine Lebensinventur durchführen, bei der Sie sich selbst besser kennen lernen und erforschen können. Dabei lade ich Sie auf eine Forschungsreise ein. Diese Forschungsreise ist eine andere als die, bei der man Berge erklimmt, Urwälder durchdringt, Flüsse überquert und neue Kontinente entdeckt. Sie führt uns ins geheimnisvolle Land des menschlichen Seins und des Bewusstseins. Hierbei geht es weniger um kurzfristige Ziele als um die individuelle Route zu unserer Kraft und zu uns selbst. Unsere Aufgabe ist es, in völligem Einklang mit der Welt und uns selbst das tiefe innere Glück zu finden.

Lebensinventur

Zu Risiken und Nebenwirkungen brauchen Sie weder Ihren Arzt noch Ihren Apotheker zu befragen. Das Risiko ist, Gewohntes in Frage zu stellen. Als Nebenwirkung könnte auftreten, dass Sie an Ihrem eigenen Fundament kräftig rütteln (dürfen). Die Entscheidung liegt bei Ihnen. Das Buch wird Sie auf diesem Weg begleiten. Sie werden sich selbst näher kennen lernen, sich selbst besser verstehen und Dinge in Ihrem Leben effektiv verändern können.

Auf Ihrem Weg, endlich das zu machen, was Sie wollen, finden Sie Tankstellen und Energiequellen, um die eigene Lebensbatterie wieder aufzuladen. Ich wünsche Ihnen, dass Sie Ihre Energie auf bester Frequenz leben, voll in die eigene Kraft kommen und die anstehenden Veränderungen mit Leichtigkeit und Schwung meistern können, damit Sie *machen können, was Sie wollen.*

Dr. Jörg-Peter Schröder
Budenheim

Hinleitung

> *»Do what you want to make you feel better.«*
> Alan Parsons Project

Carola Weber ist das, was man eine Geschäftsfrau nennt: taff, analytisch, effizient, strukturiert und engagiert. Die junge Controllerin nimmt jeden Morgen denselben Weg zur Bushaltestelle. Seit ihrer Kindheit macht sie alle Dinge schnell und effizient: schnell aufstehen, schnell duschen und anziehen, schnell frühstücken und zack-zack los. Heute jedoch hat der Bus Verspätung. Genervt beginnt sie durch die Zeitung zu blättern, als ihr Blick auf die Anzeige einer Londoner Inneneinrichtungsschule fällt. Carola durchzuckt es. Seit Jahren träumt sie davon, schöne Wohnungen und Häuser nach ihren Vorstellungen zu gestalten, Inneneinrichtungen zu entwerfen und zu verkaufen. Als sie sich gerade vorstellt, wie sie einem Kunden neue Stoffe für ein Kaminzimmer präsentiert, holt sie das Quietschen der Bremsen des herannahenden Busses aus der Traumwelt – schnell faltet sie die Zeitung zusammen und steigt ein. Jetzt aber los.

Geht es Ihnen ähnlich? Haben Sie ähnliche Träume wie Carola? Wünschen Sie sich auch,

- das zu machen, wovon Sie schon seit Jahren träumen?
- endlich nach Ihren eigenen Vorstellungen, Begabungen und Talenten zu leben und zu arbeiten?
- Erfüllung und Berufung in der Arbeit zu spüren?
- mehr Zeit für sich selbst zu haben?
- mit mehr Spaß und Leichtigkeit zu leben?

Ja? Wenn Sie dem zustimmen, sind Sie nicht allein. Dieses Buch ist entstanden aus meinen Erfahrungen mit Menschen in Seminaren, Workshops und Fortbildungsveranstaltungen zu den Themen Führung, Change-, Projekt-, Prozess- und Informationsmanagement. Das Feedback aus vielen Gesprächen mit Führungskräften aus Industrie, Forschung, Fachgesellschaften, Behörden und Dienstleistungsinstitutionen untermauert die Kernaussagen der folgenden Kapitel.

Worum es in diesem Buch geht – und worum nicht

MACHEN

Worum geht es in diesem Buch? MACHEN Sie doch, was Sie wollen. Es geht um das MACHEN, nicht um das, was Sie überlegen oder träumen. Wichtig ist, dass Sie auf der Basis Ihrer Lebensvision Ziele definieren und sich dann mit klaren Vorstellungen und Ihren Werten im Gepäck auf den Weg MACHEN. Es geht um die Erfüllung und Umsetzung Ihrer Träume. Das MACHEN muss leicht und einfach gehen. Nicht doppelt und dreifach, sondern einfach. Wenn es leicht und einfach geht, kostet es auch keine Kraft oder persönliche Energie. Alles, was schwer geht, ist letztlich falsch.

SIE

Machen SIE doch, was SIE wollen. Es geht um SIE! Nicht jemand anderes ist gefragt, sondern SIE. SIE sollen machen. Niemand anderes wird es für SIE tun. Was SIE wollen, betrifft Ihren innigsten Wunsch – das, wofür SIE wirklich brennen. Bei einer Neuorientierung im beruflichen Teil Ihres Lebens geht es eben nicht darum, was am Arbeitsmarkt gebraucht wird, sondern um das, was SIE wollen. Wichtig ist, dass SIE mit Lust und innerem Feuer fehlerfroh und zweifellos machen, was Ihnen am meisten entspricht und was SIE wirklich aus voll(st)em Herzen wollen. Individualisierung strebt nach anderen Dingen als nur nach Geld. Wichtigere Vokabeln sind Selbstbestimmung, Authentizität, persönliche Freiheit und eine ganzheitlich an Werten orientierte Weiterentwicklung. Wir alle wollen uns mit einer sinnvollen Arbeit identifizieren und uns nicht als seelenlose Sklaven an Konzerne verkaufen. Das bedeutet, in hohem Maße eigenverantwortlich zu handeln. Individualisierte Menschen lassen sich nicht mehr in »Pseudo-Wohlfühl-Kuschel-Teams« dressieren, sondern wollen einfach ihr Ding machen. Nicht mehr für andere durch immer höher gehaltene Ringe springen, sondern aus eigener Kraft selbst gesetzte Sprungmarken überspringen – und das zum Vorteil von Unternehmen –, ist die Devise von selbstbestimmtem Arbeiten. Es geht um eigene Ziele und um selbstbestimmtes Leben. SIE bestimmen den Takt. Das Leben dreht sich um SIE.

WAS Machen Sie doch, WAS Sie wollen. Sie müssen definieren, um welche Themen, Inhalte und Ziele es gehen soll. Gemeinsam werden wir herausfinden, WAS das ist. Wenn das Ziel in uns keine brennende Flamme der Begeisterung auslöst, sind wir auf dem Holzweg. Also müssen Sie sich auf den Weg machen, um herauszufinden, WAS Sie wirklich interessiert, WAS Ihnen am meisten Spaß macht, WAS Sie am besten können und WAS Ihnen entspricht. Das ist authentische Kernkompetenz.

WOLLEN Machen Sie doch, was Sie WOLLEN. Das WOLLEN ist stärker als das KÖNNEN. Können setzt WOLLEN voraus. Das WOLLEN ist der Antrieb zum Handeln. Der Geist (WOLLEN) gibt die Richtung vor, in die die Kraft, Potenziale und Talente (KÖNNEN) gelenkt werden. Das setzt WÄHLEN und LASSEN voraus. Die Frage ist nicht: Machen wir alles richtig, sondern: Machen wir das Richtige – sind wir auch wirklich effektiv? Machen wir das, was uns entspricht und was wir wirklich WOLLEN? Das, was wir am besten können, muss nicht unbedingt das sein, was wir leidenschaftlich gern tun. In unserem auf Konkurrenz ausgerichteten Erziehungssystem werden Talente und Begabungen nicht individuell gefördert. Menschen werden lediglich auf Karrieren, nicht aber auf ihren individuellen Weg vorbereitet. Was bedeutet aber eine Tätigkeit nach vorgegebenem Muster, wenn sie ohne Freude oder Hingabe durchgeführt wird?

Wie wollen wir andere entflammen, wenn in uns keine Flamme brennt? Wenn wir etwas wirklich wollen, dann können wir es auch tun. Sie müssen lediglich Ihre Flamme der Neugierde entzünden und ein Feuer der Begeisterung entfachen. Das WOLLEN öffnet uns die Türen zum individuellen Erfolg und hat maßgeblich mit der uns zur Verfügung stehenden Energie zu tun. Daher müssen wir uns auch darum kümmern, dass unsere Energiebilanz stimmt, dass wir genügend Ressourcen zur Verfügung haben, um voll in die Kraft zu kommen.

Es geht um ein *erfülltes* und nicht *angefülltes* Leben. Es geht nicht um fremdbestimmtes MÜSSEN und SOLLEN, sondern um das, WAS SIE WOLLEN. Es geht um das, was Sie aus vollstem Herzen mit innigstem Drang machen WOLLEN. Es geht nicht um funktionieren, sondern um ein selbstbestimmtes Leben in voller Verantwortung. Wir wollen den Dingen auf den Grund gehen, die uns davon abhalten.

Vier Schritte, die Ihr Leben verändern können

Der Aufbau des Buches

Gemeinsam werden wir vier Schritte in Richtung eines integrativen und ganzheitlichen Lebensmanagements gehen, indem Sie in Ihrem Leben einfach das machen können, was Sie wollen. Ich begleite Sie bei jedem dieser vier Schritte, die weiteren Schritte Ihres Lebens können Sie allein gehen.

1. Im Schritt 1 werden unsere inneren Energieräuber vorgestellt. Wir arbeiten die Schwachstellen heraus.
2. Der Schritt 2 behandelt die IST-Analyse und die Lebensinventur, auf Basis derer wir mit dem Antrieb unseres WOLLEN eine Ziellandschaft entwerfen und so unseren persönlichen Masterplan und die Landkarte schreiben, die uns den richtigen Weg weist. Bei dieser Analyse begeben wir uns auf unsere persönliche Forschungsreise, bei der wir das Leben nicht auf Zahlen und Ziffern reduzieren, sondern ganzheitlich – auch mit der Sprache der Intuition und der Symbolik der Gesundheit – sehen.
3. Im Schritt 3 kommen wir zu den Maßnahmen und entwickeln mit unserem KÖNNEN und den dazugehörigen Instrumenten einen Aktionsplan. Da jeder Mensch ein Energieunternehmen ist, das mit seinen Kräften haushalten muss, sind zwei Dinge von großer Wichtigkeit auf dem Weg, einfach das zu machen, was wir wollen: ein professionelles Projekt- und Prozessmanagement.
4. Der Schritt 4 ist das Sprungbrett zum Neu-Anfang, in dem wir authentisch, angstfrei, leicht und einfach handeln und ins MACHEN kommen sowie die notwendigen Veränderungen einleiten. Auf Basis der vorgestellten acht »Sprungbretter« sollen Sie sich Ihres Selbst bewusst

werden und die Verantwortung für Ihr Leben voll übernehmen.

Auf dem Weg vom Alltagsfrust zur Lebenslust stelle ich Ihnen hilfreiche Werkzeuge und praxiserprobte Instrumente wie Checklisten, Abbildungen, Tabellen und Übungen vor, die Ihnen helfen, Ihren inneren Energieräubern auf die Schliche und der eigenen Individualität und Kernkompetenz nachhaltig auf die Spur zu kommen. An Beispielen aus der Geschäftswelt möchte ich Ihnen exemplarisch darstellen, wie es anderen Menschen ergangen ist. Die Namen dieser Menschen sind selbstverständlich geändert oder frei erfunden. Ähnlichkeiten mit bestimmten Menschen wären zufällig und sind nicht beabsichtigt.

Wachstum, Weiterentwicklung und Energiemanagement sind eng miteinander verzahnt. Wachstum kann ohne Energiezufuhr nicht stattfinden. Ihre Energie ist das Kostbarste, was Sie besitzen. Gehen Sie daher sorgsam mit diesem Gut um. Wachstum bedeutet Entwicklung und Veränderung.

Wieso Energiemanagement?

Dies ist kein »Klasse, klasse, weitermachen – du schaffst es«-Motivationsbuch. Bei aller Hochachtung vor den Verkaufserfolgen von Motivationskünstlern: »Mach-dies-mach-das-Parolen« und unreflektiertes Positivdenken führen in vielen Fällen lediglich zu kurzzeitigen Energie- und Motivationsschüben, anschließend tritt oft eine große Leere ein, und der Energiezustand der Menschen ist schlechter als zuvor. Viele Menschen sagten mir, dass sie durch solche Seminare aufgeputscht wurden und in der harten Lebenswirklichkeit aufwachten.

Gleichklang von innen und außen

Energiemanagement bedeutet, dass wir uns mit unserem Handeln im Gleichklang mit unseren inneren Werten und Mustern befinden. Wir müssen gleichsam die Macht unserer Gedanken, unserer Wünsche und unserer kreativen Energie nutzen, um ein uns entsprechendes Leben führen zu können. Die alten Chinesen sagen, dass die Lebensenergie – das Qi – fließen muss. Wenn der Energiefluss blockiert ist, kommt es zu Stauungen und zu einem

Ungleichgewicht der Lebensenergie. Beispiele für Energien sind: Liebe, Zeit, Aufmerksamkeit, Gedanken, Geld, Gesundheit, körperliche Power und Emotionen. Diese können auf einer positiven Frequenz, wie zum Beispiel Freude und Glück, oder auf einer negativen Frequenz, wie zum Beispiel Frustration, Trauer, Wut oder Krankheit, gelebt werden.

Ich spreche häufig vom *Frequenzwechsel*. Frequenzwechsel bedeutet, von einer negativen auf eine positive Frequenz zu gelangen. An Beispielen werden Sie diese Technik erleben.

Da Energie stets im Fluss sein sollte, sind die Inhalte des Buches in den einzelnen Kapiteln nicht stringent hierarchisch gegliedert, sondern hochgradig miteinander verwoben und interaktiv vernetzt. Jede Veränderung auf einer bestimmten Ebene Ihres Lebens hat automatisch Auswirkungen auf eine andere Ebene.

Im Wandel der Zeit

Wir haben das Ende der »Schneller-Höher-Weiter-Spirale« fast erreicht. Das Zitronen auspressende Effizienzdenken neigt sich dem Ende entgegen – viele fühlen sich ausgelaugt und spüren diesen Mangel in der operationalen Betriebsamkeit der alltäglichen Hektik-Routine. Sie merken, dass etwas falsch läuft. Veränderungen müssen und werden kommen, denn es geht so nicht weiter. Weiterentwicklung und Veränderung können jedoch nur stattfinden, wenn wir nicht mehr an alten, bereits verstaubten Attributen kleben, sondern uns von Gewohntem lösen und so Neues zulassen. Das bedeutet Öffnung der verkrusteten Mauern unseres mittelalterlichen, besitzstandswahrenden Burgendenkens – und Unsicherheit. Wir befinden uns im Wassermann-Zeitalter – alte Strukturen brechen auf und werden verschwinden, so wie die Dinosaurier ausgestorben sind. Nichts wird so bleiben, wie es war. *Wer nicht mit der Zeit geht, geht mit der Zeit* – deshalb ist dieses ein Buch für die Zeit im Umbruch. Im Umgang mit den *Zeit-Zeichen* wollen wir uns bewusst vom »Schneller-Höher-Weiter-Syndrom« verabschieden und die *Zeit-Brisanz* in *Zeit-Balance* verwandeln. Persönliche Effektivität anstatt vorgeschriebener Effizienz heißt die Devise.

Für wen ist dieses Buch?

Das Buch richtet sich an

- all die Menschen, die nicht einfach das machen, was sie wollen,
- kreative und visionäre Führungskräfte und diejenigen, die es werden wollen, die ihr Leben leben und nicht nur funktionieren wollen,
- Menschen, die vor Veränderungen im Beruf stehen oder arbeitslos geworden sind, sowie Berufseinsteiger, die nach ihrer Ausbildung eine Orientierungsboje im Meer der Bewerbungsanzeigen suchen und ihre Talente und Begabungen optimal einsetzen möchten,
- gestresste und von der Hektik des Alltags getriebene Menschen, die vom Leben mehr erwarten, als acht bis vierzehn Stunden täglich einer fremdbestimmten Tätigkeit nachgehen zu müssen,
- vom Burn-out bedrohte Menschen und fein fühlende Seelen, die spüren, dass etwas falsch läuft in ihrem Leben,
- Menschen, die in Umbruchsituationen sind, sei es, dass sie erkrankt sind oder sich gerade in einer Trennung befinden, und diese Alarmzeichen als deutliche Hinweise verstehen, dass etwas in ihrem Leben anders werden muss,
- Menschen, die sich energetisch leer fühlen oder auf einer schlechten Frequenz leben, sei es, dass sie frustriert, aggressiv oder oft schlecht gelaunt sind.

Das Ziel des Buches

Dieses Buch ist keine passive Berieselungsanlage oder gar eine Wissenskonserve. Es soll Sie anstoßen und zur Reflexion bringen. Es ist eine Hinführung zum MACHEN, daher haben wir zahlreiche Übungen für Sie ausgearbeitet. Viele Tabellen können Sie sich elegant und bequem von der CD, die Sie hinten im Buch finden, im Word- oder PDF-Format ausdrucken.

Dies ist ein Buch zum Self-Empowerment, ein Ratgeber, um selbst in die Kraft zu kommen und durch Reflexion zum Selbst-Coaching zu gelangen. Sie sollen sich selbst auf die gestellten Fragen Antworten geben und Ihr Leben proaktiv und eigenverantwortlich leben und das Zepter niemals aus der Hand geben. Sie selbst sind Herr Ihres Lebens.

Schritt 1: Über Negativfrequenzen und innere Energieräuber – eine Schwachstellenbeschreibung

Darum geht es

Dem Täter auf der Spur – uns selbst

Jeder von uns kennt Sätze wie: »Ich konnte nicht ...«, »ich hatte keine Zeit ...«, »ich musste noch mal eben ...«, »ich kann ja nichts dafür ...«, »der da ist schuld ...«, »der Chef hat es so angeordnet ...«, »ich bin ja nur so klein ...« – die Aufzählung ließe sich beliebig fortführen.

Im ersten Teil des Buches wollen wir uns mit den Dingen beschäftigen, die uns davon abhalten, das zu machen, was wir wirklich wollen. Wir werden unsere inneren Energieräuber und die Mechanismen und Muster kennen lernen, die uns nicht nur unsere Energie zum MACHEN rauben, sondern auch die Ampel auf Rot stellen, so dass wir gar nicht dorthin gelangen KÖNNEN, wohin wir WOLLEN, weil wir nicht mehr genug Kraft zur Verfügung haben, weil wir nicht wissen, was wir wollen, und zudem auf einer schlechten Frequenz leben. Bevor wir also planen, was wir im Leben ändern können, führen wir diese Schwachstellenanalyse durch. Aus Gründen der Ganzheitlichkeit werden bereits einige Maßnahmen skizziert, wie das Energieproblem gelöst werden könnte. Diese Maßnahmen sind dann Gegenstand der weiteren Kapitel. Wer also sind unsere Energieräuber, und was heißt es, auf einer negativen Frequenz zu leben?

Alles ist eine Frage der Einstellung

»Nicht die Dinge beunruhigen uns,
sondern die Meinung,
die wir von den Dingen haben.«
Epiktet

Volker Weidenhammer, 39 Jahre, Ingenieur, macht sich am dritten Abend des Persönlichkeitsmarketingseminars Luft: »Am Ende meines Maschinenbau-Studiums war ich ganz genauso angepasst wie die Menschen, die wir als Junge die Alten nannten. Meine Lehrer hatten mich gezähmt, gezügelt und gestriegelt und meinen Geist einer eintönigen Ordnung unterworfen. Die Gesellschaft brachte mich dazu, meine Eigenarten gegen »anerkannte« Werte einzutauschen. Leider haben diese nicht mehr den Reiz meiner früheren Verträumtheit und meiner flippigen Ideen. Wie Valium lähmte mich die einschläfernde Monotonie meiner ersten Stelle bei einem Traktorenhersteller. Meine Kreativität und Fantasie befanden sich auf der Null-Linie. Als ich zu einem großen Münchener Unternehmen wechselte und in einen Vorort von München zog, musste ich dann auch noch meinen Garten in Ordnung halten, um den Erwartungen der Nachbarn zu entsprechen. Routine schlich sich im Beruf ein. Mein Temperament erlahmte endgültig. Schließlich mutierte ich zu einem angepassten Spießer mit gebügelten Hosen und gewaschenem Firmenwagen. Nachdem nun meine Persönlichkeit verbogen war und ich es gerade noch schaffte, dem Finanzamt regelmäßig meine Steuererklärung einzureichen, fühlte ich mich absolut leer. Die Langeweile wurde immer größer. Die latente Unzufriedenheit wuchs. Erstickt waren meine Bedürfnisse, mein Herz schlug nur noch dumpf, und alles schien grau in grau. Und dann waren da noch der künstlich antrainierte Ehrgeiz und die Eitelkeit, die mein Leben vergifteten. Ich blickte in den Spiegel, sah meine Falten und die schlaffen Muskeln – was war nur aus mir geworden? Ein verkorkster Mann, der sich in einen lebendigen Toten verwandelt hatte. Kein Sport, kein Spaß, nur noch Robotertum. Berechenbar und leer kam ich mir vor. Jetzt war es nicht mehr nötig, mein Verlangen zu zügeln, denn ich hatte keins mehr. Gleichgültigkeit machte sich in mir breit. Abends sah ich fern, trank Rotwein zu Chips und wartete auf das Ende des Tages.«

Diagnose:

Kennzeichen negativer Frequenz

Die Frequenz ist mies, gekennzeichnet von Negativenergie. Frustration und innere Leere machen sich breit. Volker Weidenhammer hat resigniert, zeigt Anzeichen einer Depression. Er nimmt eine Opferhaltung ein. Sein Leben zerfasert.

Erläuterung:

Unsere innere Einstellung zu allem, was wir tun, ist äußerst wichtig. Sie allein entscheidet, ob wir in Situationen, in denen wir schwierige Probleme lösen müssen, leiden und unser Schicksal verfluchen oder ob wir die Situation als Chance für Wachstum begreifen und die Lektion lernen, die uns das Leben lehrt. Durch unsere Einstellung schaffen wir uns ein Bild von der Wirklichkeit und damit unsere eigenen Umstände. Die Einstellung ist ein Denkmuster oder Glaubenssystem, das wiederum aus vielen Glaubenssätzen zu unterschiedlichen Lebensbereichen besteht.

Unsere Einstellung ist ein Spiegel unserer Ich-Bilder, in dem sich unsere Vorstellung über uns selbst darstellt. Sie kennen bestimmt auch solche Glaubenssätze: »Ich bin ein Versager, Held, Experte, Erfinder, Charmeur« und so weiter.

Wir können unser Leben nur ändern, wenn wir unsere Einstellungen ändern. Dazu müssen wir unsere Entscheidungs- und Verhaltensmuster kennen und verstehen lernen. Die sind meist die Ursachen dafür, dass wir uns selbst Energie absaugen.

Die richtige Frequenz einstellen

Einstellung kommt von *einstellen*. Was meine ich damit? Gleise werden eingestellt, Maschinen werden eingestellt. Wir können unsere Heizung einstellen, einen anderen Sender im Radio einstellen oder unsere Uhr auf eine neue Zeit einstellen. Permanent drehen andere an unserem Radio und stellen eine für sie günstige Frequenz ein – so, wie wir funktionieren sollen. Die richtige Frequenz jedoch ist individuell verschieden – jeder hat seine eigene. Wie ticken Sie?

Menschen werden in Unternehmen eingestellt – angefangen bei der Personalbeschaffung (das ist eine Form der Einstellung), werden sie dann je nach der Stellenbeschreibung auf ein bestimmtes Verhalten getrimmt (eine andere Form der Einstellung). Hier werden die Menschen auf die richtige Spur gebracht, zu funktionieren und sich hierarchisch einzuordnen – die Verinnerlichung einer solchen Ordnung nennt man *CI:* Corporate Identity. CI bedeutet für einige sogar die Abgabe der eigenen Identität in der Eingangshalle der Firma und das Verinnerlichen der Unternehmensidentität: »Guten Tag, hier ist die Firma Rattrozahn Getreidemühlen GmbH, Sie sprechen mit Hubert Templin, was kann ich für Sie tun?«

Innerlich sind wir auf eine besondere Frequenz oder ein Programm eingestellt – was beispielsweise unsere Meinung zu einem bestimmten Thema angeht. Geprägt wird diese Einstellung von unterschiedlichen Dimensionen: Erfahrungen, Wissen, Erziehung, kulturelle Prägung, Ängste, Sorgen, körperliche, geistige und seelische Verfassung und so weiter. Oft stehen wir uns mit unserem »Kindheitsschrott« und anderen Bürden selbst im Weg. Doch Einstellungen lassen sich ändern.

Der Blickwinkel

Die Dinge sind so, wie sie sind. Wenn Sie beispielsweise arbeitslos sind, können Sie jubeln, da Sie plötzlich sehr viel Zeit haben, oder verzweifeln, weil Sie nun zum Heer der Millionen von Arbeitslosen zählen. Die Tatsache der Arbeitslosigkeit ist ein Fakt. Wie wir dazu stehen, liegt bei uns. Erfüllen uns unsere Einstellungen und machen uns glücklich? Es kommt auf den Blickwinkel an.

Maßnahmen:
Optimieren Sie Ihre Lebensfrequenz. Finden Sie die für Sie beste individuelle Frequenz. Im Verlauf des Buches werden wir einzelne Bausteine hierzu erläutern.

Zur Reflexion:

- Was macht Ihnen am meisten Freude?
- Kennen Sie Ihre inneren Energieräuber?

- Wie tanken Sie neue Lebensenergie?
- Suchen Sie nach der persönlichen Einzigartigkeit durch eine Lebens-Inventur.
- Übernehmen Sie Verantwortung für die Situation und für Ihr Leben.
- Wie können Sie konkrete und einfache Schritte einleiten?

Wenn wir uns selbst auf die Spur kommen wollen, müssen wir Helligkeit in das Dunkel unserer Entscheidungen und Einstellungen bringen. Wir müssen uns selbst den Impuls für die Veränderung unserer Haltung den Tatsachen gegenüber geben. Diese Erkenntnis lohnt sich.

Nebenwirkungen:
Das Gute an der richtigen Frequenz ist, dass sich dann auch innere Widerstände lösen und vieles einfacher und leichter geht.

Übung: Atmen Sie Energie ein!

Übung zum Frequenzwechsel

Nehmen Sie eine aufrechte, aber bequeme Körperhaltung ein und schließen Sie die Augen. Lenken Sie Ihre Aufmerksamkeit auf Ihre Atmung. Atmen Sie kräftig, aber nicht hastig ein. Lassen Sie die Ausatmung einfach geschehen. Stellen Sie sich während der Einatmung vor, dass Sie Lebensenergie tanken, und sagen Sie sich still: »Ich atme Lebensenergie ein.« Die Übung sollten Sie zwischen drei und fünf Minuten durchführen – am besten mehrmals täglich, an einem ungestörten Ort. Jedes Mal, wenn Sie Müdigkeit verspüren, sollten Sie diese Übung wiederholen. Das ist viel besser, als Kaffee zu trinken.

Sie werden spüren, wie sich Ihre Befindlichkeit verbessert und Sie sich körperlich vitaler und weniger müde und nervös fühlen. So kommen Sie auf eine positive Frequenz.

Denk-Mal: Das Glas ist immer halb voll oder halb leer.

Merk-Mal: Arbeiten Sie an Ihrer Einstellung! Sie können Ihre Frequenz einstellen wie eine Uhr.

Das Syndrom der Totalverzettelung – die Lebenszerfaserung

»Der Weg zum Tun ist zu sein.«
Laotse

Neulich am Taxistand am Münchener Flughafen: Der junge Manager im grauen Nadelstreifen-Dreiteiler steigt gehetzt ins Taxi, holt schon mal das Handy raus und sagt hektisch zum Fahrer: »Fahren Sie mich irgendwo hin, ich werde überall gebraucht ...«

Diagnose:
Syndrom der Totalverzettelung – der gestresste Jungmanager tanzt auf 1000 Hochzeiten, ihm fehlt der rote Faden. Er zeigt Anzeichen von Lebenszerfaserung.

Wie viele Rollen spielen Sie?

Leiden Sie auch unter der riesigen Zahl von realen oder fiktiven Verpflichtungen und unter dem Syndrom der Totalverzettelung? Wie viele Rollen spielen Sie in Ihrem Leben? Ehemann, Vater, Liebhaber, Mitarbeiter, Vorsitzender des Kegelvereins, Gitarrist in einer Jazz-Rock-Band, Bodybuilding-Mitglied im örtlichen Fitnessstudio, Hausmeister in der eigenen Wohnung, Rasenmäher im eigenen Garten, emanzipierter Treppenwischer und Wohnungsreiniger, Elternbeiratsvorsitzender, Organisator des kirchlichen Kinderflohmarkts, Taxifahrer zur Erfüllung der kindlichen Terminverpflichtungen ...

Erläuterung:
Irgendetwas zu machen, nur weil es gemacht werden muss, das Tanzen auf 1000 Hochzeiten gleichzeitig, bedeutet eine enorme Energieverschwendung und einen nicht ökonomischen Umgang mit unserer Lebenszeit. Orientierungslos irren viele durch das Leben und sehen nicht die Hinweise und Signale, die ihnen ihren Weg zeigen könnten.

Das Leben leben, nicht verwalten

Es gibt Leute, die kommen vor lauter Terminen und To-do-Listen nicht mehr zum Leben. Diese Menschen sind mehr mit der Organisation ihrer Aufgaben und der Verwaltung ihres Lebens beschäftigt, als damit, wirklich zu leben. Sie machen alles Mögliche, ohne eine Fokussierung auf ein Ziel. Zugeschüttet mit Arbeit, beantworten sie lieber täglich 40 unwichtige E-Mails, anstatt ein wichtiges persönliches Gespräch zu führen.

Lebenshüte reduzieren

In einem Zeitmanagement-Seminar habe ich die unterschiedlichen Rollen meines Lebens auf sieben reduzieren müssen. Covey spricht hier von *Lebenshüten*. Im Schritt 3 werden wir uns mit dem Thema Effektivität ausführlich beschäftigen. Eine wichtige Botschaft sei bereits jetzt verraten: Reduzieren Sie Ihre Verpflichtungen auf das Wesentliche in Ihrem Leben. Fragen Sie sich immer wieder, ob Ihnen eine Aufgabe weiterhilft, Ihre persönlichen Ziele für Ihren ganz individuellen Weg zu erreichen. Weniger ist manchmal mehr. Lassen Sie los.

Ihr Zeitkuchen ist endlich

Stellen wir uns vor, die uns zur Verfügung stehende Zeit wäre eine Kuchentorte. Für jede Aufgabe in unserem Leben wird ein Tortenstück eingeteilt. Es wird sofort klar, dass wir die Torte nicht in beliebig viele Stücke einteilen können. Wenn Sie vier Hobbys haben, werden Sie für keines der Hobbys sehr viel Zeit haben, wenn Sie nebenbei noch arbeiten müssen und über kein Personal verfügen, das Ihnen den Haushalt und den Einkauf abnimmt.

Im Arbeitsleben ergeht es den meisten nicht anders: Jeden Tag werden Menschen mit Informationen und Daten zugeschüttet und erfüllen die ihnen aufgetragenen Arbeiten brav, freundlich sowie an- und zuständig; oftmals, ohne den Sinn zu hinterfragen. Wie bei der Bundeswehr werden Anweisungen von Vorgesetzten häufig unreflektiert und gehorsam ausgeführt.

Die tägliche Informationsüberflutung und sonstiger Datenschrott vernebeln uns den freien Kopf und halten uns vom Wesentlichen ab. Schreckensmeldungen aus den Medien belasten uns und zerfasern unsere Fokussierung. Mit wie viel Schrott müssen Sie sich belasten? Das gilt vor allem für das »Lebenszerfaserungsmedium« Fernsehen. Mal ganz ehrlich: Bringt es Sie weiter, wenn Sie wissen, dass ein Flugzeug mit argentinischen Passagieren im Urwald von Südamerika abgestürzt ist? »Ist das nicht furchtbar«, hören wir schon die Nachbarn sagen, aber was können wir jetzt dazu beitragen? Können wir hier konkret helfen? Wie wirken die schrecklichen Bilder in der täglichen Tagesschau im Fernsehen auf uns und unser Unterbewusstsein? Höchstwahrscheinlich können Sie persönlich wenig tun, außer vielleicht für die Hinterbliebenen auf ein eingerichtetes Spendenkonto Geld einzuzahlen, um das Leiden ein wenig zu lindern – aber aktiv? Aktiv können Sie in diesem Fall wahrscheinlich gar nichts tun. Sie sind aber betroffen, und die Schreckensbilder spuken Ihnen durch den Kopf und belasten Sie.

Das persönliche Programm: die innere Tagesschau

Legen Sie eine Fernsehpause von einer Woche ein und lesen Sie eine Woche lang überhaupt keine Zeitung. Sie werden erstaunt sein, wie wenig Sie versäumt haben und wie viel Zeit Sie plötzlich haben. Ersetzen Sie die *Tele-Vision* durch *eigene Visionen* – Nahsehen ist besser als Fernsehen – und verabreden Sie sich mit sich selbst, Ihrem Partner oder guten Freunden und machen Sie einfach, was Sie wollen.

Eine weitere Form der Lebenszerfaserung ist oberflächliche Kommunikation im Alltag:

Rainer Starke, 44, Informatiker im Controllingbereich einer Bank, erwähnte in einer Coaching-Sitzung, dass die Gespräche mit Kollegen lediglich seicht um Belanglosigkeiten und Oberflächlichkeiten kreisten, während die Zeit unbemerkt verlaufe. Was übrig bleibe, sei eine schale Leere. Er wünschte sich sehr, diesem Theater ein Ende zu machen. Er wollte sich nicht länger durch Umgangsformen verpflichtet fühlen, die der Lebendigkeit ein Korsett anlegten und das Leben auf eine Serie von Momenten bar jeglichen Tiefgangs und echter Emotionen reduzierten.

Auf seichte Gespräche verzichten

Sind Sie auch ein Opfer dieses »Laber-fasel-blubber-Gequassels«? Was machen Sie in solchen Situationen? Wenn wir uns mit anderen unterhalten, teilen wir etwas von uns mit. *Mit-teilen* bedeutet, *mit anderen* etwas zu *teilen*. Wir müssen uns fragen, was wir sagen, warum wir etwas sagen, wem wir was wie sagen, und ein Gespür dafür haben, ob ein Resonanzboden bei unserem Gegenüber für das Gesagte existiert oder ob nur »ja, ja« als Antwort kommt. Umgekehrt steht es uns frei, unseren Gesprächspartner freundlich darauf aufmerksam zu machen, dass wir momentan an einer wichtigen Sache arbeiten und gern über das Thema in der Mittagspause sprechen möchten – oder auch nicht.

Midlife-Crisis?

War das etwa schon alles? Mit 50 kommt die Sinnfrage und mit ihr nicht selten die Krise. Wie viele betäuben sich abends, vertreiben sich die Zeit und so ihr Leben. Sie reden kaum mehr mit ihrem Partner und verspüren eine ungeheuere Langeweile des Daseins, das sie sich selbst vorbestimmt haben. Warum leben so viele in der Verpflichtung ihrer eigenen Entscheidungen? Die emotionale Misere verbergen sie durch Ablenkungen wie Fernsehen und sonstige Berieselungen. Das oberflächliche Dahinplätschern des Lebens ist jedoch kein Ersatz für innere Leere und Ziellosigkeit, sondern das Symptom dafür. Wir brauchen eine fein dosierte Klarheit, um uns neu ausrichten zu können, und eine lebenswichtige Wiederbelebung der verschütteten Kraft- und Energiequellen. Nutzen wir unseren Entscheidungs-Frei-Raum, denn wir dürfen frei wählen und uns ganz frei entscheiden. Jeden Tag neu – also raus aus dem Budenmief!

Maßnahmen:

Balance von Außen und Innen

Wenn wir unser Leben nicht zerfasern wollen, müssen wir unsere Energie wie einen Laserstrahl bündeln, damit wir uns auf das Wesentliche konzentrieren können. Und wir brauchen eine Balance zwischen Innen und Außen. Neben der äußerlichen Tages-Show brauchen wir auch Zeit, um in uns selbst zu schauen. Diese tägliche Innenschau gibt uns wertvolle Informationen aus unserem Unterbewusstsein, was für uns wichtig ist. Daher sollten Sie sich für diese tägliche Tages-Innen-Schau vor Ihrem inneren »Nah-Seher« mindestens genauso viel Zeit nehmen wie für die Außen-Schau vor dem »Fern-Seher«. Verabreden Sie sich mit sich selbst und schalten Sie Ihr persönliches Lebensprogramm ein statt den Fernseher. Ein hilfreiches Instrument ist hierbei die Meditation.

Stille Stunden einrichten

Richten Sie sich stille Stunden nur für sich ein – Ruhe im Getümmel. Gönnen Sie sich mindestens einmal pro Woche in der Mittagszeit 45 Minuten nur für sich allein. Richten Sie es zum Beispiel ein, dass Sie zum Mittagessen nach Hause fahren. Wenn Sie sich also gerade auf dem Weg von der Arbeit nach Hause befinden und über Land fahren, halten Sie an einem Feld oder einer Wiese an und steigen Sie aus – aus dem Auto und für 15 Minuten aus dem Alltag. Wenn Sie in der Stadt arbeiten und auch wohnen, fahren Sie einfach aus der Stadt heraus und nehmen Sie sich diese persönliche Aus-Zeit.

Stellen Sie mutig alles in Frage:

- Wozu überhaupt?
- Hat es Sinn?
- Bringt es das Projekt voran?
- Gibt es bessere Alternativen?
- Was bringt es mir?
- Wie komme ich meinen Zielen näher?

Dies ist kein Aufruf zum Boykott oder zur Diskussion, sondern eine Stimulation, jede selbst oder von außen gestellte Aufgabe zu reflektieren. Natürlich gibt es Situationen, in denen Sie nicht alles zu hinterfragen brauchen. Aber bei den meisten Anweisungen lohnen sich das Nach-Denken und das Nach-Fragen.

Zur Reflexion:

- Was ist Ihnen wichtig?
- Was treibt Sie um?
- Was wollen Sie unbedingt machen?
- Auf was können Sie verzichten?
- Auf was nicht?

In den Schritten 2 und 3 dieses Buches werden Sie hierzu konkrete Hinweise finden.

Nebenwirkungen:
Wenn Sie wissen, was Sie wollen, sind Sie auch für andere berechenbarer und diesen dadurch eine Hilfe: als Freund, als Partner, als Kollege, Mitarbeiter oder Vorgesetzter.

Übung: Genießen Sie den Augenblick!

Übung zum Frequenzwechsel

Stellen wir uns vor, es ist ein herrlicher Maitag mit angenehmen Temperaturen. Die Sonne lacht und die Vögel zwitschern vergnügt. Setzen Sie sich auf eine Bank oder auf eine Wiese, schließen Sie die Augen und denken Sie an nichts. Setzen Sie sich ganz bequem hin und legen Sie Ihre Hände übereinander in Ihren Schoß. Atmen Sie tief und langsam ein und aus. Atmen Sie die frische Luft ein, riechen Sie den Duft der Blumen und Blüten und genießen Sie die Sonne auf Ihrer Haut oder Ihrer Kleidung. Sie können diese Zeit auch hervorragend für eine Sonnenmeditation nutzen. Bleiben Sie einige Minuten in dieser Hier-und-jetzt-Zeit und kommen Sie dann erst in den Alltag zurück. Lockern Sie Ihre Gelenke durch ein paar gymnastische Übungen und schütteln Sie sich aus – danach werden Sie sich ganz frisch und wach fühlen.

Wenn Sie einfach machen, was Sie wollen, können Sie gar nicht gelangweilt sein, denn dann leben Sie Ihr Leben nach Ihren Vorstellungen mit der Ihnen eigenen Power. Das ist Fokussierung auf das Ihnen Angemessene.

Denk-Mal: Aktive Lebensgestaltung ist besser als passive Lebenszerwaltung.

Merk-Mal: Ergreifen Sie die Initiative. Lassen Sie Ihr Leben nicht zerfasern.

Apfelstrudel statt Alltagsstrudel

»Unsere Zeit wird uns teils geraubt, teils abgeluchst,
und was übrig bleibt, verliert sich unbemerkt.«
Lucius Annaeus Seneca

Schneller. Schneller! Günther Hetzer ist mit seinen 43 Jahren bereits ein ausgewachsener »Arbeitshamster«. – Die ewigen Umdrehungen im eigenen Rad sind nicht spurlos an ihm vorübergegangen: »Ich habe dies am eigenen Leib gespürt. Täglich habe ich circa 50 Mails beantwortet, den ganzen Tag in Sitzungen verbracht und am Abend von der Sekretärin die Post hingelegt bekommen. Ständig sollte ich abends noch Leute zurückrufen. Mitarbeiter legten mir Zettel hin, dass sie dringend Rücksprachebedarf hätten. Ich fühlte mich wie auf einer Tretrolle. Je schneller ich arbeitete, desto mehr kam auf mich zu – dementsprechend musste ich noch mehr und noch schneller arbeiten. Aus dem Büro kam ich nie vor 21:30 Uhr und am Abend fühlte ich mich wie ein ausgewrungener Waschlappen. Meiner Familie gegenüber hatte ich ein schlechtes Gewissen, weil ich immer so spät nach Hause kam. Abends schlief ich todmüde ein und wurde dann wieder gegen 2:00 Uhr wach – ich konnte nicht mehr schlafen, denn meine Gedanken drehten sich im Kreis. Beim morgendlichen Weckerklingeln fühlte ich mich dann wie gerädert. Am Wochenende musste ich noch einkaufen gehen und im Supermarkt an der Kasse anstehen – ich wäre fast verrückt geworden. Gegenüber meinen Kindern war ich ständig genervt und reagierte oft aggressiv. Jede Kleinigkeit regte mich auf …«

Diagnose:
Günther Hetzer lebt auf einer schlechten Frequenz voller Negativenergie. Er zeigt Anzeichen von Burn-out und Dekompensation.

Er leidet unter Overload und Tunnelblick, kann keine Prioritäten setzen.

Erläuterung:
Günther ist reif für die Insel – und dann für ein an Lebenszielen ausgerichtetes Zeit- und Prioritätenmanagement.

Das Diktat der Dringlichkeit

In der von künstlicher Dringlichkeit geprägten Stress- und Ungeduldskultur unserer Arbeitswelt erfolgt der Konsum von Daten und Wissen nach der Fast-Food-Mentalität. Viele Buchstaben sind als Instant-Schnell-Mahlzeit leichter verdaulich. So werden Bücher bereits als 5-Minuten-Terrine-Gerichte serviert. Der *10-Minuten-Prozessmanager* gehört bereits zum alten Eisen. Die Update-Version ist noch schneller getaktet, dünner geheftet und noch komprimierter geschrieben. Der Verzehr von schnell verdaulichen Informationen richtet sich nach dem Tagesmenü des Terminkalenders und dem Druck der Dringlichkeit:

- Morgens beginnt der Tag mit einer Häppchen-Besprechung mit Dr. Dollinger. Gut strukturiert wird das Wesentliche zusammengefasst und in Form von Key-Performance-Indicator-Listen aggregiert.
- Danach dann die Presssack-Konzept-Besprechung mit der Presse- und Öffentlichkeitsarbeit, damit die Pressekonferenz rechtzeitig mit allen Fragen und Antworten mundgerecht vorbereitet werden kann.
- Und schwupp ist sie fertig, die Schnellkochtopfbesprechung (mit maximalem Druck) mit den Projektleitern nach der Devise: »Darf's noch ein bisschen schneller gehen? Die Zeit wächst ja schließlich nicht am Baum. Bitte auf das Allerwichtigste beschränken.«
- Dampf ablassen geht nicht, daher geht's gleich weiter mit dem Business-Lunch mit dem Vorstand im Viersprung mit den Gängen: Zahlen – Daten – Fakten – Kopfschmerz, aber bitte komprimiert serviert auf drei Power-Point-Folien, garniert mit einem Management-Summary auf einer Seite.
- Nach kurzem Nachstopfen folgt ein Zack-zack-Astronautenkostmeeting im Assessment-Center: Die Nahrung ist schon klein geschnitten und vorverdaut, jetzt muss nur

noch der Chef entscheiden, welcher Kandidat eingestellt werden soll. Die wichtigsten Persönlichkeitsdaten von 25 Bewerbern sind in einer Liste zusammengefasst und bereits gewichtet.
- Heckmeck-Burger-Teambesprechung: Zwischen 80 Folien Power-Point mal kurz ein paar klein gehackte Frikadellen reingeschoben – so viel Zeit muss sein ...
- Schnell verdauliche Mails noch kurz vor dem nächsten Termin.
- Reinziehen eines Computerprogramms zum Schnelllesen von Artikeln nach der Kreuz-und-quer-Methode.
- Nur noch kurz ein paar Abstracts wichtiger Wirtschaftszeitschriften nach eben gelernter Methode kreuz und quer gelesen, bevor der Speiseplan der Termine für den nächsten Tag zusammengestellt wird mit hoffentlich nicht so schwerer Kost ...

Kennen Sie das auch? Um noch mehr zu schaffen, sprechen wir einfach doppelt so schnell und benutzen immer mehr Abkürzungen und Codewörter für ganze Textbausteine, dann sind wir noch effizienter.

Wichtig: Ent-urgen (ent-dringlichen)

Wir pressen immer mehr in uns rein und wundern uns dann, dass wir würgen müssen. Die operative Betriebsamkeit und die Dringlichkeits-Tyrannei in manchen Firmen bringen uns nicht weiter. Wir müssen raus aus dem Aktivitätenstrudel und der Drucksituation. Mangelnde Prioritäten sind hierbei ein Hauptproblem. Das »Alles-ist-wichtig-und-superdringlich-Syndrom« führt nur zu noch mehr Hektik, Stress, Alltagsstrudel und Frustration oder gar zu Bluthochdruck. Viele Termine rauben Ihnen Ihre Zeit und damit Ihre Lebensenergie. Die Zeit vergeht – und mit ihr unser Leben. Wir können die Zeit weder sparen noch managen – wir können nur besser mit ihr umgehen. Daher ist es wichtig, dass Sie Ihre Termine nach persönlichen Arbeitsprioritäten und Zielen vergeben, so dass Sie Ihre Zeit sinnvoll einteilen können.

Konzentrieren Sie sich auf für Sie erfüllende Aktivitäten, nicht auf lästige Pflichtaufgaben. Machen Sie die Dinge, die kaum ein anderer machen kann. Wenn Sie es hassen, Ihre Wohnung zu putzen oder im Garten die Hecke zu scheren, weil Sie lieber an einem Kinderbuch schreiben wollen, so stellen Sie doch eine Putzfrau oder einen Gärtner ein. Ihre Arbeit soll Spaß machen und keine Sträflingstätigkeit sein.

Die richtige Einstellung zur Zeit

Es gibt hervorragende Literatur zum Thema Zeitmanagement. Wir werden uns im Schritt 2 ausführlich mit *Zeitzeichen* und den *Zeichen der Zeit* beschäftigen. Wichtig ist, dass Sie nicht vor lauter Effizienz die Effektivität vergessen. Werkzeuge sind sinnvoll, solange sie als Werkzeuge benutzt werden – nicht mehr und nicht weniger! Diese Instrumente sind Ihr Knecht, nicht Ihr Herr. Zeit lässt sich nicht managen – nur der Umgang mit der Zeit lässt sich verbessern. Und das hat maßgeblich mit unserer Einstellung zu tun.

Zeit ist niemals knapp. Die Zeiger der Uhr bleiben weder stehen noch bewegen sie sich schneller oder langsamer. Sie allein bestimmen, wie viel Zeit Sie für eine Sache aufwenden oder investieren.

Orientieren Sie Ihren Terminkalender an Ihren Lebenszielen. Grundsätzlich sind folgende Dinge zu klären:

- Was ist mir wirklich wichtig?
- Was will ich selbst machen – was kann ich delegieren?

Bei einer Terminanfrage beantworten Sie sich folgende Fragen:

- Ist der Termin für mich wesentlich?
- Bringt mich der Termin meinen persönlichen Zielen näher?
- Muss ich selbst dabei sein?
- Kann ich es an jemand anderen delegieren?
- Was passiert, wenn ich es nicht mache?

Mit Stress umgehen

Alltagsstrudel wird auch durch »Druckmaschinen« wie Leistungsdruck und Leistungsstress erzeugt. Mal abgesehen von lebensbedrohlichen Gefahren, die körperlichen Stress auslösen, entsteht Arbeitsstress meist dann, wenn es eine Diskrepanz zwischen dem gibt, was jemand tun möchte, gegenüber dem, was er tun muss. Wir alle reagieren unterschiedlich empfindlich auf externe Situationen, die Stress provozieren können. Die einen bleiben ganz gelassen, andere regen sich auf, und wiederum andere fressen alles in sich hinein.

In Stresssituationen wird unser Nebennierenmark gequetscht und das Stresshormon Adrenalin wird ausgeschüttet. Wir sind innerlich auf 180. Dies ist grundsätzlich eine gute Erfindung der Natur, da wir in Gefahrensituationen schnell fliehen oder uns auf einen Kampf einstellen können. Doch dieser Mechanismus entspringt dem Verhalten von Höhlenmenschen, die sich noch gegen wilde Tiere wehren mussten. Das Problem des Stresshormons Adrenalin ist heutzutage, dass es nicht adäquat abgebaut wird und stundenlang in unserem Körper verbleibt. Nach einer Stresssituation müssten wir uns eigentlich körperlich so richtig auspowern. Zu jeder Anspannung gehören auch die *Ent-Spannung* und die *Ent-Stressung*. Meist bleiben wir aber auf unserem Bürostuhl kleben und wundern uns, warum wir abends nicht einschlafen können.

Unser Umgang mit der Situation ist der Schlüssel zur Lösung des Stressproblems. Wir können

- die emotionalen Voraussetzungen für eine gesunde Stressbewältigung schaffen,
- uns selbst ändern, indem wir mit der Situation besser umgehen und Ereignisse in Zukunft anders bewerten und unsere Einstellung ändern,
- Stress als Problem betrachten und dann Problemlösungswege beschreiten und Problemlösungstechniken einsetzen – Stress quasi als Projekt,
- psychodynamisch orientierte Stressbewältigungstechniken einsetzen,
- Affirmationen, Sport, Entspannung, Meditation, Yoga, Qigong und andere körperorientierte Verfahren einsetzen,
- Präventionsmaßnahmen ansetzen, wie wir in Zukunft mit derartigen Situationen umgehen,
- unseren Umgang mit der Zeit optimieren, damit uns der Terminkalender keinen Stress mehr macht,
- die Work-Life-Balance so optimieren, dass wir zu unserer Arbeit einen optimalen Ausgleich haben.

Maßnahmen:
Entstrudeln und entstressen Sie. Lernen Sie, loszulassen, effektiv zu delegieren, und fokussieren Sie wenige wichtige Inhalte. Das heißt konkret:

- Lernen Sie einen effektiven Umgang mit Ihrer Zeit.
- Erkennen Sie Ihre Zeitmuster.
- Legen Sie sich geeignete Zeitbausteine für den Alltag zurecht.
- Denken Sie an eine geeignete Pausenkultur.
- Tun Sie nicht alles, was Ihnen Kollegen oder Ihre Sekretärin in den Terminkalender eintragen. Lassen Sie sich nicht mit Terminen zumüllen.
- *»Work smarter, not harder«* – weniger ist manchmal mehr.

Zur Reflexion:

- Am Puls der Zeit: Wer ist der Taktgeber in Ihrem Leben?
- Geben Sie Ihren eigenen Takt vor, oder tanzen Sie nach der Pfeife anderer?
- Verspüren Sie auch eine permanente Zeitknappheit – 80 Prozent der Bevölkerung kennen dieses Phänomen? Wie gehen Sie mit Ihrer Zeit um?
- Sind auch Sie Opfer, Marionette oder Knecht des eigenen Terminkalenders?
- Wie vergeben Sie Termine – nach Dringlichkeit, Wichtigkeit oder à la »der Nächste, bitte«, wie im Herrenfrisiersalon in der Kleinstadt?

Wenn der Motor zu schwer unter Last steht – Kupplung treten und entkoppeln. Halten Sie in besonders stressigen Momenten einen Augenblick inne, atmen Sie tief und langsam durch und stellen Sie sich selbst folgende vier Fragen:

Stresssituation von außen betrachten

1. Was passiert in diesem Augenblick?

- Was mache ich?
- Wie fühle ich mich gerade?
- Was denke ich?

2. Welches Gewicht hat diese Situation für mein Leben?

- Ist dieser Augenblick lebensgefährlich?
- Hat diese Situation rückwirkend in drei Jahren noch die Brisanz, die sie gerade hat?

3. Was wünsche ich mir in diesem Augenblick?
Gemeint ist, was Sie in dieser Situation erreichen wollen. Oft kann allein durch diese Fragestellung eine positive Veränderung der Situation herbeigeführt werden – auch wenn dies noch unbewusst ist.

4. Was mache ich in diesem Augenblick, um mich selbst von dem abzuhalten, was ich mir wünsche?
In diesem Augenblick können Sie eine Wahl treffen, um eine Lösung der möglicherweise festgefahrenen Situation zu erwirken. Sie brauchen nichts anderes zu tun, als sich selbst innerlich zu sagen: »Ich wähle …« Beispielsweise könnten Sie vorübergehend das Thema wechseln. Sie könnten auch eine persönliche Pause einlegen, indem Sie sagen, Sie müssten mal kurz telefonieren. Dies gibt Ihnen Zeit, um aus dem Stress-Aktivitäten-Strudel auszubrechen.

Nebenwirkungen:
Langsam setzt Wohlbefinden ein, die Lebenslust kehrt zurück.

Übung: Tagträumen Sie!

Übung zum Frequenzwechsel

Stellen Sie sich vor, es wäre Sommer und Sie hätten einen ganzen Tag frei und Zeit für das Leben. Sie könnten an einem sonnigen Sommermorgen in die Berge fahren – ohne Uhr und Handy. Was würden Sie dann am liebsten machen?

Denk-Mal: Wie lang ist die To-do-Liste am letzten Tag des Lebens? Sie haben diese Arbeit gewählt und arbeiten freiwillig, Sie sind kein Sklave auf einer Galeere.

Merk-Mal: Der Terminkalender ist Ihr Knecht, nicht Ihr Herr.

Rezeptvorschlag: Lieber Apfelstrudel als hektischer Alltagsstrudel!

Hier ein hervorragendes Rezept für einen Apfelstrudel aus dem Backbuch meiner Großmutter, welches sich auch ausgezeichnet für das Verfeinern Ihres Projektmanagements empfiehlt:

Das 6-stückige Projekt besteht aus einem Zweisprung an energetischer Köstlichkeit:

Modul I Strudelteig:
76 g liebevoll gemahlenes Weizenvollkornmehl, 28 bis 32 ml lauwarmes frisches Quellwasser, 16 g flüssige Alpenbutter, 1 Esslöffel flüssiges Apfelkraut bester Herkunft, welches beim Erwärmen flüssig wird, 1 Prise Salz, Mehl zum Bestäuben, Butter zum Bestreichen, 16 g Zwiebackbrösel.

Modul II Füllung:
261 g leckere saure Äpfel (zum Beispiel Jonathan oder Boskop), ein Schuss Zitronensaft, eine Teelöffelspitze feinstes Zimtpulver, 25 g Rosinen, 25 g gehackte Mandeln oder Haselnüsse, etwas Butter zum Bestreichen des Backblechs

Vorgehensmethodik
Für das Modul Strudelteig verkneten wir die Zutaten einfach in meditativer und kontemplativer Weise, bis sich die Teigmasse etwas vom Schüsselrand löst. Inzwischen heizen wir unseren Backofen auf 50 Grad Celsius und schalten ihn danach aus. Jetzt nehmen wir den Teig aus der Schüssel und kneten ihn auf einem Brett noch einige Male mit der Hand. Danach decken wir den Teig ab und gönnen ihm eine Ruhepause von einer halben Stunde im angenehm warmen Backofen. Anschließend legen wir ein Tuch auf das Backbrett und bestäuben es mit etwas Mehl. Jetzt beginnt der künstlerische Teil: Wir dürfen jetzt den Teig so dünn wie möglich ausrollen. Alsdann ziehen wir den Teig (zum Beispiel mit den Handrücken) ganz dünn zu einem Rechteck auseinander, so dass wir fast durch den Teig durchschauen können. Transparenz ist das Gebot der Stunde. Jetzt bestreichen wir den Strudelteig mit Butter und streuen Zwiebackbrösel darüber. Dann schälen wir die Äpfel, halbieren und entkernen sie und schneiden die Frucht in dünne Spalten. Mit leicht beschwingter Hand beträufeln wir die Apfelscheiben mit Zitronensaft (verhindert das Bräunen). Jetzt legen wir die Apfelspalten auf die Zwiebackbrösel und

bestreuen sie mit Zimt, Rosinen und Mandeln (oder Nüssen). Die süßen Schleckermäuler dürfen gern Zucker nach eigenem Gusto beimengen. Die überhängenden Teigränder schlagen wir jetzt ein und rollen sie entsprechend der Backblechgröße locker auf. Achten Sie darauf, dass sie an den Enden gut zusammengedrückt sind. Wir legen den Strudel jetzt auf das mit weicher Butter eingefettete Backblech. Im Backofen (E-Herd: 200 Grad, Gasherd: Stufe 3) wird unser Kombinationsprodukt (Modul I und II) etwa 48 bis 52 Minuten gebacken. Damit unser Apfelstrudel auch eine feine Kruste erhält, bestreichen wir ihn zwischendurch immer wieder mit einem Pinsel mit Butter. Die zuzuführende Energiemenge soll die Zielzahl von 500 Kilojoule erhalten. Die Vollendung ergibt sich durch eine Zugabe von mit Vanillezucker geschlagener Sahne oder Vanilleeis. Je nach Menge von Sahne oder Vanilleeis können Sie dabei die Ziellinie der Kilojoulezahl locker überschreiten – wie immer: Sie dürfen wählen – köstlichen Appetit!

(Hier die groben Koordinaten für den Management-Summary: 0 g Zucker, 76 g Mehl, 261 g Äpfel, 16 g Butter, 0 Eier, ganz viel Liebe. Verrühren, Kneten, Backen, Sahne drauf – fertig – lecker – hmmm ...)

Zu guter Letzt: »Es gibt wichtigere Dinge im Leben, als beständig dessen Geschwindigkeit zu erhöhen.« Mahatma Gandhi

Marionettentheater und persönliche Spielfilme

> *»Ja der Rahmen war schon fertig,*
> *und der Rahmen war nicht schlecht.*
> *Jetzt müssen nur noch die Menschen reinpassen*
> *und die biegen wir schon zurecht.«*
> Udo Lindenberg

Um 18:05 Uhr sitzt Dietrich Mertens an seinem Designer-Tisch im indirekt beleuchteten Büro. Die Klimaanlage gluckst leise und der Ventilator des Computers summt mit sonorem Ton. Das Knattern des FAX-Gerätes reißt Dietrich unsanft aus seinen Gedanken. Schnell überfliegt er den Inhalt des FAX aus Paris: »Dietrich, wir treffen uns morgen um 07:15 Uhr im Office in London. Beiliegend findest du meine handschriftlichen Folienentwürfe für das Meeting um 10:00 Uhr. Bitte kreativ in Power-Point einarbeiten und eine komplette Präsentation erstellen. Es eilt! Grüße von George.«
Schlagartig sieht Dietrich Mertens zehn Jahre älter aus. Er hat gefühlt, dass es so kommen würde. Offen gesagt: Es würde wohl noch viel schlimmer kommen, als er angenommen hat. Wieder nur Befehle. Wieder keine Terminabsprache. Dietrich hasst gesetzte Termine, und er hasst es wie die Pest, wenn er wichtige Dinge auf die letzte Sekunde erledigen muss. Wütend und enttäuscht zerreißt er die Theaterkarten für den heutigen Abend.

Diagnose:
Dietrich Mertens fühlt sich fremdbestimmt. Dadurch kommt er in ein Energietief und auf eine schlechte Frequenz.

Erläuterung:
Zwischen WOLLEN und KÖNNEN liegen oft SOLLEN und MÜSSEN. Leider haben das SOLLEN und das MÜSSEN häufig mehr Kraft als das eigene WOLLEN. Zum Glück dürfen wir ja WÄHLEN – das ist sogar unsere Bürgerpflicht!

Selbst-Ent-Wicklung

Wie gelingt der Ausstieg aus der Fremdbestimmung? Wie können wir ein selbstbestimmtes Leben führen? Wer sich so verhält, wie es andere von ihm erwarten, befindet sich nicht auf dem Weg der Selbstentwicklung sondern in der Sackgasse der Fremdbestimmung. Die Selbst-Ent-Wicklung ist erst dann eine wirkliche Ent-Wicklung, wenn das WOLLEN aus der Tiefe der ureigensten Gefühle und Empfindungen in ein KÖNNEN der Potenziale und Talente übersetzt wird und dann durch das MACHEN Lebendigkeit erfährt.

Über das SOLLEN und das MÜSSEN

Wie an unsichtbaren Fäden von fremder Hand geführt, machen viele das, was andere von ihnen wollen. Marionetten sind willenlose Geschöpfe, die anderen als Werkzeug dienen. Marionetten sehen aus wie Menschen, bewegen sich wie Menschen, sind gekleidet wie Menschen und hängen doch an Fäden, die ein anderer zieht. In unserer geregelten Welt sind uns meist bereits durch die Erziehung Fäden an die Füße gebunden, die sich später als richtige Fesseln entpuppen.

Nach Ken Wilber und Ute Lauterbach gibt es drei Formen der Fremdbestimmung:

Form der Fremdbestimmung	Motto/Kernaussage	Erläuterung
Direkt	Mach dies, mach das. Sei so, wie ich dich haben will.	Der »Feind« ist hierbei klar erkennbar. Es ist ganz offensichtlich, dass jemand anderes etwas von Ihnen will.
Indirekt	Subtile Manipulation, z. B. in Form seelischer Erpressung: »Wenn du mich liebst ...«	Die Aufforderung, etwas zu tun, erfolgt subtiler mit Hilfe unterschwelliger Manipulation.
Internalisiert	Ich verhalte mich so, wie ich denke, dass die anderen mich haben wollen.	Dies ist die fieseste Form der Fremdbestimmung, da es eine Fremdbestimmung in sich selbst ist.

Beispiele mögen die drei Arten veranschaulichen:

Direkte Form der Fremdbestimmung: *»Bis morgen will ich, dass Sie den Bericht nach meinen Vorgaben fertig stellen. – Haben Sie mich verstanden?«* Es erfolgt eine klare, eindeutige und unmissverständliche Handlungsanweisung des Vorgesetzten an den »Untergebenen«. Die Kernbotschaft lautet: »Mach, was ich dir sage.« Damit nimmt der Vorgesetzte dem Mitarbeiter seine eigene kreative Gestaltungskraft, entmutigt ihn und behandelt ihn wie einen Hund, der dressiert den Ball apportiert. Zudem wird durch die Fügsamkeitsrolle des Mitarbeiters sein Leistungspotenzial energetisch halbiert. Der Mitarbeiter wird zum Kindrollenspieler des erwachsenen Chefs. Wie immer dürfen wir wählen oder abwählen. Wir müssen uns nicht in die Kindrolle drängen lassen und können nach Alternativen suchen, wie wir mit dem Verhalten des Vorgesetzten umgehen wollen.

Ein beliebtes Beispiel der *subtilen* Form der Fremdbestimmung ist die seelische Erpressung. Eine Ausprägungsform ist die »Heultour«: In der Projektbesprechung sagt Gerlinde als Verantwortliche des Gesamtprojekts einer Großbank in Frankfurt, dass das Projekt »Data-Mining für die Risikobewertung« noch nicht ganz rund läuft. Daraufhin fängt Dorothea als Leiterin des Teilprojekts an zu weinen und sagt schluchzend: *»Mir geht's so schlecht, ... seit* *dem Projektbeginn habe ich noch nie ein freundliches Wort gehört« ...* Die wenigsten sind im Umgang mit einer solchen Situation vertraut. Die Heultour ist eine subtile Art der emotionalen Manipulation.

Vorauseilender Gehorsam

Bei der *internalisierten* Form der Fremdbestimmung ist die Ursache eine Projektion. Ich projiziere auf andere, dass sie mich so haben wollen, und richte mich nach dieser (nicht ausgesprochenen) Handlungsanweisung. Ich verhalte mich also so, wie ich denke, dass die anderen mich haben wollen. Diese Form hat nichts mit den anderen, sondern lediglich mit mir selbst zu tun. Ein Beispiel für die dritte Form der Fremdbestimmung ist folgende Situation: Mirjam ist neu in dem Projekt »Serviceoptimierung« und hat ein kleines Team von Mitarbeitern übernommen. Sie hatte sich eigentlich vorgenommen, ihren Mitarbeitern aus dem Team erst einmal in Ruhe zuzuhören, bevor sie Aufträge verteilt. Von ihren Kollegen hat sie jedoch gehört, dass der Chef will, dass Führungskräfte mit ihren Mitarbeitern nicht diesen neumodischen »Teamquatsch« betreiben, sondern bei Projekten klare Ansagen machen und eindeutige Aufgaben verteilen. Mirjam projiziert also auf den Chef die Erwartung, dass sie den Mitarbeitern nicht zuhören, sondern ihnen klar sagen soll, was gemacht werden muss (obwohl er ihr das nie so gesagt hat). Als Konsequenz lässt sie gegenüber den Mitarbeitern die Vorgesetzte »heraushängen«. Sie zwingt sich so zu einer nicht gewollten Rolle im eigenen Film. Sinnvoll wäre es hingegen gewesen, mit dem Chef zu sprechen und ihn zu fragen, welche Erwartungen er hat. Danach kann sich Mirjam immer noch überlegen, wie sie die Sache lösen will.

Vorauseilender Gehorsam im Sinne des »Please-the-Boss-Syndroms« ist sehr verbreitet.

Das Please-me-Syndrom

Anderen gefallen müssen? Je verkrampfter wir sind, je kontrollierter wir uns verhalten, je stärker wir mit den Augen der anderen uns selbst einzwängen – desto schwerer fällt es uns, uns spontanen Gefühlen hinzugeben und authentisch zu sein. Wie soll denn unser eigenes Verhalten noch spontan oder unverfälscht sein, wenn wir in der Zwangsjacke der Fremdbestimmung handeln? Anstatt immer nur zu den anderen lieb und nett zu sein, sollten wir lieber uns selbst wertschätzen. »Liebe deinen Nächsten wie dich selbst.« – Bei uns selbst müssen und dürfen wir anfangen. Auf jeden Fall können wir uns selbst trauen und uns unserer selbst sicher sein. Sich selbst sicher zu sein bedeutet, sich ohne Blockierungen und all den ängstlichen Gedanken – »wird er mich entlassen, wenn ich ihm das sage« – entfalten zu können.

Nicht nach Anerkennung schielen

Wenn wir ohne das Schielen nach Anerkennung und Lob das machen, was wir für richtig erachten, ganz bei uns bleiben und mit klarem Kopf entscheiden können, dann sind wir frei von den Blockierungen. Doch die Angst sitzt tief. Unsere Erziehung hat die Sehnsucht nach Lob und Anerkennung, nach Fehlervermeidung tief in unser Innerstes gebrannt. Wenn wir Fehler zulassen können und diese als Lernchance begreifen, ist der Spielraum für Kreativität und damit für außergewöhnliche Erfolge viel größer. Unsere Fehlervermeidungskultur vermeidet die Angst und verbrennt so viel kreative Schaffensenergie. Dieses Ausgebranntsein, neudeutsch Burn-out-Syndrom, kann neben der üblicherweise vermuteten chronischen Überarbeitung auch ein Resultat permanent erlebter Fremdbestimmung sein, da sich der Mitarbeiter ohnmächtig und unfrei fühlt. Einige halten es einfach nicht mehr aus:

Neulich saß ich mit ein paar Freunden beim Raclette zusammen. Wir diskutierten, was sich ändern müsste, damit die Arbeit ein Fackelwerk unserer Lust und Leidenschaft würde und wir so arbeiten könnten, wie wir wollen, anstatt nur zu funktionieren. Ein Freund sagte: »Ich verdiene viel Geld, fahre ein großes Auto und bin dennoch nur die Marionette eines Konzerns, die ständig vom Willen anderer gesteuert wird. Ich will nicht mehr die Krümel, die abfallen, sondern den ganzen Kuchen.« Ich sagte ihm, dass er sich einen eigenen Kuchen backen solle. Er hat inzwischen die vier Schritte des Buches durchgearbeitet und arbeitet jetzt erfolgreich als freiberuflicher Personalberater im Persönlichkeitsmarketing.

Wenn die Fremdbestimmung stark spürbar wird, ist die Sehnsucht nach einem selbstbestimmten Leben groß und die Voraussetzung für Veränderungen geschaffen. Wir sind unter Leidensdruck bereit, uns aus unserer Komfort-Wohlfühl-Kuschel-Zone herauszuwagen – hinaus ins ungewisse Neuland. Wir alle können unsere sichtbaren und unsichtbaren Marionettenschnüre kappen und ein selbstbestimmtes und eigenverantwortliches Leben führen, in dem wir einfach das machen, was wir wollen.

Fremdbestimmung ist lebensverneinend

Ein als fremdbestimmt erkanntes Nach- oder Ableben (SOLLEN und MÜSSEN) schließt eine proaktive Selbstgestaltung des Lebens aus und ist in letzter Konsequenz lebensverneinend. Skeptisch und übervorsichtig fürchten die Menschen, dass ihre Arbeit und ihre Energie nichts wert sind, und suchen permanent nach einer Bestätigung im außen. »Ich bin ja nur der kleine Vasall unseres großen Chefs« ist ein gartenzwerghaftes Kleben am kleinbürgerlichen Denken und kann über die Erkrankung der Seele zu einer psychosomatischen Manifestation führen – die Menschen werden krank. Die Energie kann nicht frei fließen, da sie durch die erlebte Fremdbestimmung blockiert wird.

Manipulationen

Missionare abwehren

Manipulationen sind als erlebte Fremdbestimmung Energieräuber par excellence. Wir alle merken es, wenn wir manipuliert werden – leider nicht immer bewusst. Und meistens erst im Nachhinein, also oft zu spät. Wir reagieren jedoch unbewusst. Wichtig ist, dass wir Manipulationen rechtzeitig erkennen und uns schützen, indem wir die manipulative Energie abwehren oder weiterleiten. Letztlich geht es immer darum, sich bewusst zu machen, dass ein anderer die Beziehung zu uns kontrollieren und uns zu etwas bringen möchte, was er gerne will. Diese Art der Fremdbestimmung nutzen so genannte »Missionare«. Sie wollen andere dazu bringen, sich nach ihrem Willen zu verhalten, im schlimmsten Fall, so zu werden wie sie selbst. Viele kennen sicher ähnliche Situationen: »Räum doch mal deinen Schreibtisch auf, wie sieht es denn hier aus!« Es kann auch genau umgekehrt sein: »Oh Gott, ist das hier aufgeräumt, das ist ja wie im Museum, da mag man ja gar nichts anfassen. So zwanghaft könnte ich niemals arbeiten.« Oder indirekter: »Sie sind doch sicher auch meiner Meinung, dass … – oder?«

»Mach dies, mach das, mach es, wie ich es will.« Missionare sind Menschen, die sich überall einmischen und andere damit aufmischen. So kommt es vor, dass Leute, die von ihrem Persönlichkeitsprofil reine Kopfmenschen sind (analytisch orientierte Denker), kreativen und intuitiven Menschen (intuitive Spürer) vorwerfen, dass sie nicht strukturiert arbeiten. Sie selbst füllen an ihrem aufgeräumten Schreibtisch den ganzen Tag am liebsten Tabellenprogramme aus und haben ein effizientes Controlling-System für ihre tägliche Zielerfüllung eingeführt. Wenn andere Menschen dies nicht so praktizieren, versuchen sie, diese dazu zu bringen, ebenso zu verfahren – ein anderes Vorgehen ist in ihren Augen völlig unprofessionell und ineffizient.

Selbst ernannte Experten

Ideenkiller und sonstige Killerphrasen gehören zum manipulativen »Geht-nicht-weil-Instrumentarium« der Problemdenker: »Das wird hier so gemacht«, »Das haben wir ja noch nie gemacht«. »Ich habe mich bereits vor 25 Jahren mit dieser Materie beschäftigt«, tönt es selbstbewusst aus dem Mund des Abteilungsleiters gegenüber seinem jungen Gruppenleiter, der eine Änderung des Projektablaufs vorschlägt. Was heißt das schon? Ein gesundes »Ja, und?« stellt die Kompetenz schnell in Frage. Möglicherweise hat sich der Abteilungsleiter lediglich vor 25 Jahren einmalig mit dem Thema beschäftigt und seitdem nicht mehr. Lassen Sie sich nicht durch Seniorität beeindrucken. Auch nicht durch Diplome oder erworbene Lizenzen, die prahlerisch an der Wand hängen, oder von der Meinung irgendwelcher Experten. Diplome sind oftmals von bürokratischen Vereinen, Fachgesellschaften oder Institutionen ausgestellte Papiere, die von wichtigen Leuten unterschrieben wurden. Je mehr Diplome an der Wand, desto wichtiger der Experte. Das ist wie bei der Bundeswehr: Je mehr Orden und Ehrenzeichen an der Brust eines Soldaten heften, desto wichtiger und besser der Soldat. Leider werden die meisten Orden und Ehrenzeichen nach Seniorität verteilt. Oftmals sind sie ein Ersatz dafür, dass der Staat kein Geld für eine Beförderung oder Gehaltserhöhung hat.

Bei eminenzbasierten Äußerungen von Experten sage ich grundsätzlich: »In God we trust – all others bring data.« Bleiben Sie cool und unbeeindruckt. Wer lediglich auf Meinungen anderer verweist, zeigt damit nur, dass er mit seinem untertänigen Obrigkeitsdenken in der Welt der ewig Gestrigen spielt oder dass er selbst keine Ahnung hat. Wir müssen die Dinge hinterfragen und nicht bedingungslos hinnehmen oder gar internalisieren. Bestehen Sie auf Tatsachen. Lehnen Sie jegliche Form von Autoritätsbeweisen ab.

Der Chef flippt aus

Unreflektierte Menschen haben sich nicht immer gut unter Kontrolle. So kommt es zu Machtdemonstrationen in Form von Brüll-Attacken. Wenn Sie verbal angegriffen werden, empfiehlt es sich, erst einmal tief einzuatmen, dann auszuatmen, nochmals einzuatmen und in Ruhe weiterzuatmen. Überlegen Sie erst einmal in Ruhe, bevor Sie antworten. Werden Sie nicht emotional. Bestehen Sie auf Tatsachen. Lehnen Sie jegliche Form von Gewaltandrohung ab.

Money-Pulation

Sie sollen sich nichts zu Schulden kommen lassen – aber Sie sollen gefälligst Schulden machen. So gibt es eine Reihe Institutionen, die daran ein Interesse haben oder sogar daran verdienen. Nehmen wir einmal an, Sie haben sich ein Haus gekauft und sich verschuldet. Monatlich müssen Sie möglicherweise für die nächsten 15 Jahre einen hohen Betrag Ihres Monatsgehalts aufwenden. So ein bleischweres Leben am Haken der Banken ist gut – zwar nicht für Sie, aber für die anderen. Es ist gut für den Arbeitgeber, der jetzt weiß, dass er Sie möglicherweise leichter in der Hand hat. Er könnte den Eindruck gewinnen, dass Sie jetzt nicht mehr aufmucken, da Sie ja Ihre Hütte abbezahlen müssen. Der Arbeitgeber könnte auf die Idee kommen, dass Sie sehr viel machen würden, damit Sie mehr Geld bekommen. Seien Sie ganz wach und klar, wenn Sie diesbezügliche Anzeichen feststellen. Scheinbar ist es gut, innerlich fühlen sich jedoch viele schlecht. Wir müssen uns das Leben nicht unnötig schwer machen, indem wir uns goldene Ketten anlegen lassen. Wenn wir spüren, dass die damit verbundenen Schmerzen immer unerträglicher werden, können wir die scheinbaren Fesseln auch einfach wieder abstreifen. Verkaufen Sie lieber das Haus als Ihre Seele, wenn Sie merken, dass Sie sich ansonsten krumm legen müssten. Was immer Sie auch gemacht haben – Sie müssen es nicht auf Dauer machen. Nix ist fix! Jeden Tag gilt die Devise, dass Sie wählen können – und auch abwählen können.

Erwartungshaltungen

Die lieben Nachbarn

Erwartungen können sich in allen drei Formen der Fremdbestimmung manifestieren. Unsere eigenen Erwartungen sind nicht zu unterschätzen: Wenn wir nichts erwarten, können wir nicht enttäuscht werden. Das ist ganz einfach. Warum machen wir uns Gedanken um die anderen? Was kümmert Sie das ästhetische Empfinden anderer, wenn Sie Ihr Auto nicht gewaschen haben, während andere dies wöchentlich machen? Was kümmert Sie die Meinung des Nachbarn, wenn Sie den Rasen nicht gemäht haben oder nicht das Moos aus den Ritzen in der Einfahrt gekratzt haben? Manchmal kümmert es uns eben doch.

Die lieben Nachbarn und deren Erwartungen sind oft ein Stein des Anstoßes. Nehmen wir einmal an, dass Ihr Garten verunkrautet oder Ihr Gras zu lang ist. Sie haben drei Möglichkeiten, auf die Wahrnehmung dieses Phänomens zu reagieren:

- Lassen Sie das Gras wachsen, wenn es Sie nicht stört – und auch nicht stört, wenn Sie vom Nachbarn angesprochen werden, dass Ihre Pusteblumen auf seinen mit der Nagelschere geschnittenen Rasen wehen könnten.
- Mähen Sie den Rasen und zupfen Sie das Unkraut, wenn Sie Lust und Zeit dazu haben und auch Ihr schlechtes Gewissen gegenüber den Nachbarn beruhigen wollen.
- Delegieren Sie die Tätigkeit an einen Profi – einen Gärtner oder sonstig gärtnerisch interessierten Menschen, der Ihnen für Geld die Arbeit abnimmt. Sie können in dieser Zeit machen, was Sie wollen.

Sie müssen sich entscheiden und die Prioritäten setzen. Das bedeutet auch, abzuwägen, was Ihnen wichtiger ist, Ihre freie Zeit oder Ruhe mit dem Nachbarn (falls dieser wirklich den Rasen mit der Nagelschere schneidet).

Bei dem Projekt »Nachbarn« sind oft alle Formen der Fremdbestimmung möglich. Entweder Sie werden direkt von Ihrem Nachbarn angesprochen oder Sie erfahren es subtil über andere Bekannte, bei denen sich der Nachbar beschwert hat, oder es liegt die dritte Form der Fremdbestimmung vor, in der Sie sich lediglich vorstellen, dass es den Nachbar stören könnte, wenn Ihr Rasen zu viel Unkraut hat – Sie wissen es aber gar nicht. Fragen Sie Ihren Nachbarn doch einfach, bevor Sie in die Falle der internalisierten Form der Fremdbestimmung tappen.

Stellen Sie sich grundsätzlich die Frage: Was könnte schlimmstenfalls passieren, wenn ich etwas nicht tue? Wenn Sie den Abgabetermin für Ihre Steuererklärung verpassen, müssen Sie möglicherweise Strafe zahlen. Wenn sie den Geburtstag Ihres Freundes vergessen, können Sie sich selbst überlegen, was dies für Konsequenzen hat. Es könnte ja auch den Grund haben, dass Ihnen dieser Mensch gar nicht so wichtig ist.

Strickmuster und Verstrickungen

Ver-wicklungen ent-wickeln

Wir müssen lernen, unsere eigenen Strickmuster zu verstehen. Wie sind Sie gestrickt? Zwei links, zwei rechts, eine fallen lassen oder anders? Wir müssen die Muster unseres Verhaltens verstehen, damit wir den roten Faden aufnehmen können, um uns neu auszurichten. Wir sind durch viele Muster eingewickelt und müssen uns ent-wickeln. Viele fühlen sich verwickelt, andere schief gewickelt. Um uns ent-wickeln zu können, müssen wir unsere Grundmuster, Verwicklungen und Verstrickungen erkennen und auflösen.

Bei Situationen, in denen Sie schnell explodieren, sollten Sie sich bewusst zurücknehmen und einmal aufmerksam beobachten, auf welche Impulse Sie derartig heftig reagieren. Wenn Sie sich beispielsweise von Ihrem Chef oder einem Kollegen massiv (verbal) angegriffen fühlen, spüren Sie in sich hinein, ob es sich bei Ihrer Reaktion um eine egozentrische Deutung von Befindlichkeiten oder einen echten Lösungsversuch handelt. Die Verstrickung hat etwas mit Ihnen zu tun, andernfalls reagierten Sie nicht so emotional. Manch einer reagiert auch mit heftigen Nackenverspannungen oder Magenschmerzen bei bestimmten Kommunikationskonstellationen, etwa in Teamsitzungen. Die Schmerzen sind dann ein Hinweis aus unserem Inneren, dass etwas nicht stimmt.

Die dritte Form der Fremdbestimmung, die Projektion fremder Wünsche in ihrer Totalverstrickung, ist wie ein Leben mit angezogener Handbremse – wenn wir die Bremse lösen, geht es viel leichter. Wenn wir uns von unseren Verstrickungen lösen und nichts mehr persönlich nehmen, erhalten wir unsere Freiheit (zurück). Wir können die bisherige Situation erkennen, aber nicht notwendigerweise für die Zukunft anerkennen. Dafür müssen wir genau hinsehen, was passiert. Jede Information aus der Umwelt oder aus unserem Inneren ist ein Anreiz für eine Handlung. Und wie immer hat das etwas mit unserer Einstellung und mit unserer Wirklichkeit zu tun.

Ziel ist es daher, die Verwicklungen aufzulösen und zu einem wahren Entfesslungskünstler zu werden, der die eigenen Verwicklungsautomatismen entdeckt und das Entflechten meisterhaft beherrscht. Das Spinnen aber auch, sonst leidet die intuitive Kreativität. Die Schritte 2, 3 und 4 des Buches unterstützen Sie auf diesem Weg.

Den eigenen Film erkennen

Wichtig ist, dass wir zwischen unserem persönlichen Film und der Wirklichkeit unterscheiden können und lernen, dass das Leben eben nicht so ist, wie wir glauben, dass es ist. Dass wir das Bild, das wir von uns selbst gemacht haben, nicht mit unserem wahren Sein verwechseln. Das geht nur, wenn wir die Projektionen zurücknehmen.

Jeder von uns sieht sein Leben durch seine ganz persönlich eingefärbte Brille und schafft sich dadurch seine Wirklichkeit. Die Färbung und die Stärke der Brillengläser und der Blickwinkel sind das Resultat unserer Erfahrungen, unserer Kindheit, unserer Erziehung, der Kultur, die uns umgibt, und des Wissens, das wir haben. Die Vergangenheit prägt unsere Wahrnehmung von Wirklichkeit maßgeblich.

Wir sehen, was wir wissen. Wir projizieren unsere Innenwelt unwillkürlich nach außen und erleben so unsere Welt als eine Spiegelung unserer selbst. So sieht die Ehebrecherin in ihrem Partner den Ehebrecher, und die Künstlerin sieht in allem ein Kunstwerk. Wir sehen, was wir sind. Wenn wir aggressiv sind, so sehen wir überall kampflustige Konkurrenten, die sich mit uns anlegen wollen, die es nur darauf anlegen, sich mit uns zu prügeln oder uns zu beleidigen.

Innere Muster

Wir alle kennen das Sprichwort »Der Krug geht so lange zum Brunnen, bis er bricht«. Wiederholungen sind Reminder im persönlichen Entwicklungstheater. Einige Grundmuster tauchen als Dauerbrenner immer wieder auf und wiederholen sich regelmäßig. Indem Sie Ihre Grundmuster erkennen und die damit verbundenen zeitlichen Ereignisfolgen, beginnen Sie Ihre Zukunft zu begreifen und das Leben ganzheitlich zu verstehen.

Anna Krachert hat ihren alten Arbeitsplatz verlassen, weil sie immer wieder Probleme mit Kollegen hatte. Ein Firmenwechsel schien die Lösung des Problems der ehrgeizigen jungen Volkswirtin. Bei der neuen Firma hat sie sich in den ersten fünf Monaten sehr wohl gefühlt. Was dann passierte, entsprach jedoch wieder der gleichen Problematik, wenn auch in einer etwas anderen Form.

Stellen Sie sich vor, das Leben sei ein Theaterstück und Sie betrachteten es aus der Perspektive des Zuschauers. Sie sehen Ihr eigenes Leben aus einem gewissen Abstand. Die Kostüme, die Aufbauten, die Musik, die Lichteffekte und die Schauspieler in Ihrem persönlichen Theaterstück sind bei einem Berufs-, Wohnort- oder Firmenwechsel andere, das aufgeführte Stück ist inhaltlich aber immer das gleiche. Sie müssen den Inhalt verstehen, damit Sie sich selbst erkennen und verändern können. Viele ziehen immer wieder um, ohne zu berücksichtigen, dass sie sich selbst und ihr Theaterstück immer mitnehmen. Wir können nicht vor uns selbst fliehen.

Die Herausforderung unserer Strickmuster ist, dass sie teilweise im Widerspruch zu unserem äußeren Willen stehen und sogar manchmal die Gewichtung eines inneren Vertrages erhalten, der unbedingt erfüllt werden muss. Das MACHEN und das WOLLEN stehen einander dann gegenüber, wie sich abstoßende Pole, so dass das KÖNNEN gelähmt ist und in einer Duldungsstarre verharrt.

Gibt es derartige Grundmuster in Ihren Erfahrungen, die sich für Sie öfter wiederholt haben?

Innere Grenzen überschreiten

Wichtig ist, dass Sie die inneren Zusammenhänge erkennen. Unser Glück und Wohlbefinden hängen davon ab, ob wir unsere Strickmuster erkennen und an der Verwirklichung arbeiten. Hierzu müssen wir die eine oder andere Masche auch mal fallen lassen. In der Entwicklung Kindheit – Pubertät – Erwachsensein – Reifephase – Weisephase finden Phasenübergänge statt. Nach dem Stirb-und-werde-Prinzip müssen wir die alten Strukturen aufbrechen und Raum für Neues schaffen. Dabei werden wir oft unser zu klein gewordenes Schneckenhaus verlassen und den persönlichen Blickwinkel weiten müssen, damit wir durch das größere Sehen unsere selbst gesteckten Grenzen überschreiten können. Jede dieser Grenzüberschreitungen bedeutet Wachstum und Entwicklung.

Hinweise auf Ihr eigenes Strickmuster lassen sich durch Persönlichkeitstests und Persönlichkeitsprofile finden. Als Beispiele seien der *Profiler of Personality*, der *Myers-Briggs Typenindikator* oder *DISG* genannt, in denen Persönlichkeitspräferenzen auf Grund einer Eigeneinschätzung herausgearbeitet werden. Familienmuster lassen sich zum Beispiel durch Familienaufstellungen nach der Methode von Hellinger erkennen und auflösen. Gleiches gilt für Unternehmen, in denen Organisationsaufstellungen eine heilsame Wirkung bei Konflikten erzielen können.

Maßnahmen:

Sie müssen für sich selbst herausfinden, was für Sie in einer bestimmten Lebensphase wesentliche Bedeutung hat. Mit welchen Mustern können Sie sich in Einklang bringen? Ein Lösungsweg wird im Schritt 2 erarbeitet, in dem wir eine Richtschnur für persönliches Wachstum und Entwicklung mit Hilfe des Masterplans entwickeln. Erfüllen Sie nicht länger die Erwartungen anderer:

- Werden Sie sich darüber klar, was Fremdbestimmung bedeutet und wie viele verschiedene Formen sie haben kann.
- Zücken Sie die Schere: Weg mit den Marionettenfäden! Niemand kann über Ihr Leben verfügen – nur Sie selbst. Sie selbst geben anderen Macht über sich.
- Sie MÜSSEN gar nichts – außer atmen, essen, schlafen und anderen lebensnotwendigen Dingen.

– Gehen Sie Missionaren am besten aus dem Weg. Wenn dies nicht geht, bleiben Sie einfach bei sich und machen Sie freundlich klar, dass Sie erwachsen sind und keinen Babysitter mehr brauchen.

Zur Reflexion:
Wir sind nicht auf der Welt, um andere glücklich zu machen. Zurzeit haben wir nur dieses eine Leben – machen wir uns also selbst glücklich. Wir müssen uns nicht so verhalten, wie andere es tun. Das bedeutet, den Mut zu haben, vom vorgezeichneten Weg anderer abweichen.

Die Einstellung der anderen und deren Erwartung sind die Einstellung der anderen und deren Erwartung. Wir brauchen uns nicht mehr abhängig zu machen vom erhobenen oder gesenkten Daumen der anderen. Wenn wir frei sind von dem, was die anderen über uns denken, so können wir uns über das Lob der Freundlichen freuen und die Kritik der Besserwisser zur Kenntnis nehmen, ohne dass wir sie persönlich nehmen.

Nebenwirkungen:
Wenn wir den anderen so lassen können, wie er ist, können beide miteinander und voneinander lernen und gemeinsam in Ergänzung ihrer Stärken und Talente an Aufgaben wachsen und hervorragende Ergebnisse produzieren.

Denk-Mal: Wie sähe mein Leben aus, wenn ich die fremdbestimmte vertrocknete Lebensödnis in eine selbstbestimmte lebendige Oase verwandelte?

Merk-Mal: Sie sind nicht auf der Welt, um die Erwartungen anderer zu erfüllen. Tun Sie das, was Ihren Vorstellungen entspricht.

Jammerparaden – die anderen sind schuld

> *»Nicht das Haar in der Suppe suchen,*
> *sondern Haare raus und Suppe essen!«*
> Ute Lauterbach

Gustav Weidringer und Michaela Moder sitzen beide im Projektraum, in dem es nach abgestandener Luft und Staub riecht. Der Raum gleicht eher einem Stall als einem Besprechungsraum. Überall liegt Papier herum – und das bei Architekten in einem modernen Berliner Büro … Gustav hat erst vor kurzem die Projektleitung übernommen, Michaela empfindet sich weiterhin als Mädchen für alles – dabei ist sie doch eine fleißige Architektin. Durch die vielen Überstunden im Krankenhausprojekt liegen die Nerven aller Mitarbeiter mal wieder blank.
Gustav: »Michaela, bitte ruf mal ein paar Hotels an, ob es noch freie Zimmer für unser Qualitätsmanagementseminar gibt. Außerdem wäre es super, wenn du hier mal für Ordnung sorgen könntest – heute kommen doch die Krankenhausärzte, dann sollte es ein bisschen nett sein.«
Michaela: »Ich hab zurzeit so viel mit dem Projektmanagement des Krankenhausprojekts zu tun, dass ich diese Arbeit nicht auch noch machen kann.«
Gustav: »Du weißt doch …, der Chef müsste heute noch Antwort bekommen wegen des Seminars.«
Michaela ist den Tränen nahe und schluchzt verzweifelt: »Immer muss ich alles machen und bin der Depp für alle.« Gustav geht raus. Michaela ist wütend und frustriert. Sie isst erst einmal eine Tafel Schokolade. In der Mittagspause trifft sie sich mit Kollegen, denen heute noch viel schlimmere Dinge passiert sind.

Diagnose:
Michaela befindet sich im Energietief, hat eine miese Frequenz. Sie fühlt sich abhängig und zeigt unter anderem durch Frustessen das »Jammersyndrom«.

Erläuterung:
Im Jammertal ist alles furchtbar, das Leben ist so grausam. Jammern bedeutet Duldungsstarre, entzieht dem KÖNNEN die Energie und hält uns vom MACHEN ab. Es führt zu keiner Änderung der Situation. Im Gegenteil: Das Energieniveau sinkt. Die Frequenz, auf der wir leben, und die Stimmung werden immer schlechter.

Die Opferrolle

Wenn Sie sich als Opfer der Umstände fühlen, machen Sie sich selbst zu einem machtlosen Geschöpf. Viele Jammersätze beginnen mit: *»Die anderen sind schuld, ich kann nichts dafür.«* Wenn Sie in die Opferrolle hineinschlüpfen, übernehmen Sie keine Verantwortung für Ihr Leben. Was bleibt, ist, sich zu beschweren und andere für das eigene Elend verantwortlich zu machen oder gemeinsam mit den anderen das Klagelied anzustimmen, wem es am schlimmsten geht. Aber wir wollen uns ja nicht beschweren, sondern erleichtern. Das Leben soll doch leicht gehen!

Die Kindrolle

Wenn wir nur nach Anweisung oder Erlaubnis handeln, haben wir uns aus der Kindheit noch nicht gelöst. Hier haben uns die Eltern auch verboten oder erlaubt, was wir tun durften oder eben nicht. Darin, dass uns unsere Eltern lehrten, niemals etwas ohne Erlaubnis oder Anweisung zu tun, finden wir den Grund dafür, warum so viele Menschen diese Haltung in der Arbeit übernehmen. Der Chef als Vater- oder Muttterersatz. Viele Mitarbeiter sehen ihren Vorgesetzten in der Rolle der Ersatzeltern, schlüpfen in die Kindrolle und leben auch in ähnlichen Abhängigkeitsbeziehungen wie damals zu Vater und Mutter.

Auch hier kommt es auf die innere Einstellung an – wie werden Entscheidungen gefällt und auf welcher Basis kommen sie zu Stande? Das Denken in Problemen ist ein rückbezügliches Denken – gerichtet auf die Vergangenheit. Es führt nicht zur Lösung eines Problems. Eine typische Frage ist, WARUM: »WARUM hat mir Gustav bloß diese sinnlose Arbeit gegeben. Er weiß doch ganz genau, dass ich mit dem wichtigen Krankenhausprojekt so viel zu tun habe, dass ich jetzt nicht zwischendurch etwas anderes anfangen kann.«

Lösungen sind vorwärts gerichtet

Ein lösungsorientierter Ansatz ist vorwärts gerichtet. Die Lösungsfrage beginnt mit dem Wort WIE. Ziel ist es, einen Weg zu finden, die Streitigkeit oder den Kampf zu beenden und so das Problem zu lösen. *»WIE kann ich Gustav klar machen, dass jemand anderes das Hotel anrufen muss? Das könnte doch auch die Sekretärin tun. So halten wir unsere Termine für das Krankenhausprojekt ein. Und überhaupt bin ich nicht das Aschenputtel, das den Stall aufräumt – das kann die Putzfrau übernehmen. Der Sekretärin werde ich den Auftrag erteilen, dass der Putzdienst bereits am Vormittag kommt.«*

Maßnahmen:

1. Treten Sie die Frustbremse, um das Jammern zu stoppen.
2. Raus aus der abhängigen Opferhaltung – rein in die gestaltende Proaktivität. Vom »Huscher zum Pusher« ist die Devise.
3. Legen Sie den Rucksack voller Zweifel ab und übernehmen Sie Verantwortung für die Situation.
4. Handeln Sie.
5. Sprechen Sie Ihr Gegenüber klar und sachlich an. (Michaela sollte Gustav die Situation erklären und ihm sagen, was sie will.)

Empfehlung für Michaela:

1. Mögliche Alternativen überlegen

a) Kröte schlucken, die Anrufe erledigen und das Aufräumen übernehmen → Auswirkung: weiterhin miese Frequenz und Gefährdung des Projekttermins
b) Jemand anderes mit der Aufgabe betrauen → Auswirkung: Arbeit delegiert, die Frequenz bleibt aber schlecht, da Gustav wieder mit anderen Dingen kommen wird
c) Gustav klar und bestimmt, aber nicht aggressiv sagen, dass das Krankenhausprojekt absolute Priorität hat und dass er sich jemand anderes suchen soll, der die Hotels anruft und den Stall ausmistet. Auswirkung: tolle

Frequenz. Gustav wird sich das nächste Mal jemand anderen suchen.

2. Sich bewusst machen, was ihr wichtig ist und was sie nicht machen will
3. Sich entscheiden für die beste Möglichkeit – c) ist richtig!

Zur Reflexion:
Vorsicht bei Ratschlägen von Menschen, die permanent jammern. Hören Sie nur auf Leute, die wirklich glückliche und erfolgreiche Meister ihres Lebens sind. Lassen Sie sich nicht von den Jammerparaden der anderen anstecken. Halten Sie sich von missmutigen Menschen fern. Diese ziehen Ihnen Ihre Positivenergie ab.

Letztlich müssen wir uns über eines im Klaren sein: Wir haben nur dieses eine Leben. Wir sind kein Opfer der Umstände, sondern der Schöpfer unserer eigenen Welt und Wirklichkeit.

Nebenwirkungen:
Gustav wird beim nächsten Mal vorsichtiger sein, wenn er Arbeit »abdrücken« will. (Das gilt für alle seine Kollegen, die gern Arbeit verteilen.) Durch ein klares Nein beugen Sie vor und schaffen dauerhaft eine gute Frequenz.

Denk-Mal: Ein entschiedenes Nein wirkt manchmal Wunder.

Merk-Mal: Machen Sie aus dem Satz von Reinhard Sprenger *»Leiden ist leichter als handeln«* doch einfach: *»Handeln macht leichter als leiden.«*

Vergleichen – der Wurm der Unzufriedenheit

> *»Als wir früher Verstecken spielten, dachten wir nicht daran, dass dies eine Vorübung sein könnte. Wir hatten Spaß an dem Spiel, das heute Ernst geworden ist und so viel Wut und Leid erzeugt. So mancher duckt noch immer und rennt umher und sucht. Andere haben sich so gut versteckt, dass sie sich selbst nicht mehr finden.«*
> Kristiane Allert-Wybranietz

Werner ist 35 Jahre alt, Junggeselle und hat Betriebswirtschaft studiert und anschließend in den USA den MBA erworben. Seit neun Jahren arbeitet er bei einer renommierten internationalen Unternehmensberatung, ist extrem ehrgeizig, verdient ungefähr 145 000 Euro im Jahr und fährt einen gehobenen Firmenmittelklassewagen eines bayerischen Automobilherstellers. Er ist permanent unterwegs, schläft in First-Class-Hotels und arbeitet 15 Stunden am Tag. Er hat kaum Freunde und hält Vergnügen für reine Zeitverschwendung. Ständig arbeitet er daran, so gut zu sein wie der Gründer des Unternehmens, der sein großes Vorbild ist. Er ist unzufrieden darüber, dass sein zwei Jahre jüngerer Kollege Michael zum Partner befördert wurde und nicht er – zumal Michael viel weniger arbeitet als er. Er fühlt sich ungerecht behandelt und ist richtig sauer.

Diagnose:
Werner hat viel Negativenergie und befindet sich auf einer schlechten Frequenz. Seine tiefe Unzufriedenheit resultiert vor allem aus dem Vergleich mit seinem Kollegen.

Erläuterung:
Viele Menschen sind unzufrieden mit ihrem Job. Die Wirtschaftszeitungen publizieren die Millionengehälter aus den Vorstandsetagen und die Firmen halten ihren High-Potentials die Wurst vor die Nase – »wenn Sie dies machen, werden Sie in zwei Jahren befördert«. Das ist sozusagen der »Wurst-Case« für die Mitarbeiter: Wie bei einem Hunderennen konkurrieren sie um die vorgehaltene Wurst. Sie wollen immer mehr Geld, eine höhere Position, Macht, Prestige und einen schnellen Aufstieg. Um die Ecke lauert schon der Wurm der Unzufriedenheit, denn die Wurst erhält ein anderer – für die Meute gibt es Wasser und Brot.

Je mehr wir haben, desto mehr wollen wir. Zufriedenheit im Hier und Jetzt ist nicht möglich, weil wir ständig neue Ziele erreichen sollen, die noch höher geschraubt sind, und uns dabei ständig mit anderen vergleichen. Der Vergleich nährt den Wurm der Unzufriedenheit. Wir sind nicht zufrieden mit uns und wollen so sein wie die anderen. So tragen viele Menschen das nicht erfüllte Bedürfnis in sich, sich bei anderen anzulehnen, als befände sich das Zentrum ihrer Schwerkraft anderswo als in ihnen selbst. Sie erwarten von ihrer Umwelt, dass sie ihnen liefert, was sie selbst nicht zu besitzen glauben: inneren Willen, Stärke, die Fähigkeit, zielgerichtet zu handeln, ja sogar das Leben selbst.

Unzufriedenheit durch Polarisierung

Unzufriedenheit ist ein Resultat aus Vergleichen mit der Außenwelt und bedeutet die Kultivierung des Wettbewerbs und somit die Aufrechterhaltung des Konflikts. Die grundlegende Struktur von Schmerz und Belohnung – Zuckerbrot und Peitsche – ist seit Jahrtausenden dieselbe. Im Berufsleben wird diese Struktur durch Motivationsslogans wie »grow or go« oder »up or out« konserviert. Das macht den Wurm der Unzufriedenheit nur noch größer und stärker. Diese Konditionierung formt uns. Sie folgt dem Muster der Polarisierung, das Ich und Du trennt, das Wir und Ihr unterscheidet. Wir hier sind die Guten, ihr da drüben seid die Schlechten. Das gilt für Klassenverbände wie für Abteilungen, für Firmen, Organisationen und auch für Länder. Vorurteile finden hier hervorragenden Nährboden.

Der Wurm der Unzufriedenheit »wurmt« uns permanent und zerfrisst uns von innen. Ständig müssen wir ihn füttern, damit

Unzufriedenheit zeugt weitere Unzufriedenheit

er gesättigt wird. Dabei überschreiten wir immer häufiger unsere eigenen Grenzen und überspringen uns dabei selbst. Die Unzufriedenheit durch Vergleichen wird durch Werbung, Fernsehen und auf Konkurrenzdenken basierende Beurteilungssysteme geschürt. Viele junge Menschen verbrennen dabei – Burn-out ist dabei nur ein Symptom. Dieses Mehr-haben-Wollen ist der Kopf vom Wurm der Unzufriedenheit. Vergleichen und konkurrierendes Messen führen zu Überdruss, Indifferenz und Härte gegenüber eigenen Bedürfnissen und somit zu noch intensiverer Nahrungssuche für den Wurm der Unzufriedenheit.

Der Vergleich mit Vorbildern führt zu Abbildern oder Abziehbildern. Wir lassen uns dabei von anderen nach deren Verständnis Normen auferlegen. Das heißt Fremdbestimmung pur. Wir müssen raus aus den Me-too-Produkten und rein in ein selbst als wertvoll eingestuftes Denken und Leben. Wir sind keine Imitate von anderen. Wertvoll ist nur das Unikat, das Original. Alles andere sind billige Kopien. Wenn Sie nie machen, was Sie wollen, werden Sie immer hinter ihren eigenen Möglichkeiten und Fähigkeiten bleiben.

Leitbild als »Leidbild«

Für viele Mitarbeiter wird auch das Leitbild großer Konzerne schnell ein »Leidbild« für, wenn Zielerfüllungskriterien durch Vergleiche mit vorgegebenen Soll-Tabellen funktionieren.

Maßnahmen:

- Leiten Sie eine Entwurmungskur ein, indem Sie das Vergleichen mit anderen abstellen.
- Eifern Sie nicht länger fremden Idealen nach.
- Schaffen Sie die Voraussetzungen für ein zufriedenes Leben und eine Beseitigung der inneren Leere.
- Setzen Sie sich eigene Ziele und beginnen Sie mit konkreten und einfachen Schritten.

Zur Reflexion:

Was ist für Sie Erfolg? Die Ansammlung von Geld? Andere zu beeindrucken? Was macht Sie wirklich einzigartig? Was ist Ihnen wirklich wichtig?

Nebenwirkungen:
Keine – lediglich Geduld mit sich selbst.

Übung: Stellen Sie Vergleiche ab!

Übung zum Frequenzwechsel

Stellen Sie sich vor, Sie sitzen in einem ICE auf der Fahrt von Köln nach München. Während Sie aus dem Fenster zum Rhein schauen, setzt sich Ihnen in Koblenz ein Mann gegenüber. Er fährt ein paar Stationen mit Ihnen gemeinsam im gleichen Zug und steigt in Mannheim wieder aus. Sie fahren weiter nach München. Jeder geht seinen eigenen Weg. Ihnen käme niemals der Gedanke, unzufrieden darüber zu sein, dass der Mann bereits in Mannheim aussteigt und nicht mehr im Zug sitzen muss, oder ärgerlich zu sein, weil Sie schon seit Köln im Zug sitzen und er nur eine kurze Strecke fährt. Niemand käme auf die Idee eines solchen Vergleichs. Auch auf unserem Lebensweg ist es unsinnig, sich mit anderen zu vergleichen. Wir sehen immer nur ein Kriterium zu einem bestimmten Zeitpunkt unseres Lebens. Dieses Kriterium nutzen wir zum Vergleich: Das Gehalt oder das Auto nehmen wir als Maßstab für die Bestimmung unseres Lebensglücks. Dies ist absolut sinnlos.

Ihr individueller Weg ist Ihr ganz persönlicher Weg und führt Sie zu Ihrem ganz persönlichen Gipfel. Auf diesen Gipfel wird niemand anderes mitkommen, denn niemand ist wie Sie.

Denk-Mal: Jede Medaille hat zwei Seiten:
Es geht nur um die Wurst, nicht um Ihr Leben – das ist der Wurst-Case. Es geht nicht um die Wurst, sondern um Ihr Leben – das ist der Worst Case. Alles ist eine Sache der persönlichen Einstellung.

Merk-Mal: Anstatt den von anderen vorgehaltenen Würsten hinterherzuhetzen, braten Sie sich lieber selbst eine Extra-Wurst.

Der goldene Mittelweg – das Mittelmaß aller Dinge

> *»Wasch mir den Pelz, aber mach mich nicht nass.«*
> Volksmund

Als wir noch in München lebten, bin ich jeden Morgen mit der U-Bahn zur Arbeit gefahren. Oft habe ich Kollegen aus anderen Abteilungen getroffen, die mit frustriertem Gesicht in ein Buch vertieft in der Bahn saßen. Am Arbeitsplatz hellte sich ihre Stimmung nicht auf. Viele wären lieber im Urlaub auf La Palma als an ihrem Arbeitsplatz gewesen. Dies führt zu folgendem Konflikt: Diese Kollegen sind weder auf La Palma noch an ihrem Arbeitsplatz.
Sie zeigen nachstehende Symptome:

- *Sie wagen es nicht, den Kopf aus der Menge zu heben, und bleiben lieber in Deckung.*
- *Sie trauen sich nicht zu, das Außerordentliche in ihrem Leben zu erreichen.*
- *Sie gönnen sich nicht den Genuss, das wirklich Höchste ihres Selbst zu verlangen und dieses Höchste auch zu erfahren.*
- *In Meetings wird das, was ankommt, aber nicht das, worauf es ankommt, gesagt.*
- *Die redende Mehrheit steht passiv der handelnden Minderheit gegenüber.*

Diagnose:
Diese Mitarbeiter sitzen ihre (Lebens-)Zeit ab und machen Dienst nach Vorschrift. Sie haben innerlich gekündigt.

Erläuterung:
Der Arbeitgeber hat den Nachteil, dass er von seinen Angestellten nicht genügend Produktivität erhält. Die Mitarbeiter können ihre Fähigkeiten nicht voll einsetzen, weil sie nicht machen, was sie wollen und was ihnen entspricht. Das führt dazu, dass sie ihre Lebenszeit und Lebensenergie für eine Sache verschwenden, die sie persönlich nicht erfüllt.

Mittelmaß ist ein gefährlicher Zustand. Mittelmäßig gegeben ist eben nicht alles gegeben. In letzter Konsequenz bedeutet dies, dass wir nicht das erhalten, was wir wollen, weil wir nicht geben, was wir könnten. Mäßig ist die schlechtere Variante einer Lösung. Wenn das Leben mäßig ist, dann ist es wie eine lauwarme, schal schmeckende Suppe. Wie ein Bergwanderer, der den Berg nur halb besteigt, den Gipfel aber nie erreicht.

Der Weg des geringsten Widerstandes

Der *goldene Mittelweg* ist nichts anderes als der Weg des geringsten Widerstandes und somit der von der Gesellschaft legitimierte Weg der Konformität. Sie verlieren hierdurch Ihre Individualität, sind weder Fisch noch Fleisch.

In der Kuschel-Team-Unkultur vieler Unternehmen wird oft nach Kompromissen in schwierigen Projektsituationen gesucht. Als Lösung wird dann der kleinste gemeinsame Nenner umgesetzt. Doch das ist eben nur die allerkleinste und schlechteste Lösung. Besser wäre das größtmögliche Vielfache – ein neuer Weg. Ein Kompromiss ist immer faul, wenn Sie in einer Sache zurückweichen, die Ihnen wirklich wichtig ist. Zurück bleibt dann ein schales Gefühl.

Für Kreativität ist in solchen Unternehmen kein Raum. Eben wagen sich die kleinen, zarten kreativen Pflanzen durch die Bodendecke – schon kommen die gebetsmühlenartig arbeitenden Bedenkenträger-Bulldozer, die nur darauf warten, das zarte Ideen-Grün platt zu walzen mit den Sprüchen wie: »Haben Sie denn nicht an … gedacht? Das klappt ja nie – das haben wir bereits vor acht Jahren versucht.« Wichtig ist, dass wir einen Gedanken erst einmal zulassen, bevor wie ihn bewerten, und nicht gleich aufgeben, nur weil es andere nicht geschafft haben.

Macht kommt von machen

Die Einstellung spielt eine wichtige Rolle, wie wir bereits oben gesehen haben: Menschen, die an Misserfolg glauben, fristen ein mittelmäßiges Dasein – so die Meinung von Anthony Robbins. Macht bedeutet für ihn die Fähigkeit zu handeln. Ich möchte ergänzen, dass *Macht* durch *Machen* entsteht. Entweder, Sie entscheiden selbst, was Sie machen möchten, oder andere entscheiden für Sie – und Sie lassen das mit sich machen.

Ergebnisse, nicht Misserfolge sehen

Das gilt für alle unsere Vorhaben und Projekte. Es gibt keinen Misserfolg. Es gibt lediglich Ergebnisse. Wenn wir das Wort »Ergebnis« durch »Ereignis« ersetzen, können wir aus dieser Erfahrung lernen und es in Zukunft anders oder besser machen. Der Gedanke des Misserfolgs entsteht meist durch einen Vergleich, den bekannten »Wurm der Unzufriedenheit«: »Ich wollte Sieger beim Bowling werden, bin aber nur Dritter geworden.« Es gab eine Erwartung, nämlich Sieger zu werden, ein Ereignis, dass jemand anderes Sieger geworden ist, und einen Vergleich: Der andere ist besser, ich bin schlechter. Und es gab eine Schlussfolgerung: Ich bin nicht erfolgreich.

Als Konsequenz könnte das dreierlei heißen:

1. Ich resigniere verzweifelt angesichts des Zustands dieser Welt und des schmerzlichen Verlustes des ersten Platzes.
2. Ich akzeptiere das Ergebnis mit der Folge, dass ich mich zukünftig besser vorbereite, mehr trainiere oder entspannter in den Wettkampf gehe.
3. Ich revidiere meine Ideale und spiele zukünftig ohne Erwartungen und ohne Verkniffenheit einfach Bowling.

Maßnahmen:

Größer denken

Wir alle können uns verändern und über uns hinauswachsen. Wenn wir größer denken, dann können wir Dinge tun, die wir nie für möglich gehalten haben. Die größten Einschränkungen und Ängste erzeugen wir selbst, indem wir unseren eigenen Projektionen zum Opfer fallen. Ziel sollte es sein, unsere eigenen Träume zu leben und zu verwirklichen.

Die Mittelmäßigkeit zu verlassen bedeutet:

- Kriechen Sie raus aus den Schubladen der Konformität.
- Denken Sie das Unmögliche.
- Machen Sie, was Sie wollen.

Zur Reflexion:

- Wagen Sie es, den Kopf aus der Menge zu heben?
- Trauen Sie sich das Außerordentliche zu?
- Sagen Sie anderen, *was ankommt*, oder, *worauf es ankommt*?

Im Schritt 2 werden wir uns näher damit befassen, was Sie aus vollstem Herzen am liebsten machen würden.

Nebenwirkungen:
Wenn Sie das Unerwartete tun, stoßen Sie andere möglicherweise vor den Kopf. Das müssen Sie verkraften. Vielleicht reißen Sie die anderen aber auch mit. Vielleicht haben die sich bisher nur nicht getraut …

Denk-Mal: Der goldene Mittelweg ist schmal und kurz. Er führt Sie nicht weit.

Merk-Mal: Verlassen Sie die Kuschelzone und suchen Sie Abenteuer!

Arbeit, Arbeit über alles – die Arbeits-Sucht

> *»Arbeit macht das Leben süß, Faulheit stärkt die Glieder.«*
> Volksmund

Jürgen Wieland ist immer unter Volldampf. Er ist als äußerst ehrgeiziger und erfolgreicher Marketing-Chef mit einem schnell wachsenden Dienstleistungsunternehmen verheiratet. Da er nachts sowieso nicht gut schlafen kann, steht er meist bereits um 4:15 Uhr morgens auf und fährt ins Büro, um in Ruhe die Mails zu bearbeiten, bevor ab 9:00 Uhr der große Run losgeht. Jürgen macht keine Pause – zwischen zwei Meetings schlingt er schnell ein paar Würstchen herunter oder behilft sich mit einer Tafel Schokolade zwischendurch. Nachdem alle Büros sich am Abend geleert haben, entspannt er sich noch bei seichten Folk-Klängen via Internet, während er bis spät abends an den Business-Plänen arbeitet. Oder er trifft sich mit Kollegen, um die Strategie zu besprechen. Er genießt es, wenn ihm die anderen sagen, dass er heute einmal früher nach Hause gehen solle, weil er so schlecht aussehe. Von den 28 Tagen Urlaub nimmt er maximal sieben. Am Wochenende ist er oft in der Firma, da er dann von niemandem gestört wird und nach Herzenslust arbeiten kann. Sein Leben ist seine Arbeit. Jürgen hat eine Freundin. Sie lebt in der Schweiz. Er sieht sie jedes zweite Wochenende. Er ist bereits zwei Mal geschieden. Von seinem Bandscheibenvorfall hat er sich dank der Krankengymnastik zum Glück ohne Operation erholt. Vor zwei Monaten hat er sich dann diese Kniegeschichte eingehandelt. Die hat ihn arg mitgenommen, er ist um zehn Jahre gealtert.

Diagnose:
Jürgen Wieland ist ein klassischer Workaholic. Er führt ein Schmalspurleben auf Hyper-Frequenz.

Erläuterung:
Mitarbeiter wie Jürgen Wieland können Sie in fast jeder Firma dieser Republik finden. Workaholics sind stolz darauf, 18 Stunden am Tag zu arbeiten. Sie definieren sich nur über ihre Arbeit. Oftmals kaschieren sie damit die innere Leere. Macht Arbeit das Leben so süß?

Ich habe Kollegen kennen gelernt, die nachts um 2:00 Uhr Mails geschrieben haben und morgens um 7:00 Uhr wieder am Schreibtisch saßen. Können Sie sich vorstellen, wie effektiv deren Arbeit war? Katastrophal. Vieles geht eben besser, wenn es leicht geht. Und für gute Leistungen braucht niemand zum Workaholic zu mutieren. Beispiele belegen immer wieder, dass erfolgreiche Menschen mit einem 6-Stunden-Tag zu enormen Erfolgen gekommen sind, dabei auf ihre Gesundheit geachtet haben, viel Sport getrieben haben und genug Zeit für die Familie zur Verfügung hatten. Nur wenn die Energie frei fließen kann, können wir Außergewöhnliches leisten.

Manche spüren, dass sie zu lange arbeiten. Sie trösten sich damit, dass dieser Zustand nur vorübergehend ist – so wie das Leben auch vorübergeht. Wie entkommen wir der Arbeitsfalle?

Maßnahmen:
Loslassen. Und zwar sofort! Das Wichtigste ist für Jürgen, sich bewusst zu werden, dass er arbeitssüchtig ist. Durch die Positivverstärkungen der Kollegen – »Mensch, der Jürgen ist fleißig« – ist es schwierig, das bisherige Verhalten zu ändern. Jürgen muss sich selbst für wichtig nehmen und nicht nur für die anderen da sein. Die eigene Anerkennung muss ihm mindestens genauso wichtig sein wie eine Anerkennung von außen durch die Kollegen.

Der Ausspruch *»Arbeit, bis die Knochen knacken«* gehört in die Museumsvitrine der ewig Gestrigen. Mit Leichtigkeit sollten wir uns von der Schufterei verabschieden und lieber mit mehr Spaß weniger machen. Doch die Maxime *»Work smarter – not harder«*

ist noch wenig in die pflichtbewussten deutschen Managerhirne eingedrungen und findet erst Gehör, wenn die Alarmanlage der Gesundheit blinkt und hupt – zum Beispiel durch einen Bandscheibenvorfall, wie bei Jürgen Wieland im obigen Beispiel. Der Bandscheibenvorfall ist ein Wink mit dem Zaunpfahl, dass Jürgen energetisch nicht ausbalanciert ist. Ein Work-Life-Balance-Seminar täte ihm sicher gut. Die Energien von Körper, Geist und Emotionen müssen wieder frei fließen können. Jede Einseitigkeit führt zu einer Störung der Balance und des Fließgleichgewichts unserer Energien.

Nach einer maximalen Anspannung brauchen wir eine Entspannung, sonst kommt es zu Verkrampfungen. In den Schritten 2 und 3 gehen wir näher darauf ein, wie wir loslassen können.

Zur Reflexion:

- Treten Sie hin und wieder die Kupplung.
- Tanzen Sie mal aus der Reihe.
- Machen Sie dann und wann einen Tag lang einfach nichts.

Nebenwirkungen:
Gelassenheit, Ausgeglichenheit und Lebensenergie nehmen zu. Sie werden mehr Spaß an der Arbeit haben. Und letztlich bringen Sie ausgeruht bessere Leistungen in der Arbeit.

Denk-Mal: Das Leben ist zu kurz, um es nur mit harter Arbeit zu verbringen.

Merk-Mal: Work smarter, not harder!

Angst-Würmer und Verwandte

»Was ist der größte Feind der Erleuchtung?
Angst.
Und woher kommt die Angst?
Aus der Einbildung.
Und was ist Einbildung?
Zu denken, dass die Blumen neben dir giftige Schlangen seien.
Wie soll ich die Erleuchtung erreichen?
Öffne die Augen und sieh.
Was?
Dass keine einzige Schlange in der Nähe ist.«
Anthony de Mello

Alex Hüther rauscht in sein Büro. Als er den Startknopf seines Notebooks drückt, um den Rechner hochzufahren, lässt ihn das schrille Klingeln seines Telefons um 8:17 aufschrecken. Die Nummer 5101 springt ihm aus dem Display des Telefonapparats in die Augen – mitten ins Hirn: der Abteilungsleiter! Schweißperlen sammeln sich auf seiner Stirn. Zögerlich hebt er den Hörer von der Gabel und meldet sich: »Alex Hüther, guten Morgen Herr Jakobson.« Angst erstickt ihm fast die Stimme. Sein Gesicht wird blass, als er den Worten seines Vorgesetzten lauscht: »… Sie wissen doch genau, dass wir gestern Abend um 19:00 Uhr Abgabetermin für das Krankenkassenprojekt hatten. Wo ist Ihr Konzept?« Alex erwidert leise: »Gestern war so viel los und ich hatte noch keine Gelegenheit dazu, es fertig zu stellen.« Darauf Jakobson: »Ich mache mir Sorgen wegen Ihrer laschen Arbeitsauffassung. Sie müssen diese Arbeit nicht machen – es gibt genug Leute, die gern mit Ihnen tauschen möchten. Entweder Sie liefern pünktlich ab oder Sie brauchen überhaupt nicht mehr zu kommen …«

Diagnose:

Alex Hüther hat Angst. Dadurch ist seine Frequenz schlecht, er ist voller Negativenergie. Der Vorgesetzte schüchtert ihn ein. Der »Angst-Wurm« gehört in die Gattung der Energiesauger.

Erläuterung:

Angst lähmt

Die Angst *wurmt* uns, daher spreche ich vom *Angst-Wurm*. Laut Definition ist Angst ein unangenehmer Zustand, der durch ein subjektives Spannungsgefühl, durch eine Verunsicherung oder Beunruhigung und eine nervliche Anspannung charakterisiert ist. In Abbildung 1 habe ich die Angst als emotionalen Prozess dargestellt. Menschen reagieren unterschiedlich, daher ist die Angstbereitschaft bei jedem anders ausgeprägt. Auch der Umgang mit der Angst ist individuell verschieden. Unsere Handlungsfähigkeit wird durch Angst, Prestigedenken, Machtstreben und Geltungsbedürfnis, Überzeugungen, Konformitätsprägungen, Einstellung und Zweckdenken gelähmt. Wir wollen uns an dieser Stelle mit der Angst und deren emotional-subjektiver Ebene näher befassen.

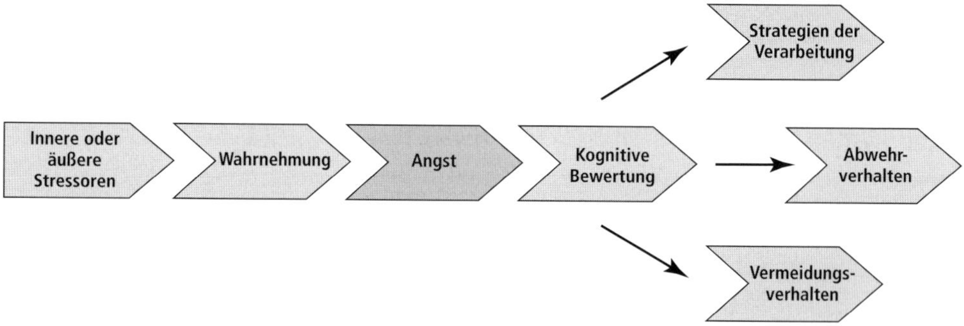

Abb. 1: Angst als emotionaler Prozess

Angst macht krank

Der Angst-Wurm raubt Ihnen Ihre Energie sowie Ihre körperliche und emotionale Kraft. Die Angst isst nicht nur Seelen auf. Denken wir nur an die körperlichen Begleitsymptome: Herzrasen, Schlaflosigkeit, Schwächezustände, Kopfschmerzen und so weiter. Psychoimmunologische Studien bestätigen den Zusammenhang zwischen Angst und den negativen Auswirkungen auf das

Immunsystem: Menschen, die Angst haben, sind häufiger krank. Wer uns Angst macht, Angst einflößt oder dem Angst-Wurm Nahrung gibt, der zieht uns Energie ab.

Management by Angst

Aus der Arbeitswelt kennen wir zahlreiche Beispiele. Viele Manager glauben, dass Einschüchterung – also Druck durch Angst – das wichtigste Motivationsinstrument zu besseren Leistungen sei. Durch Druck entstünden ja schließlich auch Diamanten. Sie drohen mit Kündigung, ordnen beliebig Überstunden an und behandeln ihre Mitarbeiter teilweise wie Sklaven auf einer Galeere. Draußen stehen schließlich mehrere Millionen Arbeitswillige. Einige Vorgesetzte benutzen sogar ihre körperliche Größe als eine Art psychologische Waffe. Dieses Vorgehen hat System. Aber es führt zu Energieblockaden. Wirklich große Leistungen sind so nicht möglich. Vorgesetzte, die die Angst instrumentalisieren, haben allenfalls gehorsame, keine motivierten und leistungsstarken Mitarbeiter.

Studien haben herausgefunden, dass Ärger, Zweifel, Sorge und Angst sich extrem störend auf das Arbeitsergebnis auswirken, weil sie die Aufmerksamkeit ablenken. Dadurch wird die zur Verfügung stehende Energie abgesaugt. Die Vermeidung ist eine grundsätzlich schlechte Strategie, da uns dann die Angst in einer anderen Dimension wieder begegnen wird.

Angst vor Arbeitslosigkeit

Der Gedanke an Arbeitslosigkeit lässt den meisten einen kalten Schauer den Rücken hinunterlaufen:

- Wie soll ich die Miete bezahlen?
- Was ist mit den Schulden?
- Wird mich meine Partnerin verlassen?
- Finde ich in meinem Alter noch einen neuen Job?
- Was werden die Nachbarn denken?
- Werden meine Freunde zu mir stehen?

Die Realitätsprobe machen

Fragen Sie sich in einer solchen Situation: Was könnte denn im schlimmsten Fall passieren, wenn Sie die Arbeit los sind? In Deutschland gibt es ein gutes soziales Auffangnetz, so dass wir uns nicht das Genick brechen, wenn wir unsere Arbeitskraft kurzfristig nicht vergütet bekommen. Wir müssen nicht – ganz anders als in den USA oder Japan – als »homeless people« den Einkaufswagen durch die Slums schieben. Schon mal gut zu wissen. Die Arbeit los zu sein bedeutet erst einmal nur, dass Menschen derzeit keinen bezahlten Job haben. Trotz der damit verbundenen Probleme, Härten und Unannehmlichkeiten haben sie aber eine Menge Zeit, die sie nutzen können, um sich mit Begeisterung auf die eigenen Talente und Stärken zu besinnen und eine neue Geldquelle zu erschließen. Darin liegt die Chance für eine Veränderung, eine Neuorientierung oder einen Neuanfang.

Den Blickwinkel wechseln

Haben Sie Angst davor, dass Sie nach dem Ausatmen keine Luft mehr für das Einatmen finden werden? Wohl kaum – sonst würden Sie die ganze Zeit die Luft anhalten oder diese in Sauerstoff-Flaschen horten. Dieser Gedanke kann uns Mut machen. Wieso haben Sie dann Angst davor, Ihren Arbeitsplatz zu verlieren? It's just a job.

Prüfungsangst

Menschen mit Prüfungsangst haben »Schiss«. »Schiss« (Durchfall) ist ein physiologisches Korrelat der Angst. Wer Durchfall hat, fällt auch leicht durch – bei Prüfungen oder anderen Tests. Hier gelten die alten Muster und Glaubenssätze: »Das schaffe ich ja nie« – die Quittung kommt prompt! Wenn Sie ans Durchfallen denken – dann fallen Sie auch durch. Wenn wir permanent in Angst vor lauter Fehlern und Risiken leben, findet das Leben nur im Schmalspurformat statt.

Maßnahmen:

Entwurmungstherapie

- Nutzen Sie die Angst als Richtschnur Ihres Handelns.
- Verwandeln Sie die Angstenergie in Handlungspower.
- Demystifizieren Sie die Angst-Auslöser.

Druck erzeugt Gegendruck oder Spannungen – nicht nur Nackenverspannungen. Daher ist es wichtig, dass Sie Einschüchterungsversuche klar und bestimmt abwehren. Sie müssen die Situation erkennen und einen kühlen Kopf und wachen Verstand bewahren. Warum machen Sie das, was Sie gerade machen? Sind Sie durch wohldurchdachte Überlegungen dazu gekommen oder hat ein Angstgefühl Sie zu diesem Handeln gezwungen?

Angst ist eine komplexe Sequenz von Verhalten, welches sich auf affektiver, kognitiver und physiologischer Ebene ausprägt. Wie können Sie die Angst als ein Instrument zur Verbesserung Ihres Energiemanagements nutzen? Die Ansätze der Angst-Entwurmungstherapie sind:

1. Schalten Sie Angst auslösende Stressoren aus.
2. Ändern Sie die Bewertung einer Situation.
3. Verändern Sie Ihre Verarbeitungsstrategien.
4. Lenken Sie Ihr Abwehrverhalten in positive Bahnen.
5. Leiten Sie Vermeidungsverhalten zielgerichtet um.

Frequenzwechsel durch neue Bewertung

Wenn wir eine Situation lösungsorientiert bewerten und eine zukunftsgerichtete Verarbeitungsstrategie in Angstsituationen anwenden, lähmt uns unsere Angst nicht länger. Wenn wir die Ursachen erkennen und beseitigen sowie unsere Grenzen überwinden, verschwindet die Angst. Schauen Sie sich einmal um: In welcher Atmosphäre arbeiten Sie? Die Stressoren werden Sie nicht vollständig ausschalten können. Sie müssen aber nicht in einer Umgebung arbeiten, in der Angst als Druckmittel eingesetzt wird. Sie sind frei in Ihrer Wahl – was Sie arbeiten möchten, wo Sie arbeiten möchten und für wen Sie arbeiten möchten.

Alles ist eine Frage der Dosierung

In zu starker Dosierung lähmt uns die Angst, in schwächerer Dosierung kann Sie uns regelrecht »pushen«. Dies gilt analog für die Verwendung von Giftpflanzen als Medikamente. Je nach Dosierung können diese lähmen, töten oder heilen.

Vorzeichen wechseln

Angstvolle Überzeugungen machen uns extrem unbeweglich. Wenn wir die Angst nicht negativ, sondern positiv auffassen, so können wir die Energie der Angst für unsere Weiterentwicklung und unser Wachstum nutzen. Hierzu müssen wir lediglich das Vorzeichen der Angstenergie von Negativ auf Positiv ändern. Durch den Vorzeichenwechsel wird die Angst zum Verbündeten. Wir können die Angst als Handlungsmotor nutzen, um voll in die Kraft zu kommen. Ihre individuellen Wachstumspotenziale unterstützen Sie dabei, Ihre Grenzen zu vergrößern, die Sie sich durch Ihre Angst selbst gesetzt haben. Dies habe ich in Abbildung 2 dargestellt.

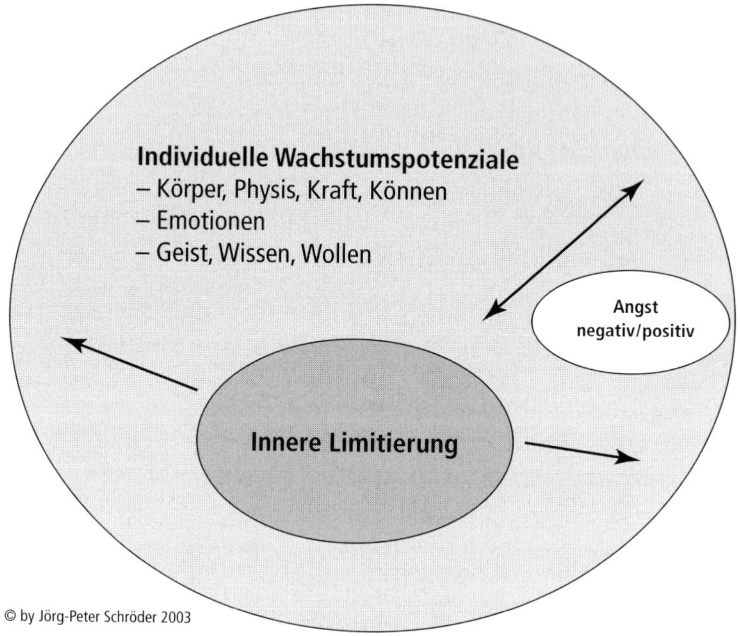

Abb. 2: Wachstumskreise durch Vorzeichenwechsel

Zweifelsfrei handeln

In vielen Unternehmen herrscht die Angst vor Fehlern. Doch die Angst führt nicht zur Lösung, sondern lähmt unser Tun. Solange wir Spaß an der Durchführung von Dingen haben, gibt es kein Versagen. Wir brauchen keine Angst vor Fehlern zu haben. Als Erstes müssen wir daher die Energie unserer Angst vor Fehlern und vor Versagen in Arbeitslust und Arbeitsspaß umwandeln. Im Schritt 4 werden wir uns im Kapitel *Tanzen statt kämpfen – vom Frust zur Lust* ausgiebig damit beschäftigen.

Mentale Programmierung verändern

Oben haben wir uns mit der Prüfungsangst beschäftigt. Wir haben festgestellt, dass »Schiss« (Durchfall) ein Symptom der Angst ist. Wer Durchfall hat, fällt auch leicht durch – bei Klausuren, mündlichen und schriftlichen Prüfungen. Der Schlüssel zur Lösung von der Angst setzt bei den alten Mustern und Glaubenssätzen an: Wer denkt: »Das schaffe ich ja nie«, schafft es auch nie. Die Energie folgt der Aufmerksamkeit. Wenn Sie an Angst denken, ist die Angst präsent. Wenn Sie an die Lösung der Aufgabe denken, hat die Angst weniger Kraft und ist weniger präsent. In den Schritten 2 und 3 des Buches beschäftigen wir uns ausführlicher mit diesen Veränderungen.

Vertrauen statt Versicherungen

Es gibt keine Sicherheit. Sie ist auch nicht käuflich. Das beste Mittel gegen Verunsicherung ist keine Versicherung, sondern Vertrauen. Versicherungen sind eine prima Erfindung und können uns vor Schlimmerem bewahren, aber sie sind ein Geschäft mit der Angst. Die Sicherheit, die suggeriert wird, ist nur *schein-bar* – und zwar in Form des Versicherungsvertrages, der monatlich Ihr Geld versickern lässt. Je unsicherer der Mensch ist, desto mehr Versicherungen hat er abgeschlossen. Wenn wir uns selbst vertrauen, uns nicht bange machen lassen und uns etwas zutrauen, wird uns der Angst-Wurm in Zukunft weniger Energie absaugen können. »*Trau dich!*« – heißt die Message.

Zur Reflexion:

Die Angst als Freund

Wenn wir uns an unsere Grenzen wagen, treffen wir die Angst. Wenn wir uns mit ihr befreunden, kann sie uns bei unserem Wachstum unterstützen.

Den Angstberg »ablöffeln«

Befürchtungen und Angst belasten unsere Möglichkeiten und ziehen uns energetisch nach unten. Stellen Sie sich doch einmal vor, dass Ihre Angst ein Berg aus Eis sei. Eis ist gefrorenes Wasser. Das heißt, dass das Wasser nicht fließen kann – die Energie ist gestaut. Sie können sich nicht bewegen, da Sie vor Angst gelähmt – eingefroren – sind. Wenn wir das Wasser auftauen, kann die Energie wieder frei fließen. Wie das geht? Ganz einfach: Stellen Sie sich vor, dass der Angst-Eisberg aus Ihrer Lieblingseissorte besteht und Sie das Eis mit vollem Genuss löffeln. Löffel für Löffel bekommen Sie mehr Kraft. Erstens steckt in Eis viel Energie und zweitens wird der Angstberg ständig kleiner und Ihre Sicherheit und Ihr Selbstbewusstsein werden immer größer. Auch ganz große Berge lassen sich Löffel für Löffel abtragen und aufessen!

Energie fließen lassen

Viele blockieren ihre eigene Lebensenergie und können diese nicht fließen lassen aus Angst, dass ihnen die Kontrolle entgleitet. Sie nehmen sich so stark am Zügel, dass sie gar nicht nach vorn reiten können. Sie schränken sich ein und werden so ihr eigener Sklavenhalter. Sie haben Angst vor ihrer eigenen Courage. Wenn wir die Zügel loslassen, kann das Pferd viel ungehemmter galoppieren.

Vom Einbruch zum Durchbruch – der durchschlagende Erfolg

Seit ich mich mit den unterschiedlichen Richtungen ostasiatischer Kampfkunst beschäftige, habe ich einen großen Respekt vor Bruchtests. Beim Taekwondo wird von den Schülern bei den jeweiligen Prüfungen zum nächsthöheren Gürtel und somit zur nächsthöheren Graduierung verlangt, dass sie ein 3 cm dickes Brett mit einer bestimmten Technik durchschlagen. Als Arzt kenne ich die anatomischen Strukturen gut. So hatte ich oft Angst, dass ich zum Beispiel bei einem Schlag mit der Faust meine Fingerknöchel verletzen könnte. Obwohl ich die Technik hervorragend beherrschte, stoppte ich meist kurz vor dem Brett ab – so konnte ich das Brett nicht spalten. Ich war frustriert und enttäuscht.

Der Schlüssel zum Erfolg liegt darin, hinter das Brett zu denken. Der Erfolg ist »durchschlagend«. In meinen Workshops verwende ich zur Demonstration des durchschlagenden Erfolgs ein einfaches Mittel: Der Teilnehmer erhält ein dünnes Brett, das er mit der Handkante durchschlagen soll. Jeder Teilnehmer beschreibt das Brett mit einem schwarzen Filzstift mit den Dingen, vor denen er Angst hat. Es ist ein tolles Gefühl und ein schöner Erfolg, wenn das Brett durchgeschlagen wird; zumal, weil die Angst überwunden wird.

Nebenwirkungen:
Wenn Sie lernen, mit Ihrer Angst umzugehen, erfahren Sie Grenzen überwindendes Wachstum. Ihr Selbstvertrauen und Ihre Selbstsicherheit werden größer.

Denk-Mal: Die Kraft, die in der Angst liegt, können wir als Chance zur Weiterentwicklung nutzen. Wir müssen hinter das Brett denken.

Merk-Mal: Stellen Sie sich Ihrer Angst und ändern Sie deren Vorzeichen.

Grübeln und Endlosschleifen

»Armer, dummer Bandwurm! In menschlicher Haut zu stecken, ohne ein Mensch zu sein.«
Stanislaw Jerzy Lec

Elena Thomsen-Weiterbrink geht heute bereits um 22:40 Uhr nach langer harter Büroarbeit ins Bett. Kurz vor dem Einschlafen spielen ihr die neuronalen Verschaltungen in ihrem Hirn wieder den bekannten Streich mit Namen »Schlaflos in Frankfurt«. Da ist es wieder – das gespenstische Kreisen der Gedanken durch ihren Kopf: »Ich bin so unorganisiert, wo habe ich bloß die Vertragsunterlagen der Bank hingelegt? Ich bin so kopflos, ich kann mich kaum mehr konzentrieren. Mein Gott, dieser Schulz, der geht mir so auf die Nerven … Die Mails habe ich heute auch nicht mehr erledigt. Seit Monaten habe ich es mir vorgenommen – jetzt habe ich es schon wieder nicht geschafft, in die Aerobic-Gymnastik zu gehen. Oh Gott, ich bin so vergesslich – ich habe Tobias nicht einmal die Folien geschickt … Hoffentlich funktioniert der Server morgen wieder. Verdammt noch mal, jetzt kann ich wieder nicht schlafen.« Elena ist so aufgedreht und wach, als hätte sie sechs doppelte Espressi getrunken. Sie macht das Licht an und liest eine Weile in einem Krimi. Weil das auch nichts nützt, nimmt sie um 1:29 Uhr eine Schlaftablette und hofft, schnell einzuschlafen. Um 6:15 Uhr hängt die Müdigkeit wie tonnenschwere Stahlketten an ihrem Körper, als sich Elena ins Bad aufmacht.

Diagnose:
Elena befindet sich in Dysbalance. Negative Gedankenfilme laufen in ihrem Kopf. Sie kann nicht abschalten, grübelt ständig und ist sehr unausgeglichen. Elena lebt auf einer schlechten Frequenz.

Erläuterung:
Die Symptome deuten darauf hin, dass Elena sich in keiner guten energetischen Balance – neudeutsch *Work-Life-Balance* – befindet. Sie arbeitet zu viel und kann einfach nicht abschalten. Sie hat zudem keinen vernünftigen Ausgleich zu ihrer harten Arbeit und ist daher unausgeglichen.

Grübeln – negative Gedankenfilme

Grübeln ist das fixierte Kreisen von sorgenvollen Gedanken in unserem Kopf, welches negative Einstellungen nur verfestigt und zu keiner Problemlösung führt. Das gedankliche Strudel- und Rotationsmaterial dreht uns schwindelig. Die nächtlichen Endloswiederholungsplatten ziehen uns die Energie ab, die wir für unsere täglichen Aktivitäten brauchen. Es raubt uns unseren Schlaf und vergiftet den kommenden Tag. Spaziergänge im Kopf sind prima, wenn nicht immer derselbe Weg beschritten wird – vor allem nicht nachts, wenn der Körper Ruhe braucht. Der Geist muss frei sein. Das zwanghaft sich wiederholende rast- und ruhelose Denken – vor allem in der Nacht – ist auf Dauer schädlich. Das Hirn muss sich entspannen können und kann nicht wie ein Hochleistungsmuskel permanent angespannt sein.

Maßnahmen:
Ent-strudeln Sie aus dem Alltagsstrudel, um Ihre innere Balance herzustellen:

- Lernen Sie, rechtzeitig abzuschalten.
- Schaffen Sie sich einen sinnvollen Ausgleich nach der Arbeit. Betätigen Sie sich körperlich.
- Finden Sie eine geeignete Entspannungsmethode wie autogenes Training, Qigong oder Meditation.

Der Tag ist vorbei, jetzt kann Elena nichts mehr ändern. Wozu darüber aufregen? Morgen ist ein neuer Tag. Dann kann sich Elena mit den Dingen beschäftigen, die sie ändern oder machen möchte.

Zur Reflexion:
Was könnten Sie machen, wenn Sie den ganzen Tag auf Ihrem Bürostuhl gesessen haben, um Ihrem Körper und Ihrer Seele etwas Gutes zu tun?

Nebenwirkungen:
Wohlbefinden, Ausgeglichenheit, Rückkehr der Balance und guter Schlaf stellen sich ein.

Übung: Finden Sie Entspannung!

Übung zum Frequenzwechsel

Setzen Sie sich ganz entspannt auf ein Kissen auf den Boden oder auf einen Stuhl in einem vom Alltagslärm abgeschotteten Raum. Achten Sie darauf, dass Sie nicht von einem Telefon oder einem den Raum betretenden Menschen gestört werden. Die nächsten Minuten gehören nur Ihnen. Sie sollten nicht von der Sonne geblendet werden und der Raum sollte für Sie angenehm temperiert sein. Lassen Sie Ihre Hände mit den Handflächen nach oben auf Ihren Knien ruhen. Schließen Sie die Hände jetzt ganz kräftig zur Faust. Öffnen Sie die Fäuste wieder und legen Sie die Hände wieder auf die Knie zurück. Krallen Sie Ihre Zehen zusammen, als wollten Sie mit den Füßen eine Faust machen – lassen Sie danach wieder los. Blenden Sie Ihre Alltags- und Arbeitsgedanken aus. Lassen Sie Stille in sich entstehen. Atmen Sie langsam und gleichmäßig ein und aus und genießen Sie die Stille. Entspannen Sie Ihre Augenbrauen, Ihre Augenlider, Ihren Mund, Ihre Kaumuskeln der Wangen – das ganze Gesicht. Lassen Sie Ihre Augenlider bis auf einen ganz kleinen Spalt geschlossen. Bewegen Sie jetzt Ihre Augenwinkel nach unten und die Mundwinkel nach oben, als wollten sie gemeinsam einen Kreis bilden. Lächeln Sie innerlich ganz befreit, so wie Sie einer Ihnen nahe stehenden Person zulächeln. Seien Sie ganz entspannt, atmen Sie gelassen und genießen Sie dieses wunderschöne Gefühl, das Ihren Körper durchflutet.

Wenn Sie diese Übung mehrmals in der Woche wiederholen, können Sie das angenehme Gefühl sehr schnell erreichen. Ihr Körper wird sich schneller regenerieren und entspannen können. Das bewusste Atmen ist eine der zentralen Übungen auf dem Weg der Achtsamkeit, wie ihn bereits Buddha seinen Mönchen gelehrt hat.

Denk-Mal: Wenn unser Seelenmist über Nacht zum Unglücksdünger wird, ist es bis zu den Schicksalsschlägen nicht mehr weit.

Merk-Mal: Seien Sie Herr Ihrer Gedanken, nicht deren Knecht.

Fazit: Unsere inneren Energieräuber

Jetzt haben Sie die wichtigsten Exemplare der Energieräuber kennen gelernt. Das Problem der Energieräuber ist, dass jeder für sich bereits erhebliche Mengen an Energie absaugen kann. Es kommt jedoch noch schlimmer, wenn mehrere Energieräuber zusammen auftreten und gemeinsam Beute machen. Wenn beispielsweise *Angst* und *Fremdbestimmung* gemeinsame Sache machen, potenzieren sich die Wirkungen dieser Energieräuber und verstärken die unerwünschten Nebenwirkungen. Wenn SOLLTE und MÜSSTE sich zusammenschließen, bleibt vom WOLLEN und KÖNNEN nicht mehr viel übrig.

Schritt 2: Lebensinventur und persönlicher Masterplan – das Delta zwischen IST-Analyse und SOLL-Konzeption

Darum geht es

In diesem Kapitel wollen wir herausfinden, wie es um die Kräfte in unserer Lebensbatterie steht. Dazu beleuchten wir die unterschiedlichen Energiequellen unserer Lebensenergie und unterziehen diese einem gründlichen Check – genau wie Unternehmensberater, die erst einmal die IST-Situation analysieren, bevor sie in einer Organisation Veränderungen vorschlagen. Ein guter Arzt geht ähnlich vor. Er macht auf der Basis seiner fünf Sinne eine gute Ersterhebung durch die Anamnese, eine eingehende körperliche Untersuchung, ergänzt diese gezielt durch zusätzliche Untersuchungen und stellt dann eine Diagnose. Wir werden verschiedene Instrumente einsetzen, um uns genauer auf die Schliche zu kommen. Wie bei einem Barometer wollen wir die Frequenz-Hochs und -Tiefs ermitteln.

Auf Basis der energetischen Lebensinventur werden wir dann einen persönlichen Masterplan – Ihre ganz persönliche Lebenslandkarte – entwerfen. Hier werden wir die wesentlichen Dinge zusammensetzen, also eine Synthese betreiben. Diese Lebenslandkarte ist Ihre persönliche Marschroute.

Ziehen wir also Bilanz, um dann gezielt Maßnahmen für das Energiemanagement und Ihr persönliches Wachstum einleiten zu können.

Rückblick auf Ihren persönlichen Lebensweg

»Auch ungelebtes Leben geht zu Ende
zwar vielleicht langsamer
wie eine Batterie in einer Taschenlampe
die keiner benutzt.
Aber das hilft nicht viel:
Wenn man (sagen wir einmal) diese Taschenlampe
nach so und so vielen Jahren anknipsen will
kommt kein Atemzug Licht mehr heraus
und wenn du sie aufmachst
findest du nur deine Knochen
und falls du Pech hast
auch diese schon ganz zerfressen.
Da hättest du genauso gut leuchten können.«
Erich Fried

Beginnen wir mit Ihrer persönlichen Forschungsreise. Wir starten mit den Reflexionen über Ihren bisherigen Lebensweg. Machen Sie sich ein Bild von sich: Nehmen Sie sich Zeit und Ruhe, die folgenden Fragen in entspannter Atmosphäre zu beantworten. Gönnen Sie sich eine Viertelstunde Zeit – nur für sich selbst –, eine schöne Musik zum Entspannen und ein Blatt Papier mit ein paar farbigen Stiften. Lehnen Sie sich zurück und reflektieren Sie Ihr bisheriges Leben.

Diese Übung soll Ihnen eine Hilfe sein, zu einem besseren Verständnis Ihrer wichtigsten Wertvorstellungen zu gelangen, zu dem, was Ihr Leben ausmacht. An dieser Stelle erlaube ich mir, Ihnen eine kleine Leseanleitung zu geben. Lesen Sie den Text über die Lebensinventur aus Gründen der Ganzheitlichkeit einfach zweimal. Einmal mit offenen und danach noch einmal mit geschlossenen Augen. Beim ersten Lesen sind Verstand und Logik (linke Hirnhälfte) gefragt. Beim zweiten Lesevorgang melden sich Intuition und viszerale Intelligenz – das Bauchgefühl (rechte Hirnhälfte). Beide zusammen werden eine Spur zur eigenen Lebenslandkarte legen.

Den eigenen Standort erkennen

Dies ist eine Initialzündung für den Dialog mit der Zukunft und zur Klärung aktueller Fragen Ihres Lebens. Je klarer und besser Sie das Jetzt einschätzen, desto bewusster werden Sie erkennen können, wie Sie in Zukunft das machen können, was Sie wollen. Wenn Ihre inneren Energieräuber Ihnen die Energie absaugen, werden Sie weniger Energie zur Verfügung haben. Umso flacher wird auch Ihre individuelle Wachstumskurve verlaufen.

Machen Sie sich ein Bild von sich. Stellen Sie sich jetzt einfach selbst vor.

Reality-Check

Übung: Machen Sie Ihre Lebensinventur!

Wie alt sind Sie?

___

Wie alt fühlen Sie sich?

___

Leben Sie so, wie Sie es sich immer erträumt haben?

___

Ist Ihr Beruf Ihre Berufung?

___

Spüren Sie Begeisterung für Ihr Leben und Ihren Weg?

____

Was passiert im Moment?

____

Was zählt jetzt?

____

Wer ist Ihnen wichtig?

____

Was noch?

____

Welche Ihrer Träume haben sich für Sie erfüllt?

____

Auf was hätten Sie liebend gern verzichtet und auf was auf keinen Fall?

____

Was hätten Sie lieber (anders) gemacht?

____

Positive Verstärkungen durch innere Bilder

In den folgenden Kapiteln setze ich häufig Positivaffirmationen als ein Instrument zur Verstärkung ein. Affirmare heißt bestätigen – es geht um die Bejahung, Zustimmung oder Bekräftigung unserer inneren bildlichen Vorstellung. Durch Autosuggestion in einer Wiederholung selbst notierter Leitbild-Sätze beeinflussen wir unser Unterbewusstsein. Im Reich der rechten Gehirnhälfte regieren ganzheitliches Denken, Emotionen und Bilder. Die inneren Leitbilder werden dort als Muster abgelegt. Unsere rechte Hirnhälfte hat einen sehr intensiven Zugang zum Unterbewussten. Die in unserem Unterbewusstsein erzeugten Bilder werden durch die Affirmationen positiv getönt und somit verstärkt. Um die Affirmation positiv zu visualisieren, können Sie diese zum Beispiel als Zettel an Ihren Spiegel im Bad kleben und sich das Bild dann täglich mehrfach vorstellen. Durch die Wiederholung laden wir unser Unterbewusstsein mit dem neuen Bild auf. Ein Beispiel für eine Stress-Situation wäre: »Ich bin ganz ruhig, ich atme ganz ruhig ein und aus und bleibe einfach gelassen.« Die in den folgenden Kapiteln beschriebenen Positivaffirmationen sind Vorschläge für Sie, die Sie nach Ihren Wünschen modifizieren dürfen. Ein kleiner Tipp: Formulieren Sie keine »Nicht-Sätze« – zum Beispiel: »Ich will nicht mehr rauchen«, sondern benutzen Sie bejahende Bilder.

Positivaffirmationen werden zum Beispiel im Hochleistungssport, bei Lampenfieber, Stress und Verhaltensänderungen sehr erfolgreich eingesetzt.

Folgende Energiesysteme werden wir betrachten:

Ihre Energiequellen

- die Alarmzeichen und Orientierungsbojen im Leben,
- Ihr Gesundheitszentrum (Körper, Emotionen, Geist, Krankheiten, Unfälle …)
- Ihr Beziehungsmanagement und Ihre emotionalen Kraftquellen (Familie, Beziehungen, Freundschaften, Bekanntschaften),
- einen Quick-Check Ihrer Energie,
- Ihre Talente und Ihre Arbeitskraft (Potenziale, Beruf, Arbeit, Leistung, Berufung),
- die Zeit-Zeichen (den sinnvollen Umgang mit der Zeit),
- Ihre Frei-Zeit (Hobbys, Sport, Wissenserweiterung, Klärung, persönliches Wachstum),
- Ihren Geldstrom (finanzielles Fundament, Wertigkeit).

Alarmzeichen und Orientierungsbojen als Wegweiser

> *»Der Mensch ist gefordert,*
> *sich selbst zu dem zu machen,*
> *was er werden soll,*
> *um sein Schicksal zu erfüllen.«*
> Paul Tillich

Betrachten Sie das Leben als einen Prozess – den Fluss des Lebens. In unserem Leben fallen uns wichtige Ereignisse – zum Beispiel unsere Einschulung, der erste Freund, der Schulabschluss, das erste Auto, der Tod eines Elternteils – auf, weniger jedoch der Prozess, der diese Ereignisse hervorbringt. Diese Ereignisse sind Orientierungsbojen in unserem Lebensfluss. Die Bojen sind besser sichtbar als der Prozess. So springt ein Fluss nicht von Stadt zu Stadt, sondern legt die Entfernung nur langsam zurück. Diese Orientierungsbojen können Höhepunkte eines Prozesses sein oder den Start eines neuen Prozesses initialisieren – dann haben sie die Funktion von Wendemarken. In diesem Falle sind sie sehr nützliche Indikatoren in eine andere Richtung.

Orientierungsbojen können wir auch als eine Art Leuchtfeuer auf dem Lebensfluss sehen, die die Veränderungen in unserem Inneren widerspiegeln. Wenn äußere Umstände den inneren Zustand widerspiegeln, bedeutet dies vor allem, dass wir nach innen schauen müssen. Während des Lebensprozesses durchlaufen wir grundlegende Erfahrungen, die uns zu Wachstum und Weiterentwicklung auffordern.

Versteckte Warnzeichen

Nicht immer sind die Orientierungsbojen sofort erkennbar. Manchmal zeigen sich die Veränderungszeichen schleichend und dabei stetig wachsend, zum Beispiel als:

- Schlafstörungen,
- Stress-Situationen,
- Merkfähigkeitsstörungen, Wortfindungsstörungen, psychische Gereiztheit,
- Burn-out-Syndrom,
- Magenschmerzen, Kreuzschmerzen, Nackenverspannungen, Ohrgeräusche …

Umwege können auch Abkürzungen sein. Wir werden vom Leben immer wieder mit der Nase auf die Aufgaben gestoßen, die wir zu lösen haben. Wenn wir in äußeren Umständen verharren – zum Beispiel durch das Verbleiben in alten Denk- und Verhaltensmustern –, so wird sich der äußere Druck erhöhen, bis sich eine Änderung herbeiführen lässt.

Schicksalswinke erkennen

Schicksalsschläge bedeuten häufig einen Wink mit dem Zaunpfahl und deuten auf *not-wendige* Veränderungen hin. Die Not bringt dann die Wende. Den Einbruch des bisherigen Weges zum Durchbruch nutzen, lautet dann die Devise – und so die Chance zum persönlichen Wandel ergreifen. Wichtig ist, dass wir uns selbst nicht überspringen und auf uns selbst hören können. Wir müssen die Schicksalswinke erkennen, bevor uns Schicksalsschläge vernichten. Andernfalls wird uns schnell die Rechnung präsentiert, wenn wir zum Beispiel vor lauter Arbeit nicht mehr auf die eigene innere Warnblinkanlage achten. Alarmzeichen sind reguläre Ereignisse, die Sie hören und verstehen können. Ich nenne diese Alarmzeichen auch gern »Wake-up-Calls«, weil sie an ein Weckerklingeln erinnern. Ultimative Wake-up-Calls können wir nicht überhören. Sie zeigen uns deutlich, dass wir uns verändern müssen. Sie stellen eindeutige Wendepunkte/Wendemarken in unserem Leben dar. Schicksalsschläge als Alarmzeichen für Veränderungen sind unmissverständliche »Wake-up-Calls«. Beispiele hierfür sind:

Wake-up-Calls

- Krankheiten,
- Trennung vom Partner,

- Entlassung / Arbeitslosigkeit,
- Unfälle.

Die Beispiele lassen sich beliebig ergänzen. Herausfordernde Situationen rütteln an den Fundamenten unserer kristallisierten Denk-, Handlungs- und Verhaltensmuster. Sie zeigen uns, dass der Fluss unserer kreativen Energie gestaut ist. Wake-up-Calls erfordern eine radikale Neuorientierung unserer Einstellungen, unseres Verhaltens und unserer Glaubenssätze. Insofern können wir mit der Veränderung auch einen Reifungsprozess erfahren.

Vom Opfer zum Schöpfer

Unsere Einstellung zur Erfahrung ist dabei der entscheidende Faktor. Sie allein entscheidet, ob wir bei der Begegnung mit schwierigen Situationen leiden (müssen) oder ob wir wachsen, indem wir die Lektionen lernen, die uns das Leben lehrt. Letzteres bedeutet, den Weg vom Opfer zum (eigenen) Schöpfer zu wählen, aus der passiv erlittenen Krise hin zu einem selbstbestimmten und eigenverantwortlichen Neubeginn zu kommen.

Alte Lösungen konservieren alte Probleme

Häufig neigen wir dazu, an früher ausreichenden und für damalige Verhältnisse erfolgreichen Lösungen auch dann noch festzuhalten, wenn sich die Lebenssituation dramatisch geändert hat. Doch alte Lösungen führen nur dazu, dass wir immer mehr derselben Probleme bekommen – manchmal nur in einer anderen Verkleidung. Daher ist es notwendig, neue Lösungsansätze zu verfolgen und uns auf die neue Situation adäquat einzustellen.

Bei wichtigen Ereignissen lässt sich oftmals der innere Drang zur Veränderung spüren – vorausgesetzt, wir spüren, was in uns vorgeht. Wenn wir durch äußere Umstände, zum Beispiel durch Unfälle, Erkrankungen, Arbeitslosigkeit oder Trennungssituationen zur Veränderung gedrängt werden, gibt es kein Wählen mehr, dann müssen wir uns verändern.

Rot – Gelb – Grün: der Ampel-Check

Die relevanten Indikatoren in unserem Lebensfluss und deren Erlebnisgestaltung wollen wir farbig darstellen. Eine ganz einfache Methode, die sich auch in meinen Seminaren bewährt hat, ist das

Bewerten von Prozessen und Aufgaben nach dem Ampel-Check. Sie benötigen hierfür lediglich eine Kopie der unten stehenden Tabelle. (Die finden Sie auf der CD.) Dazu nehmen Sie bunte Stifte in den Farben Rot, Gelb und Grün.

Farben sind Frequenzen von Licht. In der Tabelle notieren Sie markante Ereignisse Ihres bisherigen Lebens. Geben Sie jedem Ereignis eine charakteristische Farbe. Alles, was Ihnen Spaß gemacht oder eine schöne Erinnerung geschaffen hat, markieren Sie in Grün. Markieren Sie all die Dinge, die Ihnen überhaupt nicht gefallen haben, in Rot. Für Dinge, die für Sie weder positiv noch negativ waren, wählen Sie Gelb.

Den eigenen Lebensweg aufzeichnen

Zeichnen Sie Ihren Lebensweg noch einmal nach und bewerten Sie die einzelnen Phasen nach dem Ampel-System: Was haben Sie bisher in Ihrem Leben gemacht? Die Tabelle mag Ihnen eine sinnvolle Unterstützung für die Gliederung Ihres Lebensflusses geben. Legen Sie die für Sie relevanten Punkte (zum Beispiel Schule, Ausbildung, Beruf, Hobbys, Sport, Partnerschaft) als Ereignisse in der Tabelle an und füllen Sie die Tabelle aus. Schreiben Sie Ihren Lebenslauf nach dieser Struktur ganzheitlich auf – was war gut, was hätte besser laufen können? Die Emotionen, Körper und der Geist sollen gleichmäßig berücksichtigt werden. Wenn Sie kein Freund von Tabellen sind, nehmen Sie einfach ein leeres Blatt Papier und schreiben Sie wie bei einem Lebenslauf alles auf, was Ihnen einfällt. – Wichtig ist, dass dies spontan geschieht. Die Bewertung können Sie dennoch nach der Ampel-Methode vornehmen, indem Sie die Ereignisse mit den Buntstiften unterstreichen oder umkreisen.

Beispiel: der Ampel-Check des Lebensflusses

Hier ist das Beispiel von Erwin Peschke (siehe rechts). Er ist 43 Jahre alt, verheiratet, hat zwei Kinder und arbeitet seit 16 Jahren als Mathematiker bei einer Kölner Lebensversicherung auf dem Gebiet des Schadensmanagements.

Insgesamt stehen fast genauso viele Ampeln auf Grün wie auf Rot im Verlauf des Lebensflusses von Erwin. Er ist der Prototyp eines »Kopfmenschen«. Als sehr introvertierter Mensch hat er Schwierigkeiten, seinen Emotionen ausreichend Raum zu geben. So kann er auch den Ärger in der Firma nicht adäquat verarbeiten. Das Magengeschwür und die Na-

Ereignis	Grün	Gelb	Rot
Kindheit	Spielen war schön.		Blockflötenunterricht war schrecklich.
Schule	Unser Mathematikunterricht war gut; im Physikunterricht gab es spannende Versuche.		Laberfächer wie Deutsch und Sozialkunde waren entsetzlich. Hier gab es keine klaren Fakten.
Freundeskreis	In der Teegruppe waren mir gute Gespräche wichtig.		Gern hätte ich einer Clique angehört. Ich stand oft abseits der anderen. Ich hatte nur sehr wenige Freunde.
Hobbys	In einer Rock-Band Bass zu spielen hat mir früher viel Spaß gemacht.		Momentan habe ich überhaupt kein Hobby mehr. Abends bin ich immer zu abgespannt und kann mich nicht mehr aufraffen, etwas zu tun.
Sport	Schach hat mich immer fasziniert.		Leichtathletik hat mir überhaupt keinen Spaß gemacht, aber mein Vater wollte unbedingt, dass ich ein guter Läufer werde. Sport hat mir nie viel Spaß gemacht.
Studium		Ich habe mich für viele Themen interessiert. Anstatt Mathematik hätte ich auch Physik oder Chemie studieren können.	
Erster Job: Lebensversicherung in Köln	Das Gehalt stimmte, ich hatte ein Einzelzimmer zum ungestörten Arbeiten.	Das hat sich so ergeben.	
Partnerschaft, Beziehung	Erika ist eine tolle Frau und eine liebe Mutter.		
Kinder		Meine Frau wollte zwei Kinder haben.	Ich muss leider viel arbeiten, so dass ich die Kinder nicht so viel sehen kann, wie ich gern möchte.
Gesundheit			Vor zwei Jahren hatte ich ein Magengeschwür. Seit einem Jahr leide ich unter ziemlichen Nackenverspannungen.
Jetziger Job: seit dem Studium kein Stellenwechsel	Sicherheit ist mir sehr wichtig. Die Arbeit ist nicht uninteressant.		
Karriere		Die ist mir nicht so wichtig.	
Balance	Urlaub ist mir sehr wichtig.		
Auswertung	**Summe: 8**	**Summe: 4**	**Summe: 7**

ckenverspannungen sind Wake-up-Calls, dass er in seinem Leben etwas ändern muss. Erwin fehlt zudem der Ausgleich.

Übung: Der Ampel-Check Ihres Lebensflusses

Wählen Sie weitere für Sie relevante Kriterien, die Ihr Leben geprägt haben, und tragen Sie diese in die nachstehende Tabelle ein. Was war maßgeblich in Ihrem Leben? Welche Orientierungsbojen waren wichtig im Fluss Ihres Lebens?

Ereignis	Grün	Gelb	Rot
Kindheit			
Schule			
Freundeskreis			
Hobbys			
Sport			
Ausbildung, Studium			
Erster Job			
Partnerschaft, Beziehung			
Kinder			
Gesundheit			
Jetziger Job, Stellenwechsel			
Karriere			
Balance, Auszeiten, Entspannung			
Auswertung	Summe	Summe	Summe

Denk-Mal: Krankheit ist der ultimative Wake-up-Call.

Merk-Mal: Verlassen Sie die Duldungsstarre der Vergangenheit. Springen Sie rein ins fließende Leben der Gegenwart.

Ihr Gesundheitszentrum

»Schmerz ist der Schrei des Körpers nach Fließenergie.«
Nikolas Behrens

Stellen Sie sich vor, Ihr Gesundheitszustand wäre an einem Barometer ablesbar. Magenschmerzen deuten dann auf ein Frequenztief. Schlafstörungen sind ebenfalls die Vorboten eines herannahenden Frequenz-Tiefdruckgebiets auf der ganzheitlichen Wetterfront Ihres energetischen Wohlbefindens.

Impulsfragen:

- Wie fit oder gesund fühlen Sie sich jetzt?
- Was ist Ihnen Ihre Gesundheit wert?
- In welchen Situationen sind Sie bisher krank geworden? Welche Umstände waren die Auslöser?
- Was tun Sie, damit Ihre Gesundheit erhalten bleibt?
- Wie gehen Sie mit Ihrem Körper um?
- Wie viel Zeit verbringen Sie mit Sport und / oder Fitness?
- Macht Ihnen Sport Spaß oder machen Sie Sport, um andere mit Ihren Muskeln zu beeindrucken oder mit Schlankheit zu prahlen?
- Wie ausgewogen ist Ihre Ernährung?
- Wie steht es mit Ihrem Alkoholkonsum?
- Rauchen Sie?
- Was tun Sie für Ihre Entspannung?

Mens sana in corpore sano – die Wechselwirkung zwischen Körper und Geist ist bereits mehrere 1000 Jahre bekannt. Rufen wir uns noch einmal in Erinnerung, dass Gesundheit und Krankheit im Kopf entstehen. Dementsprechend haben unser Geist und unser freier Wille einen starken Einfluss auf Körper und Gesundheit. Gesundheit ist mehr als das Fehlen von Krankheit. Dies ist kein medizinisches Lehrbuch – bei Krankheiten sei daher auf die einschlägige Literatur verwiesen. Ich kann und möchte zu diesem Thema jedoch Impulse setzen, dass Gesundheit kein Reparaturbetrieb ist, in den man hineingehen kann und seine alte Hüfte gegen ein künstliches Hüftgelenk austauscht. Gesund zu sein bedeutet, in Harmonie mit uns selbst, unseren Gefühlen, Gedanken, unserem Körper und dem Universum zu sein. Unsere Gesundheit basiert auf einem hoch komplexen bio-mentalen Energiefließgleichgewicht, das empfindlich auf Erschütterungen reagiert. Daher ist es wichtig, dass die Energie von Körper, Geist und Emotionen in einer ausgewogenen Balance fließen kann.

Die Warnungen des Körpers beachten

Wir müssen unsere Gesundheit wichtig nehmen und achtsam beobachten. Die subjektive Wahrnehmung und die damit verbundene Einstellung sind sehr wichtig. Eine Krankheit zwingt uns, wieder in Einklang mit uns selbst zu kommen. Daher dürfen wir die Warnhinweise des Körpers nicht einfach ausschalten oder übergehen. Was meine ich damit? Wenn Sie häufig unter Kopfschmerzen leiden, können Sie eine Kopfschmerztablette einnehmen und damit den Warnhinweis des Körpers, dass Ihr Gleichgewicht gestört ist, ignorieren. Schmerz ist der Schrei des Körpers nach Fließenergie – es geht nicht darum, diese Stimme zum Schweigen zu bringen, sondern die Energie wieder fließen zu lassen. Die Stimme des Schmerzes liefert einen wichtigen Hinweis auf tiefer liegende körperliche oder seelisch-emotionale Probleme.

Die Kopfschmerztablette hat ungefähr den Effekt des Ausschaltens einer blinkenden Alarmlampe an der Tiefkühltruhe, deren Kühlung nicht mehr funktioniert. Die Tablette kuriert am Symptom, löst aber das Problem nicht. Vorübergehend schafft die Kopfschmerztablette durch die Behandlung des Schmerzes eine Linderung, lässt die dahinter verborgenen Krankheitsursachen aber unberührt. Daher ist es enorm wichtig, die Ursache der Kopfschmerzen zu ergründen, achtsam mit dem eigenen Körper umzugehen.

Viele Erkrankungen haben einen psychosomatischen Hintergrund. Wir können Krankheiten daher auch als Informationssysteme auffassen, die uns wertvolle Botschaften aus dem seelischen Bereich übermitteln. Körperliche Symptome sind dann das somatische Äquivalent eines psychischen Zustands – also das äußere Zeichen einer inneren Störung. Eindeutige Wake-up-Calls unseres Körpers, die nicht überhört werden können, sind zum Beispiel:

Wake-up-Calls des Körpers

- Rückenschmerzen und Bandscheibenvorfälle,
- Migräne und massive Kopfschmerzen,
- Essstörungen,
- Herzinfarkte,
- Tumorerkrankungen,
- Unfälle.

Auf die Zusammenhänge zwischen Arbeit und Gesundheit werden wir im Abschnitt *Talentschuppen und Arbeitskraft* ausführlicher eingehen. Besser als eine Krankheit zu behandeln ist es, Krankheiten durch gezielte Prävention vorzubeugen. Im Schritt 4 werden wir uns damit beschäftigen.

Wie fühlen Sie sich jetzt? Topfit oder ausgelaugt? Sie sind krank? In jeder Krankheit steckt eine Botschaft und auch gewissermaßen eine Chance. Die Krankheit gönnt uns eine Auszeit, um neue Energie tanken zu können und nach Wegen zu suchen, die außerhalb des Bisherigen liegen. Wenn Sie chronisch oder schwer krank sind, müssen Sie gemeinsam mit dem für Sie richtigen Arzt Wege finden, um wieder gesund zu werden.

Welche kritischen Veränderungen finden derzeit in Ihnen statt? Wie äußern sich diese Veränderungen auf der körperlichen Ebene? Es stimmt beispielsweise etwas nicht,

- wenn Sie nachts aufwachen und Ihnen immer wieder die belastenden Arbeitsgedanken durch den Kopf kreisen,
- wenn Sie morgens total erledigt mit klebrigen Augen und schmerzenden Gliedern aus dem Bett kriechen und am Tag so müde sind, dass Sie kaum mehr gerade stehen können,

- wenn Sie sich bei jeder Besprechung mit Ihrem Chef fast übergeben müssen,
- wenn Sie immer wieder eine Nasennebenhöhleninfektion nach dem Urlaub bekommen …

Übung:

Meine Ziele für meine Gesundheit sind:
(Beispiel: Ich will 100 Jahre alt werden.)

____

____

____

____

____

Zur Reflexion:

- Was könnten Sie machen, um Ihre bisherige Situation so zu verändern, dass Sie gesünder leben?
- Welche Alternativen bieten sich – grundsätzlich?
- Wer könnte Sie dabei unterstützen?
- Welche Möglichkeit gefällt Ihnen dabei am besten?
- Wie könnte die Umsetzung stattfinden?

Maßnahmen:

Die persönliche Energietankstelle finden

Gesundheit und Energie wollen erhalten sein. Wir müssen unsere Energie immer wieder aufladen – finden Sie Ihr persönliches Ladegerät für Ihre Batterie, Ihre Tankstellen für kreative Energie und Zapfsäulen für Seele, Körper und Geist. Was machen Sie für Ihre Gesundheit?

- Was sind Ihre nächsten Schritte, um gesünder zu leben?
- Wann gehen Sie diese?

- Wer oder was könnte sich diesen Schritten in den Weg stellen – Ihr Terminkalender, Ihre inneren Schweinehunde, der Stress im Büro, Zeitmangel?
- Wer unterstützt Sie ganz konkret?
- Was machen Sie, um Energie zu tanken? Zum Beispiel:
  - Morgenmeditation im Freien,
  - gelassene Ruhe und Achtsamkeit beim täglichen Tagebuchschreiben am frühen Morgen,
  - ein entspannendes Bad am Abend,
  - Yoga-Übungen bei Sonnenuntergang,
  - ein fantastisch lecker zubereitetes Essen zu zweit,
  - das Schmökern in einem tollen Buch,
  - ein außergewöhnliches Konzert,
  - ein »Seele-Baumel-Tag«.

Seien Sie achtsam mit Vorsätzen, die Sie am Ende des Tages doch nicht umsetzen können.

Übung:

Für meine Gesundheit nehme ich mir folgende konkrete Schritte vor:

____

____

____

____

Positivaffirmationen:

Glaubenssätze

- Ich liebe meinen Körper und bade ihn jeden Tag im Glanze meiner Schönheit.
- Jeden Tag arbeite ich daran, dass ich einen gesunden Körper habe.
- Ich fühle mich pudelwohl.
- Ich tanke täglich Energie und bin kerngesund.

– Ich gehe achtsam mit meinem Körper und meiner Gesundheit um.

Wie Sie auftanken, welche Ladestationen und Steckdosen Sie zur Regeneration und zum Self-Empowerment wählen, entscheiden Sie selbst. Wichtig ist, dass Sie bewusst mit Ihrem Körper, Ihren Emotionen und Ihrem Geist umgehen.

Denk-Mal: Ohne Gesundheit ist alles nichts.

Merk-Mal: Finden Sie Ihre Energietankstellen.

Beziehungsmanagement – Ihr emotionales Kraftwerk

»Liebe gibt nichts als sich selbst und nimmt nichts als von sich selbst.
Liebe besitzt nicht, noch lässt sie sich besitzen;
denn die Liebe genügt der Liebe.«
Khalil Gibran

Der Spannungsbogen zwischen Funkstille in Beziehungen und einer Beziehungs-Sinfonie ist groß. Das Wohlfühlbarometer zeigt auch hier an, ob Sie in einem Frequenz-Tief oder einem Frequenz-Hoch leben.

Impulsfragen:

- Was ist Ihnen Ihre Familie und / oder Ihr Partner wert?
- Wie viel Zeit verbringen Sie mit Ihrem Partner?
- Wie viel Zeit verbringen Sie mit Ihrer Familie?
- Wie wichtig ist Ihnen Ihre Familie?

Ehrlich mit sich selbst sein

Sollten Sie mit »sehr wichtig« auf die letzte Frage geantwortet haben, ist diese Antwort nur ehrlich, wenn Sie hierfür auch die notwendigen Ressourcen (Zeit, Nähe, Wachheit, Empathie, Respekt, Ausgeglichenheit, Neugierde, Liebe ...) mitbringen. Wenn Sie nur automatisch antworten oder weil Sie so erzogen wurden, aber nicht so leben, haben Sie sich entweder selbst belogen oder Sie stehen vor einer Herausforderung, weil Sie zwar beteuern, dass Ihnen die Familie wichtig sei, aber nicht danach handeln.

Stellen Sie sich die Frage in aller Ruhe und seien Sie ganz ehrlich: »Wie wichtig ist Ihnen Ihre Familie?«

Wie viel Energie investieren Sie auf das Liebeskonto? Lothar J. Seiwert sagte einmal anlässlich eines Seminars, dass deutsche Ehepaare im Durchschnitt weniger als zehn Minuten pro Tag miteinander reden. Umso wichtiger ist es, dass wir eine gute Beziehung achtsam und liebevoll pflegen und nicht wie einen einmal errungenen Silberpokal auf einem Regal verstauben oder schwarz anlaufen lassen.

Beziehungen sind Seelenbalsam. Auch in puncto Beziehungen gibt es wichtige Hinweise, die wir beachten sollten. Wake-up-Calls für Veränderungen können auch auf dieser Ebene massiv sein, wie Trennungen vom Partner, Unfall oder Krankheit eines Partners oder Scheidungen nachdrücklich belegen. Unsere Emotionen und unsere Liebe sind das Heizkraftwerk der Seele und des Wohlbefindens. Der Herzschlag ist der Takt.

Die Kommunikation und der Umgang mit Freunden und Bekannten sind ebenfalls ein wichtiges Schlüsselthema in unserem persönlichen Beziehungsnetzwerk.

Impulsfragen:

- Wie viel Zeit verbringen Sie mit Ihren Freunden?
- Wie wichtig sind Ihnen Ihre Freunde?
- Was bedeutet für Sie wahre Freundschaft?
- Wie viele Freunde haben Sie?
- Was beflügelt die Freundschaft?
- Wie steht es mit Begriffen wie Respekt, Ehrlichkeit und Vertrauen?

Die Balance zwischen Arbeit und Privatleben

Die Balance zwischen Arbeit und Privatem ist bei vielen Menschen in unserer Business-Welt nicht mehr gegeben. Diese Balance ist aber lebensnotwendig. Arbeit und Beziehungen sind wie die zwei Flügel eines Vogels. Mit einem allein können wir nicht fliegen.

Angenommen, Sie befinden sich in einer Situation, in der Sie sehr wenig Zeit für wirklich intensive Beziehungen haben, und spüren, dass der Partner, die Familie oder die Freunde in der letzten Zeit zu kurz gekommen sind. Suchen Sie nach Möglichkeiten, wie Sie diesen Zustand beenden und sich zu einem wahren Beziehungskünstler verwandeln können.

Zur Reflexion:

- Was könnten Sie machen, um diese Situation zu ändern?
- Welche Alternativen bieten sich?
- Wer könnte Sie dabei unterstützen?
- Welche Möglichkeit gefällt Ihnen dabei am besten?
- Wie könnte die Umsetzung stattfinden?

Maßnahmen:

- Was sind die nächsten Schritte?
- Wann gehen Sie diese?
- Wer oder was könnte sich diesen Schritten in den Weg stellen?
- Wer unterstützt Sie ganz konkret?

Glücksbringende Wegweiser für ein aktives Beziehungsmanagement könnten sein:

- Gehen Sie zweimal monatlich mit Ihrem Partner ins Kino, ins Theater oder in die Oper – unternehmen Sie etwas gemeinsam.
- Nehmen Sie sich am Abend keine Arbeit mehr mit nach Hause und seien Sie ganz für Ihren Partner da. Lassen Sie die Arbeitsgedanken bewusst im Büro.
- Damit sich keine Routine in der Partnerschaft einschleicht, können Sie den Partner mit Dingen überraschen, mit denen er nicht gerechnet hat – das bedeutet Lebendigkeit.
- Partner, Kindern und Freunden können Sie zwischendurch eine Freude machen.
- Machen Sie kleine oder größere Geschenke – und zwar nicht zu Weihnachten oder zum Geburtstag, sondern einfach so.

- Beim gemeinsamen Kochen, Backen oder Bummeln können Sie eine Menge Spaß haben.
- Gönnen Sie sich gemeinsam eine Auszeit – mal ohne die Kinder für ein Wochenende weg – ganz allein zu zweit.
- Beginnen Sie ein gemeinsames Hobby oder eine gemeinsame Sportart, wie zum Beispiel Joggen, Walken oder Tanzen.

Übung:

Für meine Beziehung zu meinem Partner, meiner Familie und meinen Freunden nehme ich mir folgende Ziele und konkrete Schritte vor:

____

____

____

Positivaffirmationen:

- Ich liebe meinen Partner und investiere leidenschaftlich gern auf unser Liebeskonto.
- Mit Charme und Esprit überrasche ich meinen Partner mit ungewöhnlichen Geschenken.
- Voller kreativer Kraft beflügle ich unsere Partnerschaft.

Denk-Mal: Die Botschaft des Lächelns und der Liebe inspiriert auch andere.

Merk-Mal: Investieren Sie in das emotionale Kraftwerk Ihrer Beziehungen.

Energie-Check – Ihr persönlicher Frequenzmesser

»Etwas, das wir uns versagten, schwächte uns.
Bis wir merkten, dass wir es selbst waren,
was wir uns vorenthielten.«
Robert Frost

Das Energie-Konto

Ihre Energie-Bilanz ist wichtig. In der Summe dürfen Sie nicht mehr Energie ausgeben, als Sie einnehmen. Auf die Dauer würde Ihre Energie-Liquidität leiden – mit allen Konsequenzen für Gesundheit, Lebenslust und Alltagserfolg. Machen Sie sich daher Gedanken über Ihre laufenden *Energie-Aus-Gaben* und *Energie-Ein-Nahmen*. Ist die Bilanz zwischen Geben und Nehmen ausgeglichen?

Impulsfragen:

- Wofür investieren Sie Ihre Energie?
- Woher beziehen Sie Ihre Energie?
- Was zieht Ihnen Energie ab?
- Wie steht es mit dem Kosten-Nutzen-Aspekt Ihrer Energie?

Machen Sie eine Energie-Inventur. Leben findet in einer bestimmten Rhythmik statt. Wenn Sie heute mies gelaunt und stimmungsmäßig in einem Tief sind, kann es morgen schon wieder ganz anders sein. Wir wollen das Mischungsverhältnis der einzelnen Frequenzen ausgewählter Lebensbereiche bestimmen. Dieser

Energie-Check ist eine Momentaufnahme im Jetzt und so ein Abbildsystem Ihrer Wirklichkeit. In der folgenden Übung setzen wir wieder die Ampel-Methode ein.

In einer Tabelle notieren Sie Ihre aktuellen Aufgaben. Geben Sie jeder Tätigkeit, die Sie ausführen, eine charakteristische Farbe. Alles, was Ihnen Spaß macht und Sie auf einer positiven Frequenz leben lässt, markieren Sie in Grün. Markieren Sie all die Dinge, die Ihnen überhaupt nicht gefallen und die Sie auf einer negativen Frequenz leben lassen, in Rot. Für Dinge, die für Sie weder positiv noch negativ sind, wählen Sie Gelb. Wichtig ist, dass Sie den Zeitfaktor Ihrer Tätigkeit mit einbeziehen, um die Farbanteile bei der Auswertung gewichten zu können.

Wenn Sie beispielsweise alle Tätigkeiten Ihrer Wochenplanung nach der Ampel-Methode farbig markiert haben, zählen Sie die Farbmarkierungen der Ampeln für die jeweiligen Kategorien zusammen. Wenn für Sie zu viele Ampeln auf Rot stehen, leben sie auf einer schlechten Frequenz und befinden sich in einem Energie-Tief. Wenn Ihnen Grün häufig ins Auge leuchtet, leben Sie auf einer guten Frequenz und befinden sich auf dem Lebensbarometer in einem Energie-Hoch. Frequenzwechsel bedeutet, von einer Negativfrequenz auf eine Positivfrequenz und so von einem Energie-Tief in ein Energie-Hoch zu gelangen, indem Sie die Ampel von Rot nach Grün schalten.

3 Wege zum Frequenzwechsel

Es gibt drei einfache Ansätze, ein Energiedefizit in sprudelnde Energie zu verwanden. Diese werden im Schritt 3 des Buches näher beschrieben:

- *Love it:* Hören Sie auf zu klagen und zu nörgeln und freuen Sie sich an dem, was Sie tun. Aus dem resignativen Ausgeliefertsein wird ein positives Bejahen.
- *Change it*: Ändern Sie die Situation so, dass sie für Sie sinnvoll und positiv ist und Ihnen vor allem Spaß macht. Hierbei können Sie auch eigene Ideale revidieren.
- *Leave it*: Machen Sie etwas anderes oder delegieren Sie die Tätigkeit. Sie beschließen einfach, besser zu werden.

Beispiel: Energie-Check mit der Ampel-Methode

Kai Kiesinger ist 28, hat BWL mit Schwerpunkt Marketing studiert, lebt als Single, ist ehrgeizig und arbeitet als Assistent der Geschäftsführung in einer Werbeagentur.

Kais Auswertung:

Aktion	Kommentar	Zeitbedarf pro Woche	Gewichtung	Ampelzeichen
Tägliche Arbeit	Konkurrenzkampf, fieser Vorgesetzter, Termindruck, Stress	65 Stunden	Hoch	Rot
Am Wochenende einkaufen gehen	Hasse ich	3 Stunden	Gering	Rot
Wäsche waschen	Langweilig	1,5 Stunden	Gering	Rot
Abwaschen	Zeitverschwendung	2,3 Stunden	Gering	Rot
Fernsehen	Gut zum Entspannen nach der Arbeit	12 Stunden	Mittel	Gelb
Fernstudium	Viel zu anstrengend	14 Stunden	Mittel	Rot
Segel-Kurse geben	Toller Ausgleich	4 Stunden	Gering	Grün
Joggen	Macht Spaß und hält fit	1 Stunde	Gering	Grün
Ampelauswertung				Rot: 5 Gelb: 1 Grün: 2

Bei Kai stehen zu viele Ampeln auf Rot. Bei den zeitlichen Gewichtungen springt uns sofort ins Auge, dass Kai die Arbeit als Energieräuber erlebt. Möglicherweise hat die schlechte Frequenz aus diesem Bereich auch Auswirkungen auf die anderen Aufgaben in Kais Lebensalltag.

Beispiele zum Frequenzwechsel

Beispiele, die die Frequenz effektiv verbessern können:

Aktion	Love it	Change it	Leave it
Tägliche Arbeit	Gelassener arbeiten	Arbeit so einteilen, dass sie mehr Spaß macht	Neue Herausforderung suchen und kündigen
Am Wochenende einkaufen gehen	Genüsslich in Ruhe auf dem Markt bummeln gehen	Gemeinsam mit der Freundin oder Freunden einen Riesenspaß daraus machen	Den Einkauf von einem Service-Dienst bringen lassen
Wäsche waschen			Putzfrau einstellen
Abwaschen	Abwasch als Meditation betreiben: »Mit absichtsloser Achtsamkeit spüle ich die Gläser.«	Geschirrspülautomaten kaufen	Putzfrau einstellen

Aktion	Love it	Change it	Leave it
Fernsehen		Gezielt Sendungen ansehen	Öfter joggen, lieber lesen als fernsehen
Fernstudium	Mit Elan dem Zweitdiplom entgegensehen	Nicht unter Zeitdruck setzen lassen, weniger Lerneinheiten pro Semester	Lieber Dinge machen, die Spaß machen, und den Schein sausen lassen
Segel-Kurse geben	Mit dem Verdienst aus den Segelkursen die Putzfrau bezahlen	Höhere Priorität für das Unterrichten und das Segeln	
Joggen	Lieber mehr joggen, als abends noch für das Fernstudium lernen	Priorität erhöhen für den Sport und den eigenen Körper	

Übung: Ihr Energie-Check

Nehmen Sie jetzt Farbstifte zur Hand und legen Sie mit dem Ausfüllen Ihrer persönlichen Ampel-Analyse los.

Aktion	Kommentar	Zeitbedarf pro Woche	Gewichtung	Ampelzeichen
Tägliche Arbeit				
Ampelauswertung				Rot: Gelb: Grün:

Wenn Sie das Gefühl haben, dass Sie sich wie ein »abgefahrener Reifen« oder völlig ausgebrannt fühlen, müssen wir schnell nach effektiven Lösungswegen suchen. Hierzu einige Fragen:

Zur Reflexion:

- Was könnten Sie machen, um die Situation zu ändern, so dass Ihre Bilanz in Zukunft positiv wird?
- Welche Alternativen bieten sich?
- Wer könnte Sie dabei unterstützen?
- Welche Möglichkeit gefällt Ihnen dabei am besten?
- Wie könnte die Umsetzung stattfinden?

Maßnahmen:
Überlegen Sie, welches für Sie Ladestationen für ein Leben auf einer Top-Frequenz sein könnten und wie Sie diese am effektivsten erreichen können. Denken Sie dabei an den Dreiklang von Körper, Emotionen und Geist.

- Was sind die nächsten Schritte, um Ihr Leben auf einer Top-Frequenz zu leben?
- Wann gehen Sie diese?
- Wer oder was könnte sich diesen Schritten in den Weg stellen?
- Wer unterstützt Sie ganz konkret?

Mögliche Energiespender

Folgende Kriterien können eine Orientierung geben:

- Partnerschaft, Liebe und Beziehung,
- Aus-Zeiten, Urlaub,
- Lachen,
- Spaß machen,
- Abwechslung,
- Hobbys,
- Meditation,
- Wissenserweiterung.

Übung:

Für meine Energie-Bilanz nehme ich mir folgende Ziele und konkrete Schritte vor:

____

____

____

Positivaffirmationen:

- Ich strotze vor Kraft.
- Ich bin gespannt und voller Energie.
- Mit voller Power überspringe ich locker alle Hürden.
- Energiesprühend begeistere ich andere und bringe maximale Erfolge.

Denk-Mal: Bei allem, was Sie tun, gilt: Love it, leave it or change it.

Merk-Mal: Achten Sie auf Ihre Energie-Bilanz – die Menge der abfließenden Energie (Energie-Aus-Gaben) darf nie größer sein als die zufließende (Energie-Ein-Nahmen). Sonst knabbern Sie an Ihren Reserven.

Talentschuppen und Arbeitskraft

»Werde, der du bist.«
Heraklit

Was zählt in Ihrer Arbeit?

Adelbert Ratschki, Vorstandsvorsitzender einer großen gesetzlichen Krankenkasse, fährt mit seiner Familie in der schwarzen Dienstlimousine an dem neu gebauten Hamburger Glaspalast vorbei, zeigt mit dem Finger ganz nach oben auf das letzte Stockwerk und sagt zu seinen Kindern: »Dort oben resigniere ich ...«

Die meisten Manager verbringen mehr Zeit mit ihrer Arbeit als mit ihren Lebenspartnern, Kindern und Freunden. Das muss wohl einen Grund haben. Leider tauchen als Antworten bei Umfragen nur selten Erfüllung und Berufung auf. Warum das so ist, wollen wir jetzt ergründen.

Impulsfragen:

- Sie haben einen Beruf gewählt – erfüllt Sie dieser mit Freude und Spaß?
- Können Sie sich bei der Arbeit selbst verwirklichen und Ihr Bewusstsein erweitern?
- Wie viel Zeit verbringen Sie mit Arbeit?
- Wie wichtig ist Ihnen Ihre Arbeit?
- Macht Ihnen Ihre Arbeit Spaß?
- Fühlen Sie sich gestresst?
- Wer macht Ihnen Druck?

- Freuen Sie sich am Sonntagabend darauf, dass Sie am Montag endlich wieder arbeiten dürfen?
- Würden Sie alles in Ihrem Leben nochmals genauso machen, ein wenig anders oder ganz anders?
- Welche Gedanken und Gefühle nehmen Sie in Beschlag, obwohl Sie diese nicht mögen?
- Bringt Sie die Arbeit Ihrer Weiterentwicklung näher?
- Angenommen, Geld und Zeit spielten keine Rolle, was würden Sie dann am liebsten machen?
- Machen Sie anderen mit Ihrer Arbeit eine Freude oder machen Sie andere glücklich?

Warum machen Sie Ihre Arbeit?

Warum arbeiten Sie dort, wo Sie arbeiten? Nur deshalb, weil der Job sicher ist und Sie Angst vor Arbeitslosigkeit haben, Ihnen andere diese Stelle empfohlen haben, oder weil Sie sich berufen fühlen, genau diese Arbeit zu machen? Was sind die Gründe?

Testen Sie doch einmal, was für Sie wirklich zählt, wenn es um Ihre Arbeit geht. Grundsätzlich dürfen Sie wählen, ob Sie

- angestellt, freiberuflich oder selbstständig arbeiten wollen,
- jemanden brauchen, der Ihnen sagt, was es zu tun gibt, oder lieber selbst entscheiden wollen, was getan werden muss,
- in einem Bürogebäude oder lieber von zu Hause aus arbeiten wollen,
- in einer großen Organisation oder lieber in einem kleinen Team arbeiten wollen,
- von Ihrer Einstellung eher jemand sind, der etwas für Geld tut, oder jemand, der von inneren Werten getragen eine Lebensvision erfüllen möchte.

Die Liste ließe sich beliebig ergänzen. In der folgenden Tabelle sind einige Punkte zusammengestellt, die eine Schnupperspur dorthin legen, was Ihnen in Ihrem Arbeitsleben wichtig ist. Sie dürfen Punkte von 1 bis 10 für die einzelnen Merkmale vergeben. In der ersten Spalte steht das Merkmal oder der Faktor, in der zweiten dessen Wertigkeit, in der dritten die Wichtigkeit und in der letzten Spalte ist der Grad der aktuellen Zufriedenheit aufgeführt. Es kann gut sein, dass Ihnen viele Punkte wertvoll erscheinen, Sie diese aber unterschiedlich gewichten. So kann die Sicherheit am Arbeitsplatz eine höhere Priorität erhalten als zum Beispiel die Anzahl der Dienstreisen.

Beispiel: Arbeitszufriedenheit

Wir wollen uns einmal gemeinsam das Beispiel von Jens Jeppesen ansehen, der als junger Jurist mit Prädikatsexamen seit sechs Monaten im Staatsministerium für Wissenschaft in einem nördlichen Bundesland arbeitet.

Merkmal/Faktor	**Wertigkeit**	**Wichtigkeit**	**Aktuelle Zufriedenheit**
Sicherheit des Arbeitsplatzes	9	9	10
Gehalt	3	5	9
Zufriedenheit mit der Arbeit	4	4	7
Ambiente/Umgebung (Büro, Heimarbeitsplatz)	1	1	8
Psychologisches Klima (Kollegen, Team)	1	1	8
Organisationsform (Firma, Behörde, Verein usw.)	8	8	8
Arbeitsform (freiberuflich, angestellt, verbeamtet ...)	8	7	10
Weiterbildungsmöglichkeiten	3	4	5
Erfüllung/Berufung	4	2	7
Aufstiegschancen/Karriere	6	8	1
Internationalität	1	1	9
Andere Sprachen sprechen	1	1	9
Berufliche Reisen	5	4	8
Stress	1	1	8
Zeitdruck	1	1	8
Verhältnis zum Vorgesetzten	10	9	5
Führungsstil (direkt, partizipativ ...)	7	9	5
Beteiligung am Unternehmens-erfolg	1	1	10
Zielvorgaben/ Zielvereinbarungssystem	1	1	9

Merkmal / Faktor	Wertigkeit	Wichtigkeit	Aktuelle Zufriedenheit
Titel / Visitenkarte	6	9	3
Dienstwagen	1	1	8
Soziale Vergünstigungen	5	5	5
Freiheit / unabhängiges Arbeiten	1	1	10
Feste Arbeitszeiten	7	8	10
Individuelle Arbeitszeiten	2	2	10
Morgens früh anfangen	2	2	1
Morgens spät anfangen	8	8	1
Abends lange arbeiten	1	1	10
Nachmittags früh frei	5	8	10
Spaß bei der Arbeit	3	3	5
Freizeit	3	3	10
Zeit für Familie	8	8	10

Jens legt einen hohen Wert auf die Sicherheit seines Arbeitsplatzes, geordnete Verhältnisse als Beamter in der Behörde, klare Vorgaben, wie er arbeiten soll, Zeit für seine Familie, einen frühen freien Nachmittag und ein gutes Verhältnis zu seinem Vorgesetzten. Die Tätigkeit in einem Ministerium passt also gut. Dafür muss er Abstriche machen, was die Flexibilität und das Prestige seiner Arbeit anbelangt. Unzufrieden ist er mit den Aufstiegsmöglichkeiten in der Behörde. Ihm wurde gesagt, dass die Seniorität eine große Rolle spiele und er nicht gleich zum Staatssekretär avancieren könne. Das Verhältnis zum Vorgesetzten scheint zudem verbesserungsfähig zu sein.

Übung: Wie möchten Sie arbeiten?

Jetzt sind Sie an der Reihe. Machen Sie sich Gedanken, wie Sie am liebsten arbeiten möchten, welche Werte dieser Entscheidung zu Grunde liegen und welches Kriterium den höchsten Stellenwert erhält. Nehmen Sie sich zehn Minuten Zeit und antworten Sie ehrlich, was für Sie wirklich zählt.

Merkmal/Faktor	Wertigkeit	Wichtigkeit	Aktuelle Zufriedenheit
Sicherheit des Arbeitsplatzes			
Gehalt			
Zufriedenheit mit der Arbeit / Erfüllung			
Ambiente/Umgebung (Büro, Heimarbeitsplatz)			
Psychologisches Klima (Kollegen, Team)			
Organisationsform (Firma, Behörde, Verein usw.)			
Arbeitsform (freiberuflich, angestellt, verbeamtet ...)			
Weiterbildungsmöglichkeiten			
Erfüllung/Berufung			
Aufstiegschancen/Karriere			
Internationalität			
Andere Sprachen sprechen			
Berufliche Reisen			
Stress			
Zeitdruck			
Verhältnis zum Vorgesetzten			
Führungsstil (direkt, partizipativ ...)			
Beteiligung am Unternehmens-erfolg			
Zielvorgaben / Zielvereinbarungssystem			
Titel/Visitenkarte			
Dienstwagen			
Soziale Vergünstigungen			
Freiheit/unabhängiges Arbeiten			
Feste Arbeitszeiten			
Individuelle Arbeitszeiten			
Morgens früh anfangen			
Morgens spät anfangen			
Abends lange arbeiten			
Nachmittags früh frei			
Spaß bei der Arbeit			
Freizeit			
Zeit für Familie			

Viele kennen ihre Talente nicht

Ausdruck Ihrer Persönlichkeit, Ihrer Talente und Fähigkeiten sind Ihre Handlungen – das, was Sie MACHEN. Ziel Ihres Seins auf Erden ist, dass Sie das machen, was Ihnen am besten entspricht. Grundsätzlich sind alle Menschen einmalig. Wir unterscheiden uns in unserem Verhalten, unseren Werten, Neigungen und Talenten. Das Tückische daran ist, das viele Menschen am Ende Ihrer Berufsausbildung immer noch nicht wissen, was sie WOLLEN und KÖNNEN. Sie wissen nicht, wo ihre Stärken liegen, und verschwenden so wertvolle Lebensjahre oder ergreifen gar einen Beruf, der sie nicht mit Lust oder Freude erfüllt. Nach Expertenmeinung gehen über 75 Prozent aller Menschen täglich zur Arbeit, ohne die Gelegenheit zu haben, das zu machen, was sie am besten können.

Kennen Sie Ihre Talente und Ihre Stärken? Wissen Sie, was für ein Typ Sie sind? Profiling-Verfahren, die Ihnen Aufschlüsse auf Ihre Persönlichkeitsmerkmale und -präferenzen (persönliche Neigungen) geben, sind zum Beispiel der *Profiler of Personality*, *Meyers-Briggs Typenindikator* (deutsche Fassung des *MBTI*), *DISG* oder *INSIGHTS*. Hier bekommen Sie genauere Hinweise auf Ihre Neigungen, Werte, typologischen Muster, Stärken, Talente, Fähigkeiten und Schwächen. Dr. Reiner Blank und Prof. Dr. Richard Bents haben sich seit über 20 Jahren eingehend mit diesem Bereich beschäftigt, Trainer ausgebildet, Lizenzierungen und Seminare durchgeführt, Unternehmen zu den Themen Strategie, Personal- und Führungsentwicklung und Teamsteuerung beraten und die Ergebnisse mannigfach publiziert. Wer sich näher mit dieser Thematik beschäftigen möchte, sei auf die Literatur im Anhang verwiesen.

Stärken stärken, nicht Schwächen ausgleichen

Konzentrieren Sie sich darauf, Ihre Stärken auszubauen – nicht darauf, Schwächen in Stärken zu verwandeln. Das Arbeiten an Schwächen kostet zu viel Energie und führt in letzter Konsequenz nur zur Mittelmäßigkeit. Das Fokussieren auf Ihre inneren Stärken, das Entdecken, Fördern und Nutzen Ihrer Talente jedoch führt Sie zu individueller Exzellenz.

Wichtig ist, dass Sie sich aus bisherigen Verhaltens- und Lebensmustern lösen, die Sie zwingen, eine Rolle zu spielen, hinter der Sie nicht mit ganzem Herzen oder aus vollster Überzeugung stehen. Erst, wenn Sie es schaffen, sich selbst anzunehmen – mit all Ihren Schwächen und Stärken –, dann können Sie Ihre PS voll auf die Straße bringen. Wenn wir uns nicht verstellen müssen, sondern so sein dürfen, wie wir wirklich sind, und dann auch noch das tun, was uns entspricht, gibt uns das ein herrliches Gefühl von Authentizität, persönlicher Identität und erfüllter Befriedigung.

Der persönliche SWOT-Test

Bei allen Projekten im Business-Alltag wird vorher eine *SWOT-Analyse* durchgeführt, um die Machbarkeit und die Gefahrenpotenziale besser abschätzen zu können. *SWOT* steht für die Ausdrücke *Stärken* (*S*trengths), *Schwächen* (*W*eaknesses), *Chancen* (*O*pportunities) und *Risiken* (*T*hreats). Für das Projekt Leben lässt sich der SWOT-Test ebenfalls anwenden.

Der SWOT-Test besteht aus zwei Teilen – aus einer Analyse und einer Synthese. Im ersten Teil werden die persönlichen Stärken und Schwächen sowie die äußeren Chancen und Risiken analysiert – dies ist eine IST-Erhebung. Im zweiten Teil werden die persönlichen Stärken und Schwächen mit den äußerlichen Chancen und Risiken zusammengesetzt, so dass Handlung entstehen kann. Oftmals wird nur der erste Teil des SWOT-Tests durchgeführt. Eine Analyse führt nicht zur Handlung, da sie nur ein Abbild der momentanen Wirklichkeit ist. Erst die Synthese führt zu Handlungsimpulsen und damit zum MACHEN.

Beispiel: SWOT-Test

Hier das Beispiel von Markus Schönebein, der bisher als Marketingleiter in einem Pharma-Konzern gearbeitet hat und sich gern verändern möchte. Da er sich sehr gut im Gesundheitswesen auskennt, träumt er davon, seine Leistungen Krankenhäusern anzubieten.

Teil 1 des SWOT-Tests – die Analyse:

Stärken (Strengths):	**Schwächen (Weaknesses):**
Kommunikationstalent; Überzeugungsgenie; Kreative Ideen	Chaotischer Arbeitsstil; Häufig zu spät; Vergisst Termine; Macht keine Pausen; Hasst Controlling-Tätigkeiten; Macht vieles allein, delegiert ungern; Führt Mitarbeiter sehr direkt und wenig partizipativ; gibt Anweisungen, die in der zur Verfügung stehenden Zeit nicht erfüllt werden können, weshalb die Ziele oftmals nicht erreicht werden können; das hat zur Folge, dass er seine Mitarbeiter wütend beschimpft.
Chancen (Opportunities):	**Risiken (Threats):**
Krankenhäuser brauchen in Zukunft immer mehr Unterstützung durch professionelle Marketingfirmen. Mit dem Wissen aus Konzernen könnte er eine eigene Marketingfirma gründen, die sich ganz speziell auf Krankenhäuser fokussiert.	Überforderung; Burn-out; Tägliches Einerlei, wie Steuer, Reisekostenabrechnung und Buchhaltung, könnten in Vergessenheit geraten; Konkurrenz könnte schnell groß werden.

Teil 2 des SWOT-Tests – die Synthese:

	Chancen	**Risiken**
Stärken	Mit dem vorhandenen Wissen und seiner Erfahrung (Marketing, Projektmanagement), seiner Schnelligkeit und Flexibilität sowie seiner Überzeugungsgabe kann seine Geschäftsidee die Chance des wachsenden Marktes und der zunehmenden Nachfrage nach Krankenhausmarketing nutzen.	Schlanke und professionelle Projekt-Organisation: Markus übernimmt die Außenkontakte, ein Partner übernimmt die administrative Back-Office-Tätigkeit. Durch Interdisziplinarität und Expertennetzwerke, transparente Prozesse, schnelle Reaktionsfähigkeit wird die Bedrohung der etablierten Konkurrenz abgewehrt.
Schwächen	Kooperation mit einem Partner, der die administrative Funktion übernimmt, so dass sich Markus voll auf das Marketing konzentrieren kann.	Ein Partner kann nicht gefunden werden, da Markus alles allein machen will und den Partner übersteuern würde. Die schwächere Marktposition erschwert es, die Bedrohung der etablierten Konkurrenz abzuwehren.

Durch die Synthese im Teil 2 des SWOT-Tests kann sich Markus ein gutes Bild davon machen, worauf er achten muss und wie die nächsten Schritte seines Vorgehens aussehen könnten. Für Markus ist es sehr wichtig, sich auf seine Kernkompetenz zu fokussieren und sich nicht mit Verwaltungsarbeiten zu beschäftigen. Hier wäre es gut, wenn er durch einen Partner Unterstützung erführe, dessen Stärken in der Administration liegen.

Jetzt sind Sie an der Reihe.

Übung: Machen Sie den SWOT-Test!

Mein persönlicher SWOT-Test: die Analyse

Stärken (Strengths):	Schwächen (Weaknesses)
Chancen (Opportunities):	**Risiken (Threats):**

Mein persönlicher SWOT-Test: die Synthese

	Chancen	Risiken
Stärken		
Schwächen		

Arbeit macht Spaß oder krank

Neulich las ich während eines Fluges nach London in einer englischen Wirtschaftszeitung einen Artikel mit der Überschrift: »Cold comfort« (Lucy Kellaway, Financial Times, 20. Januar 2003). Der Tenor des Artikels lautete: Wer wegen einer Erkältung nicht zur Arbeit kommt, bei dem muss etwas mit seinem Job nicht stimmen.

Impulsfragen:

- Ist die Arbeit für Sie eine sprudelnde Energiequelle oder ein Energieverbrenner?
- Macht Sie die Arbeit leichter oder schwerer?
- Wie sind die bioklimatischen Faktoren in Ihrer Arbeit: Stress, Druck, Hektik?
- Wie ist das Klima mit den Kollegen und den Vorgesetzten?
- Fühlen Sie sich nach einem langen Arbeitstag leicht beschwingt und haben noch Kraft, oder fühlen Sie sich ermattet, ausgelaugt und gereizt?
- Haben Sie nach einem langen Tag Verspannungen, Kopfschmerzen oder Bauchschmerzen, oder strotzen Sie nur so vor Kraft und freuen sich darauf, nach getaner Arbeit etwas zu unternehmen?

Die folgende Tabelle zeigt Beispiele für Auswirkungen von psychosozialem Arbeitsstress auf die Gesundheit. Grundsätzlich wird jede Situation individuell anders erlebt und neben allgemeinen Beschwerden mit unterschiedlichen Symptomen beantwortet.

Arbeitssituation	Symptome
Ärger mit Vorgesetzten oder Kollegen im Büro	Allgemeine Beschwerden (Kopfschmerzen, Gereiztheit, Nervosität) Magen-Darm-Trakt (Bauchschmerzen, Durchfall)
Stress	Bewegungs- und Stützapparat (Nackenschmerzen)
Zeit- und Leistungsdruck	Herz-Kreislauf-System (Bluthochdruck)
Strategieplanung, Situationen mit hoher Konzentrationsanforderung	Allgemeine Beschwerden (innere Unruhe, Nervosität, Kopfschmerzen)
Mobbing	Allgemeine Beschwerden (Angst, Gereiztheit)

Die richtige Arbeit?

Wenn Sie nach der Arbeit müde sind, ist es die falsche Arbeit, denn sie zieht Ihnen Energie ab. Die richtige Arbeit gibt Kraft, Freude und Energie. Wenn Ihre Stärken, Vorlieben und Wünsche wie ein Schlüssel in das Schloss der Arbeit passen, ist es ein Leichtes, mit der Arbeit zu wachsen. Genau in diesem Moment machen Sie einfach, was Sie wollen.

»*Wenn Sie Ihren Job nicht lieben, können Sie es sich nicht leisten, ihn zu behalten*«, sagt Reinhard K. Sprenger. Ich möchte ergänzen, dass das Leben Schätze bereithält, die nicht mit Gold oder Geld aufzuwiegen sind. Ohne unsere Gesundheit als eine ganz zentrale Energiequelle unseres Seins ist alles nichts. Millionen auf dem Konto spielen keine Rolle mehr, wenn wir sehr schwer krank sind.

Grundsätzlich basieren viele Erkrankungen auf einer psychosomatischen Ursache. Fehlzeiten in Unternehmen sind umso höher, je schlechter das Klima innerhalb der Firma ist und je weniger Spaß die Arbeit macht. Nicht das Leiden, sondern Liebe, Lust, Freude und Leidenschaft bringen uns weiter. Jenseits der Verwöhnung durch äußere Belobigungen und Belohnungen sollten Sie sich fragen, was Ihnen Spaß macht und wo Sie eine Erfüllung verspüren.

Mal Hand aufs Herz: Wenn Sie für sich selbst abschätzen müssten, was schwerer wiegt: in einer falschen Arbeit krank zu werden und zu leiden oder den Arbeitsplatz zu verlieren – wie würden Sie entscheiden? Wenn Sie einfach das machen, was Sie wollen, weil es Ihnen entspricht, werden Sie so gut sein, dass Sie sich überhaupt keine Gedanken zu machen brauchen, ob Sie Ihren Arbeitsplatz verlieren könnten. Wenn Sie jedoch unter Ihrer Arbeit leiden, weil diese Sie nicht erfüllt, und daher nur ein Minimum an Energie investieren, können Sie nicht wirklich erfolgreich sein. Dann haben Sie einen doppelten Negativeffekt:

2 Nachteile einer falschen Arbeit

1. könnte Ihre Gesundheit leiden, denn Sie empfinden die Arbeit als Abhängigkeit, Unterordnung, Dienstbarkeit und so weiter.
2. besteht die Gefahr, dass Sie gekündigt werden, da Sie sicher nicht zu den besten zehn Prozent gehören.

Zur Reflexion:

– Was könnten Sie machen, um Ihre Arbeitssituation zu ändern?

- Welche Alternativen der Arbeit bieten sich generell?
- Wer könnte Sie dabei unterstützen?
- Welche Instrumente, Tests oder Verfahren könnten eine sinnvolle Ergänzung sein?
- Welche Möglichkeit gefällt Ihnen bei einem Brainstorming zum Thema Arbeit am besten?
- Wie könnten Sie Ihre PS – im Sinne Ihrer Talente und Stärken – am besten auf die Straße bringen?
- Wie könnte die Umsetzung stattfinden?

Maßnahmen:

- Was sind die nächsten Schritte? Was machen Sie bis wann?
- Wann gehen Sie diese? Welches ist der beste Zeitpunkt?
- Wer oder was könnte sich diesen Schritten in den Weg stellen? Etwa dringliche Aufgaben, die noch unbedingt erledigt werden müssen? Oder kümmern Sie sich um die wirklich wichtigen Dinge?
- Wer unterstützt Sie ganz konkret?

Beispiel: der persönliche Business-Plan

Als Anregung mag Ihnen das Beispiel von Max Müller dienen, der nicht länger als Controller arbeiten möchte. Er entwirft für sich folgenden Business-Plan:

1. *Aus den bisherigen Erfahrungen im Leben habe ich gelernt. Mir macht die Arbeit keinen Spaß mehr. Daher habe ich beschlossen, mich zu verändern.*
2. *Ich beginne einfach damit, mehr über mich selbst zu erfahren, und will mehr über meine Talente und Stärken herausfinden. Hierzu werde ich den* Profiler of Personality-Test *durchführen.*
3. *Auf Basis meiner Werte und Prioritäten für die Arbeit und der für mich wichtigen Merkmale werde ich eine persönliche SWOT-Analyse und einen persönlichen Business-Plan aufstellen.*
4. *Nach all diesen Analysen gönne ich mir eine Auszeit von zwei Wochen und fahre mit meiner Partnerin nach La Palma, wo ich in aller Ruhe in mich hineinhorchen und in Gesprächen*

mit meiner Partnerin festlegen werde, wie ich weiter vorgehen könnte.

5. *Ich stelle einen Projektplan auf, der realistische, messbare und kontrollierbare Ziele und Meilensteine enthält.*
6. *Ich besorge mir die relevanten Zeitungen und beginne, für mich zu werben. Ich bin sicher, dass ich das zu mir Passende finden werde. Jeden Tag stelle ich mir vor, wie viel Spaß ich bei der neuen Arbeit haben werde.*
7. *Meinen Freunden teile ich mit, dass ich mich innerhalb von 24 Wochen beruflich verändern werde. In aller Ruhe konzentriere ich mich dann voll auf die Umsetzung meines Plans.*

Übung:

Welche konkreten Schritte nehmen Sie sich für Ihre Arbeit oder eine nötige Veränderung vor?

___

___

___

Persönlichkeitsmarketing

Eigenwerbung betreiben

Wenn wir wissen, was wir wollen und können, müssen wir auf uns aufmerksam machen und die Werbetrommel für uns selbst rühren. Das nennt man »sich bewerben« – Sie selbst sind das »Produkt«, welches Sie zu einem guten Preis gegen eine inhaltlich spannende Herausforderung tauschen wollen. Sie suchen den besten Anbieter für Ihr Produkt, bei dem Sie Ihre Talente, Fähigkeiten und Neigungen optimal zum Einsatz bringen können. Den Firmen geht es prinzipiell genauso. Sie suchen den besten Mitarbeiter für eine bestimmte Abteilung oder einen Bereich. Firmen schalten Anzeigen und aufwendige Werbekampagnen in den Medien.

Über eines müssen Sie sich im Klaren sein: Es gibt viele hervorragende Experten, Menschen mit brillanter Bildung, mit exzellentem Wissen, und es gibt ausgezeichnete Produkte in Hülle und Fülle. Das Problem ist, dass das niemand weiß – außer bei hervorragend beworbenen und vermarkteten Artikeln. Das bedeutet, dass Sie nicht nur exzellent auf Ihrem Gebiet sein, sondern Ihre Fähigkeiten auch vermarkten müssen. – Klappern gehört zum Handwerk. Sie müssen auf sich aufmerksam machen. *Persönlichkeitsmarketing* ist daher eine Zukunftsaufgabe im Bewerbungskarussel um die Stellen, die noch auf dem Arbeitsmarkt zu haben sind. Sie müssen auffallen im Meer der gleichförmigen Bewerbungsmappen – angefangen bei einem professionellen Foto über eine spitzenmäßige Bewerbungsmappe bis hin zu Medientraining, Visitenkarte und der Farbberatung bei der Kleiderwahl –, den Möglichkeiten sind keine Grenzen gesetzt.

Aus der Masse ragen

An dieser Stelle möchte ich Sie gern zu einem kleinen Ausflug in die Welt der Personalbeschaffung einladen, um Ihnen zu verdeutlichen, wie wichtig es ist, dass Sie sich jetzt Gedanken darüber machen, *wie* Sie *wo* Ihre Zeit mit *was* verbringen. Beenden möchte ich diesen Ausflug mit einem Ausblick in die Zukunft der Arbeit.

Exkurs: Wie funktionieren Bewerbungen?

Wie funktioniert eine Stellensuche? Grundsätzlich lassen sich zwei Bewerbungsstile beschreiben – der passiv-reaktive und der proaktiv-eigenverantwortliche.

Passiv-reaktiver Stil

Dieser fängt oft schon mit der Wahl des Studienfaches oder der Ausbildungsrichtung an. »Wie kannst du denn griechische Geschichte studieren wollen – das ist doch brotlose Kunst. Werd doch Informatiker, diese Branche hat Zukunft.« In diesem Fall wird die Weiche für die Berufswahl passiv-reaktiv durch die Fremdbestimmung der Eltern, Bekannten oder der Gesellschaft auf Basis der momentanen wirtschaftlichen Lage oder sonstiger Kriterien gefällt.

Reagieren auf äußere Bedingungen

Menschen bewerben sich nach genau diesem Programm bei Firmen um einen Arbeitsplatz. Firmen geben eine Struktur vor, in die die Menschen hineinpassen müssen. Personal wird – wie Maschinen und sonstiges Material – beschafft und eingestellt. Jeder Bewerber muss sich folgende Frage stellen: »Wie muss ich mich verbiegen, damit ich das erfülle, was man von mir will?« Und dann werden den Menschen Netze über Ihre Talente und Entfaltungsmöglichkeiten gestülpt so wie Netze über frei fliegende Schmetterlinge, die dann auf Nadeln aufgespießt im Glaskasten verstauben.

Folgende Prinzipien liegen dem passiv-reaktiven Stil zu Grunde:

Prinzip	Maßnahme	Gedanke	Ergebnis
»Ich müsste mich mal bei den großen Konzernen bewerben.«	»Ich bewerbe mich blind bei großen Firmen.«	»Irgendwas wird schon klappen.« Gewissensberuhigung: »Ich habe 23 Bewerbungen versandt.«	Eine optimale Stellenbesetzung ist wie ein 6er im Lotto.

Bei solchen Maßnahmen braucht sich niemand darüber zu wundern, dass er nicht den optimalen Job erhält, der hundertprozentig zu ihm passt.

Unklare Erwartungen bei Arbeitnehmern wie Arbeitgebern

Schlimmer noch sind die Doppelblind-Versuche einer Bewerbung: Die potenziellen Arbeitgeber wissen nicht genau, wen sie wollen. Die Stellenbeschreibungen sind vage und unpräzise gehalten. Die potenziellen Mitarbeiter wissen auch nicht genau, was sie wollen, außer, dass sie später einmal Chef sein möchten. Dies führt meist auf beiden Seiten zu großen Enttäuschungen, da die gegenseitigen Erwartungen im Unklaren bleiben.

Beispiel: Stellenanzeige für High Potentials

Hier ein fiktives Beispiel für den Anzeigentext einer international tätigen Pharmafirma in einer überregionalen Zeitung:

Wir sind ein internationaler Konzern mit 24000 Mitarbeitern und einem Umsatz von 5 Milliarden Euro und suchen Sie – als High Potential und Assistent der Geschäftsführung des Healthcare-Service-Geschäfts.

Zu Ihren Aufgaben gehören die Vorbereitung der strategischen Planung und der Geschäftsführermeetings, die Mitarbeit an der Ausgestaltung neuer Produkte und deren Vertriebswege, die Bewertung neuer Verfahren bei der grundsätzlichen Neuausrichtung des Healthcare-Managements, die Analyse der derzeitigen Behandlungsabläufe und deren Geschäftsprozessoptimierung sowie ein enger Kontakt zu unseren Partnerfirmen in Saudi Arabien und Argentinien.

Sie passen am besten zu uns, wenn Sie neben einem Medizinstudium eine gleichwertige Ausbildung (MBA, VWL- oder BWL-Studium) mitbringen, PC-Anwendungsprogramme sicher beherrschen und in der englischen Sprache parkettsicher sind sowie gute Kenntnisse in der spanischen und der arabischen Sprache haben. Verfahren wie Balanced Scorecard und Economic-Value-Added beherrschen Sie ebenso sicher wie die relevanten Qualitätssicherungssysteme (ISO, KTQ, EFQM, TQM). Kommunikation, extreme Belastbarkeit, Durchsetzungsvermögen und eine hohe Stressresistenz sind Ihre Stärke. Sie haben Organisationstalent, mögen gern präsentieren, haben Erfahrung im Controlling, lieben Teamarbeit und haben Spaß an einer intensiven Reisetätigkeit.

Fühlen Sie sich angesprochen? Dann bewerben Sie sich noch heute unter Angabe Ihrer Gehaltsvorstellung sowie eines möglichen Eintrittstermins unter der Kennziffer 0815/007 …

So weit, so gut. Es werden Aufgaben vorgegeben, die erfüllt werden müssen. Man sucht einen Mitarbeiter, der das kann, was man von ihm verlangt. Es wird jemand gesucht, der die Stelle des Kästchens im Organigramm ausfüllt.

Beispielbewerbungsschreiben

Ein typisches Anschreiben einer Schneller-höher-weiter-Bewerbung könnte in etwa mit folgenden Stichworten gefüllt sein:

… Abiturdurchschnitt: 1,2, Studium in Mindestzeit, alle relevanten Klausuren mit 1 abgeschlossen, Prädikatsexamen. Französisch, Italienisch und Arabisch fließend, Englisch und Spanisch verhandlungssicher, MBA in Harvard, MPH in München, während des Studiums bereits Aushilfsjobs in einer südamerikanischen Botschaft mit hoher Verantwortung geleistet, Praktikums-Auslandsaufenthalte in einem Krankenhaus in Saudi Arabien … und natürlich – Teamfähigkeit. Soziales Engagement gepaart mit Mannschaftssporterfahrung. Absolute Einsatzbereitschaft, Stressresistenz und weltweite Mobilität gegeben.

Klasse. Echt klasse. Klingt auf den ersten Blick wirklich verlockend. Bei diesen vor Selbstbewusstsein strotzenden stoischen

Gleichförmigkeitsanschreiben im hüllensortierten Schnellhefterformat fehlen jedoch die markanten Ecken und Kanten, die ja das Besondere an uns Menschen ausmachen. Die Kernaussage der Bewerbung lässt sich einfach formulieren: »Nimm mich – ich bin besser.« Ich bin mittlerweile bei Einstellungsgesprächen sehr viel vorsichtiger gegenüber Menschen geworden, die in allen Fächern eine Eins haben. Nicht immer ist die Teamfähigkeit so ausgeprägt, wie sie im Bewerbungsschreiben angepriesen wird. In einer zunehmend komplexeren Welt sind Einzelkämpfer eine aussterbende Spezies. Erfolge lassen sich nur noch gemeinsam erzielen – unter Berücksichtigung der individuellen Stärken und Begabungen im gegenseitigen Respekt gegenüber der individuellen Andersartigkeit.

Einengende Unternehmensorganisation

Leider ist die Realität in deutschen Unternehmen immer noch vom Kästchendenken geprägt. Alle Mitarbeiter werden über Gehaltsbänder und Stellenbeschreibungen geführt. Am Anfang sind meist alle noch voll begeistert – der neue Mitarbeiter, die Kollegen und der Chef. Die Begeisterung jedoch endet in standardisierten Organigrammen der top-down geführten Organisation. Top-down heißt übersetzt in etwa: hineingezwängt in das Abteilungskorsett und so von der potenziellen Spitzenkraft zur Mittelmäßigkeit gedrosselt und kreativ abgewürgt.

Die Zukunft der Arbeit jedoch wird anders aussehen: Menschen und Beziehungen werden immer wichtiger werden. *Customer-Relationship-Management* als Schlagwort für eine gute Kundenbeziehung wird zunehmend entscheidend für den Erfolg einer Firma. Und Mitarbeiter sind schließlich Kunden der Führung. Die Beziehungen zwischen den Menschen einer Abteilung, eines Bereichs innerhalb einer Firma und nach außen zu Kunden und Lieferanten wird in Zukunft die wichtigste Quelle der Wertschöpfung sein. Der Wert menschlicher Beziehungen wird den Produktwert schlagen.

Proaktiv-eigenverantwortlicher Stil

Den passenden Partner suchen

Menschen und Unternehmen bewerben sich gegenseitig, um ein optimales Zusammenpassen zu ermöglichen. Jeder Bewerber muss sich folgende Frage stellen: »Wie kann ich es schaffen, dass ich das machen kann, was ich will und was mir entspricht?«

Umgekehrt müssen Personalchefs sich die Frage stellen: »Wie können wir Mitarbeiter für uns gewinnen und halten, die mit maximalem Einsatz und Engagement hervorragende Ergebnisse generieren?«

Prinzip	Maßnahme	Gedanke	Ergebnis
»Ich kenne meinen stärksten Wunsch und ich handle nach meinen Werten.«	Abgleich der Stärken, Talente und der Könnens-Dimension Ausschau halten nach Unternehmen, die zu mir passen könnten	»Proaktiv tue ich alles dafür, diesen Wunsch zu realisieren.«	»Ich habe eine klare Vorstellung vom eigenen Leben und von der Arbeit.«
»Ich kenne meine Stärken und Talente, weiß, was ich will, und suche einen für mich optimalen Job.«	»Ich bewerbe mich nur bei den Organisationen, die dieses Profil erfüllen können.«	»Ich finde die richtige Stelle.«	Einladung zum Gespräch.
»Ich glaube fest daran, dass es eine Stelle gibt, die genau zu mir passt.«	»Ich hake bei den Organisationen nach, denen ich meine Bewerbung geschickt habe.«	»Ich weiß, dass es klappt.«	Sie bekommen die Stelle.

Beiderseitige Bewerbung

Personalverantwortliche in Unternehmen müssen umdenken und umlernen. Sie werden sich in Zukunft mehr um Individuen bewerben müssen. Daher ist die Bewerbung der Zukunft eine beiderseitige. Unternehmen werden dann um individuelle Persönlichkeiten gebaut, die sich nach ihren individuell unterschiedlichen Stärken und Begabungen auf der besten Position maximal entfalten können und so gemeinsam Erfolge feiern.

Hier werden keine Fachkräfte von der Stange für die Abarbeitung von 0815-Aufgaben eingesetzt, sondern es werden individuelle Persönlichkeiten an Bord genommen, für die eine maßgeschneiderte Position geschaffen wird. Der neue Mitarbeiter wird die bisherigen Kollegen unterstützen, so dass alle miteinander und voneinander lernen können und sich nach ihren Potenzialen, Fähigkeiten und Neigungen weiterentwickeln dürfen. Die Energien einzelner Mitarbeiter werden gepoolt und nach Schwerpunkten in den Projekten eingesetzt.

Was macht Unternehmen erfolgreich? *Menschen*. Produkte werden von Menschen gemacht. Na also. Sie sind das Kostbarste, was Ihre Firma hat. Also verhandeln Sie mit Ihrem Arbeitgeber, was passieren muss, damit Sie noch besser arbeiten können.

Exkurs: Erfolgsfaktor Engagement – ein Ausblick auf die Arbeit der Zukunft

Arbeit auf Zeit wird wichtiger

Die Arbeit der Zukunft ist eine Beziehung auf Zeit durch *Engagement*. Die Verträge zwischen beiden Partnern – den Menschen und den Firmen – sind nicht mehr auf ein Endarbeitsalter von 65 Jahren festgelegt, sondern basieren auf einem klaren Commitment für ein Projekt. Das Engagement eines Mitarbeiters erfolgt wie beim Theater auf Zeit. Ein jeder füllt seine Rolle mit seinem Engagement, seinen Fähigkeiten und Talenten. Das Wort »Engagement« erhält eine (alte) neue doppelsinnige Bedeutung. Jedes Projekt hat einen klaren Anfang und ein klares Ende. Nach Ende eines Projekts arbeitet der Mitarbeiter in einem anderen Projekt im gleichen Unternehmen oder sucht sich ein neues Engagement. Wenn das Commitment während eines Projekts nicht mehr existiert – sozusagen das Engagement weg ist –, nützen auch keine Vertragslaufzeiten oder andere sanktionierende Bindungsinstrumente mehr – Reisende soll und kann man nicht aufhalten. Wer gehen will, soll gehen.

Erfolgsabhängige Entlohnung

Die Bezahlung von Überstunden erfolgt nicht wie bisher per »Schmutzzulage« (wenn Sie das auch noch machen, bekommen Sie dies noch zusätzlich), sondern orientiert sich am Unternehmenserfolg. Jeder Mitarbeiter erhält ein Basisgehalt (Finanzierung der Miete und des täglichen Essens). Der Rest ist abhängig vom Unternehmenserfolg. Wenn die Firma gut läuft, dann verdienen alle gut. Dies setzt voraus, dass alle Mitarbeiter eine Beteiligung an der Firma haben.

Grundsätzlich werden sich je nach Aufgabe und Arbeitgeber unterschiedliche Ausrichtungen bilden, die sich zwischen den beiden Extremen *Söldnerorganisation* und *Wertegemeinschaft* bewegen werden. Auf jeden Fall wird der Individualität mehr Rechnung getragen werden müssen. Die Nutzung der Individuation wird die persönlichen Kraftreserven mobilisieren – und zwar zum Nutzen der Unternehmungen und des Individuums –, das ist *Win-win*!

Mittelalterlich geführte Unternehmen werden erhebliche Nachwuchsprobleme bekommen. Das sieht man bereits jetzt in den Krankenhäusern. Statistisch gesehen ist nur noch jeder zweite junge Studienabsolvent willig, sich in die stationär-klinischen Hierarchiesysteme des letzten Jahrhunderts einspannen zu lassen.

Neues Denken

Vokabeln wie »Ganzheitlichkeit«, »Balance«, »Ökologie«, »Zusammenhänge anstatt Details«, »Muster anstatt Mikroskopie«, »Sinfonie anstatt Solisten«, »gegenseitiger Respekt anstatt Krieg« werden die Zukunft prägen.

Welche Ziele verfolgen Sie mit und in Ihrer Arbeit?

Übung:

Meine Ziele zum Thema Arbeit sind:

____

____

____

Positivaffirmationen:

- Ich bin überzeugt von meiner Einmaligkeit und arbeite stets daran, das zu machen, was mir entspricht.
- Ich kann auf meine Talente und Fähigkeiten aufbauen.
- Mit funkelnden Augen und brennender Begeisterung tue ich das, was mir am meisten Spaß macht.
- Meine Arbeit ist ein Zentrum meiner individuellen Weiterentwicklung.
- Mit großer Erfüllung kann ich mich in meinem Beruf selbst verwirklichen.

- Mein Berufsfeld ist ein spannendes Gebiet meiner individuellen Selbstentfaltung.
- Mein Job ist eine kreative Brutstätte meiner zündenden Ideen.
- Meine Arbeit ist ein Riesenspaß, bei dem ich spielerisch wachsen kann.
- Arbeit ist für mich eine Art Aktivurlaub, bei der ich einfach das mache, was ich will.
- Meine Arbeit ist mehr als nur ein Generator meines Finanzstroms.
- Die Arbeit ist für mich ein Transmissionsriemen von Spaß, Energie und wirklicher Erfüllung.
- Ich mache einfach, was mir Spaß macht.

Denk-Mal: The business of the business is more than business.

Merk-Mal: Machen Sie Ihre Arbeit zum Leuchtfeuer Ihrer Kreativität und zur Quelle Ihrer Befriedigung, indem Sie sich von fremdbestimmter Arbeit befreien.

Zeit-Zeichen – die Zeichen der Zeit

> *»Wie lange dauert die Gegenwart, eine Minute oder*
> *eine Sekunde?«*
> *»Viel kürzer und viel länger«, sagte der Meister.*
> *»Kürzer, weil der Augenblick, den du angezielt hast,*
> *vorbei ist.*
> *Länger, weil, wenn du je in sie eingedrungen bist,*
> *du auf die Zeitigkeit stoßen und erfahren wirst,*
> *was Ewigkeit ist.«*
> Anthony de Mello

Es stellt sich die Frage, ob das »Immer schneller« die einzig richtige Antwort auf die sich stellenden Probleme unserer hoch komplexen Gesellschaft ist. Dank moderner Motivations- und Selbstmanagementseminare, -workshops und -bücher werden wir permanent effizienter und tun alles noch schneller, besser und möglichst ohne Fehler. Wir organisieren unser Leben in Zeitmanagementkalendern, nutzen elektronische Terminplaner und lassen keine Sekunde ungenutzt. Mittags sitzen wir in Business-Lunch-Meetings, so dass auch während des Essens gearbeitet werden kann.

Später, wann ist das?

Vor lauter Terminplanung, Tagesorganisation und Lebensverwaltung vergessen viele, dass sie jetzt leben. Manche nutzen den Tag als Vorbereitung auf das Leben: – »Später mach ich das, jetzt muss ich noch andere Dinge erledigen.« Kennen Sie auch jemanden, der immer alles später machen möchte? »Später möchte ich gern mal Klavierspielen lernen, später will ich Fallschirm springen, später will ich …« Später, wann ist das?

Wann ist die Zeit gekommen zwischen »dafür bist du noch zu klein« und »aus dem Alter sind wir raus«? Dieser Spruch auf einer Postkarte, die auf unserer Kühlschranktür klebt, hat mich lange beschäftigt. Das Leben lässt sich nicht im Kühlschrank konservieren. Am besten, wir handeln JETZT. Wenn Sie gern Klavier spielen wollen und es Ihnen wichtig ist, werden Sie auch die Zeit dafür finden. Wenn nicht, ist es Ihnen auch nicht wirklich wichtig. Überhaupt, wer weiß, was später ist?

Sie bestimmen Ihre Zeit

Dass die Zeit vergeht, gibt uns die Verantwortung für die Stunde. Der Zeiger der Uhr geht immer weiter – ob wir es wollen oder nicht. Ihre Einstellung, Ihr Blickwinkel bestimmt die Qualität der Zeit:

Die Gegenwart existiert nicht

Einstellung 1: Die Vergangenheit ist der Zeitraum links vom Sekundenzeiger; dort, wohin der Zeiger sich bewegt, ist die Zukunft. Das bedeutet, dass der Augenblick oder die Gegenwart nur sekündlich existiert und Sie permanent zwischen Vergangenheit und Zukunft pendeln. Viele der im Büroalltag auf Ziele gedrillten Manager erfahren den Jetzt-Zustand immer als einen »Noch-nicht-da-wo-ich-hin-will-Zustand«, da das Ziel ja noch nicht erreicht ist. So besteht keine Fokussierung auf das momentane Erleben des Augenblicks, da der Blickwinkel immer in Richtung Zukunft ausgerichtet ist. Daher ist der Jetzt-Zustand nur eine Art Vorbereitung für das spätere Leben. Der Mensch kommt nie dort an, weil er nie da ist, wo er ist, weil er immer schon woanders ist. Energetisch befindet er sich im Soll-Zustand.

Nur die Gegenwart existiert

Einstellung 2: Überall dort, wo der Zeiger augenblicklich ist, ist die Gegenwart! So ist der Augenblick immer. Das Leben findet in der Jetzt-Zeit statt. Im Hier und Jetzt steht uns die volle Energie in unserer Echtzeit zur Verfügung. Hier sind volle Achtsamkeit, Konzentration und das Können.

Zeit-Balance statt Zeit-Brisanz

Es ist nur eine Frage der Betrachtung. Neben dem quantitativen Aspekt *(Chronos)*, den wir mit einer Uhr messen können, gibt es auch den qualitativen Aspekt *(Kairos)* der Zeit. Die Qualität bestimmt, wie wir die Zeit empfinden; was sie für uns bedeutet. Eins steht fest: Wir haben es im Leben mit vielen Konstanten, aber einer wichtigen Unbekannten zu tun: Wir wissen nicht, wann unsere Lebenszeit endet – wie lange unsere Lebens-Uhr tickt. Zeit ist das Einzige, was wir vor uns haben. Wir werden diesem Thema daher genügend Raum geben.

Zeit lässt sich nicht sparen und auch nicht vermehren. Deshalb müssen wir mit der Energie der Zeit überlegt und wohl dosiert umgehen. Wir können die Zeit verwenden, aufwenden und verschwenden – es liegt an uns. Da der Faktor Zeit einer der wesentlichen Energieressourcen in unserem Leben ist, fangen wir jetzt damit an.

Impulsfragen:

- Wofür möchten Sie Ihre Lebens-Zeit einsetzen?
- Wie viel Zeit verbringen Sie damit, ein neues Auto zu kaufen oder Ihren nächsten Urlaub zu planen?
- Wie viel Zeit haben Sie bisher damit verbracht, Ihr Leben zu planen?
- Haben Sie genug Zeit für sich selbst?

Die Zeitreise – wie sind Sie getaktet?

Da wir unsere Stressmanagement-Seminare im Schwarzwald oder auf La Palma durchführen, haben wir genug Zeit und Raum für Spaziergänge in der wunderschönen Landschaft. Ich möchte Sie zu folgendem Experiment einladen: Wenn Sie das nächste Mal einen Spaziergang machen, kehren Sie bitte nach genau 90 Minuten zurück – und zwar ohne auf die Uhr zu schauen. Legen Sie Ihre Armbanduhr ab und fragen Sie auch zwischendurch keinen Menschen, der Ihnen auf Ihrem Weg begegnet. In diesen 90 Minuten des Spazierengehens können Sie sich in aller Ruhe mit Ihrer Einstellung über die Zeit beschäftigen. Los geht's.

Übung:

90-Minuten-Spaziergang

Mit diesem Test können Sie feststellen, wie Sie selbst getaktet sind und wie Ihre innere Uhr tickt. Der Test ist sehr einfach, aber sehr effektiv.

Auswertung:

Innere Taktrate	Erläuterung
Rechtzeitig = 90 Minuten	Gratulation! Sie sind im Einklang mit der Natur, sind wahrscheinlich auch relativ ausgeglichen und planen Ihre Projekte sehr erfolgreich.
Zu früh zurück < 90 Minuten	Ihre innere Uhr geht zu schnell, Sie sind schneller getaktet als die Wirklichkeit. Mögliche Auswirkungen: Es könnte sein, dass Sie sich zu viel aufhalsen oder vornehmen (zum Beispiel bei Projekten), vieles erst in letzter Minute fertig stellen und frustriert sind, wenn Sie Ihr Tagespensum nicht schaffen. Vorschlag zur Reflexion: Planen Sie weniger Termine in Ihren Zeitplaner ein und erhöhen Sie die Pufferzeiten für unvorhergesehene Dinge. Achten Sie auf ausreichend Zeit zwischen Terminen oder Meilensteinen in Projekten.
Zu spät zurück > 90 Minuten	Ihre innere Uhr geht zu langsam, Sie sind langsamer getaktet als die Wirklichkeit. Mögliche Auswirkungen: Sie planen die Pufferzeiten in Projekten sehr großzügig und planen eher mehr Zeit als notwendig für einzelne Meilensteine ein. Die Wirklichkeit holt Sie ein und Sie werden von der Echt-Zeit regelrecht überholt. Vorschlag zur Reflexion: Planen Sie weniger Pufferzeiten zwischen den Meilensteinen in Projekten ein.

Wenn wir uns verändern wollen, müssen wir zuerst einmal den momentanen Zustand, die aktuelle Realität, die Jetzt-Zeit, so hinnehmen, wie sie ist, und auch unser Leben, so, wie es momentan ist – egal, wie es ist. Ob es uns gefällt oder nicht. Wir können nur in der Gegenwart leben und so die Saat für die Zukunft legen. Ein Kämpfen gegen die Realität ist ein Kampf gegen Windmühlen und bedeutet Energieverschwendung. Dies ist völlig unökonomisch. Wann erkennen Sie Ihre Zeichen der Zeit? Wann ist es Zeit für Veränderungen – für den persönlichen Wandel?

Der richtige Zeitpunkt: JETZT!

JETZT. Entweder Sie leben oder Sie planen das Leben oder träumen davon. Es gibt für jeden für alles den richtigen Zeitpunkt. Im Zweifel ist der richtige Zeitpunkt immer JETZT. Das gilt auch für Veränderungen der beruflichen Situation. Jeden Tag können Sie völlig neu wählen oder auch abwählen. Sie sind frei in allem, was Sie entscheiden. Sie stehen nicht kurz davor zu leben, sondern Sie leben – JETZT. Das bedeutet ganz konkret, sich mit allen Fähigkeiten und Potenzialen, mit aller Aufmerksamkeit, Achtsamkeit und Konzentration willentlich auf eine Aufgabe zu fokussieren und sich dabei nicht ablenken zu lassen.

Zur Reflexion:

- Was könnten Sie machen, um Ihren persönlichen Umgang mit der Zeit und so Ihre Echt-Zeit zu ändern?
- Welche Alternativen bieten sich?
- Auf was könnten Sie verzichten?
  - Auf das Treffen mit Freunden?
  - Auf das Fernsehen?
  - Auf das Shopping-Gehen?
  - Auf das Theater?
  - Auf das Kino?
  - Auf das Autowaschen?
  - Auf das Heckeschneiden oder Rasenmähen?
  - Auf den Sport?
  - Auf ...???
- Wer könnte Sie dabei unterstützen?
- Welche Möglichkeit gefällt Ihnen dabei am besten?
- Wie könnte die Umsetzung stattfinden?

Maßnahmen:
Der Umgang mit der Zeit bedeutet aktives Lebensmanagement. Nicht, weil es dringlich ist, ist es auch wichtig. Welche konkreten Schritte nehmen Sie sich vor, um Ihre Zeiteinteilung zu optimieren?

- Was sind die nächsten Schritte?
- Wann gehen Sie diese?
- Wer oder was könnte sich diesen Schritten in den Weg stellen?
- Wer unterstützt Sie ganz konkret?

Verabredungen mit sich selbst

Termine mit sich selbst abmachen

Reservieren Sie sich Zeitzonen für sich, Ihr Wachstum und Ihre Weiterentwicklung. Verabreden Sie sich mit sich selbst. Tragen Sie diese Verabredung ebenso in Ihren Terminkalender ein, wie Sie

Termine mit anderen Personen eintragen. Nehmen Sie sich selbst wichtig. Einen Termin mit sich selbst sollten Sie nicht an das Ende eines überfüllten Tages legen – so besteht die Gefahr, dass Sie ihn löschen und sich mal wieder selbst nicht wichtig genug nehmen.

Bewusst Mußestunden reservieren

Führen Sie Zeitzonen ohne Aufgaben ein – in den Terminkalender trage ich einfach das Wort »NIX« ein. Zeit-Balance statt Zeit-Brisanz bedeutet auch, eigene Trödelzonen und Mußestunden zu gewähren. Eine solche »NIX-Eintragung« kann auch heißen, den ganzen Tag im Bett zu verbringen und einfach nix zu machen, nix zu denken, nix zu lesen – einfach nix – ein ganzer Tag voller Leben, ohne Hetze, ohne Termine und ohne Sorgen.

Aktivität oder Aufgabe?

Stellen Sie sich grundsätzlich bei allen Dingen, die Sie erledigen sollen, die Frage: Bringt mich diese Tätigkeit meinen Zielen – für das Projekt oder mich persönlich – näher?

Nutzen wir also unsere wertvolle Lebenszeit, anstatt sie zu verplempern – der Wecker tickt. Wir haben derzeit nur dieses eine Leben.

Pausen(un)kultur

Machen Sie Pausen – und zwar rechtzeitig. Jeder von uns unterliegt seinem ganz persönlichen Biorhythmus. Nutzen wir doch einfach dieses Instrument, um unsere Power biorhythmussynchron einzusetzen.

Aus-Zeiten nehmen

Mit der Zeit ist es wie mit unseren Gedanken. Wir müssen stets Herr unserer Gedanken und unserer Zeit sein und niemals ihr Knecht. Wenn es Ihnen zu viel wird, treten Sie einfach mal die Kupplung und genießen Sie das angenehme Gefühl, im Leerlauf zu sein. Aus-Zeiten sind schön.

Grenzen setzen – SOFORT!

Da Ihre Lebenszeit begrenzt ist, müssen Sie rechtzeitig Grenzen setzen, die für Sie wichtig sind. Diese Grenzen dürfen Sie nicht durch andere überschreiten lassen. Nur Sie dürfen Ihre eigenen Grenzen verändern.

Machen Sie die Grenzen sichtbar – »Wer hier reinkommt, fliegt wieder raus« (oder so ähnlich – moderne PC-Zeichenprogramme bieten ungeahnte Möglichkeiten, sich kreativ und visuell auszutoben). Sie können sich auch der Symbolkraft bedienen. Es muss ja nicht immer ein Totenkopf sein, der an Ihrer Bürotür klebt. Wichtig ist, dass Sie ein Zeichen setzen und mit diesem auf Ihre Grenze aufmerksam machen – sofort und unmissverständlich.

Der kurze Weg zum klaren Nein

Nein heißt NEIN

Nein heißt NEIN – so einfach ist das. Ein Nein ist ein Nein ist ein Nein. Es gibt Bücher, die sich damit beschäftigen, wie man das Nein zum Ausdruck bringt, wie man höflich Nein sagt, wie man auf das Gefühl des anderen achtet und so weiter. Ich bin der Meinung, man sollte dies so sagen, wie es ist. Wenn Sie Nein meinen, dann sagen Sie auch Nein. Ein Nein benötigt keine Begründung. Jegliche Argumentation, warum Sie jetzt Nein gesagt haben, weicht die Klarheit des Neins auf. Hier geht es nicht um Verhandlungsspielraum. Wenn Sie sich entschieden haben, gibt es kein Nachkarten mehr. Nein und basta!

Zeitdiebe sofort entlarven und ausschalten

Wenn jemand in Ihr Büro kommt und sich mit seiner Kaffeetasse hinsetzt und Ihnen ohne Ihre Erlaubnis seine Erlebnisse vom Wochenende erzählt, haben wir einen »Lebens-Zeit-Dieb« auf frischer Tat ertappt. Hier hilft nur ein entschiedenes und entschlossenes NEIN.

Übung:

Üben Sie das einmal – nicht JA sagen und NEIN meinen, sondern klipp und klar NEIN sagen. Stellen Sie sich vor den Spiegel und sagen Sie laut und deutlich:

Nein.

Nein.

Nein.

Nein.

Nein.

Nein.

Nein.

Je öfter Sie das Wort NEIN benutzen, desto leichter wird es Ihnen auch fallen, es einzusetzen. Zur Abwechslung können Sie es auch mit Kombinationen des Wortes ausprobieren, wie zum Beispiel »Neineineineineineineineinein«!

Erheben Sie Ihren Einspruch sofort, wenn Ihre Grenze überschritten wird. Sofort!

Ein Zeit-Tagebuch führen

Auf dem Weg zu einer individuellen, eigenverantwortlichen Lebensgestaltung ist Ihr persönliches Zeit-Tagebuch ein wertvolles Instrument zur Kultivierung der inneren Ruhe. Sie können es als »Tage-Buch«, »Moment-Buch«, »Minuten-Buch« oder »Jahres-

Buch« titulieren. Es geht um Ihre persönliche Qualität der Zeit und die intuitive Sinnesschulung. Was ist Ihnen wichtig? Hiermit meine ich keinen Terminkalender mit To-do-Listen. Kaufen Sie sich ein schönes »Notebook«, in dem Sie alles notieren können, was Ihnen wichtig ist und Ihrer persönlichen Weiterentwicklung gewidmet ist. Schreiben Sie mit einem schönen Stift in meditativer Ruhe – vielleicht mit einem Füllfederhalter – in den leeren Seiten. Reservieren Sie sich eine ruhige und entspannte Zeit für die innere Einkehr an einem für Sie optimalen Rückzugsort und lassen Sie Ihre Gedanken auf das Papier fließen. Über das Jahr gesehen ist es hoch spannend, auf Gedanken zurückzublicken, die Ihnen vor einigen Monaten durch den Kopf gingen, und diese von einem anderen Blickwinkel aus zu betrachten. *Mit der Zeit* können Sie sich durch das Schreiben von einer ganz neuen Seite kennen lernen.

Denk-Mal: *»Eine Frucht wird nicht schneller reif, nur weil man daran zieht.«* Chinesische Weisheit

Merk-Mal: Anstatt hektisch auf die Wanduhr zu blicken, hören Sie lieber auf Ihre innere Uhr.

Der Leisure-Plan – sinnvoller Umgang mit der Frei-Zeit

> *»Was gibt's heute im Fernsehen?«*
> Neulich, irgendwo in Deutschlands Wohnzimmern

Wir denken so oft in Arbeitsdimensionen und haben vor lauter Arbeit und Anspannung kaum Ausgleich. Dabei ist neben der Anspannung die Entspannung ebenso wichtig. Das eine geht nicht ohne das andere. Kein Pendel einer Uhr kann immer nur in die eine Richtung ausschlagen.

Der Leisure-Plan: sinnvolle Frei-Zeit

Wie wir also einen Business-Plan für die Arbeit brauchen (wann muss ich was wie arbeiten?), in dem die strategischen Ziele und Meilensteine mit Kosten und Nutzen dargestellt sind, brauchen wir auch einen »Leisure-Plan« (wann kann ich was lassen, wie kann ich mich entspannen, was mache ich in meiner Freizeit?) mit persönlichen Zielen und Meilensteinen für die *Frei-Zeit*.

Viele Menschen können mit ihrem kostbarsten Luxusgut – der freien Zeit – wenig Sinnvolles anfangen. Jenseits von MUSS und SOLL dürfen in der Frei-Zeit Muße und Muse gelebt werden. Doch was machen die vielen abgerackerten Menschen? – Sie hängen vor der Glotze – statistisch gesehen mehrere Stunden pro Tag! Wenn das Einzige, was läuft, der Fernseher ist, ist das eine Verschwendung von Lebensenergie. Andere stürzen sich von einem Ablenkungstheater ins nächste und werden zum Opfer der Freizeitindustrie und der Illusionsverkäufer.

Unsere Lebenszeit ist knapp, sagen die einen, die anderen halten einen Augenblick für die Ewigkeit – Zeit zum Quer-, Vor- und Nach-Denken über das Wort *Frei-Zeit*.

Impulsfragen:

- Was bedeutet für Sie Freizeit?
- Haben Sie in Ihrer Freizeit wirklich frei?
- Was machen Sie in Ihrer Freizeit?
- Wie viel Zeit verbringen Sie mit Hobbys?
- Wie wichtig sind Ihnen Ihre Hobbys?
- Was müssen Sie in Ihrer Freizeit erledigen? Gibt es hier To-do-Listen?
- Wie viel Freizeit haben Sie?
- Wie viel Freizeit brauchen Sie?
- Wie steht es mit »Nix-is-Zeiten«, Trödeln, Sport, Sprachen, Freundschaften, Meditation und sonstiger Entspannung?

Übung:

Mein »Leisure-Plan« sieht folgendermaßen aus:

____

____

____

____

Zur Reflexion:
Welche Gepflogenheiten und Gewohnheiten haben Sie?

Gepflogenheiten und Gewohnheiten

- Essen: Essen Sie zu fett, wenig, viel oder hektisch? Marco von Münchhausen erläuterte mir einmal das Gesetz des geringeren Mehrwerts des zweiten Stücks Kuchen. Oftmals reicht das erste Stück.

- Trinken: Trinken Sie ausreichende Mengen an Wasser? Trinken Sie viel Alkohol?
- Rauchen: Rauchen Sie etwa immer noch?
- Süchte: Welche Süchte haben Sie (Schokolade am Nachmittag, Chips zum Fernsehen, Tabletten ...)?

Haben Sie Ihren inneren Schweinehund gut angeleint – oder hat er Sie im Griff? Können Sie sich nicht aufraffen, morgens aufzustehen, obwohl Sie sich am Abend vorgenommen haben, dann aufzustehen, wenn der Wecker klingelt?

Personal Change: Neuprogrammierung von Gewohnheiten

Das Thema *Behavioural Change* gehört zu den Königsdisziplinen der Veränderungen. Lang anhaltende Veränderungsprozesse zu etablieren ist nicht immer einfach. Tägliche Routinen von Gepflogenheiten und Gewohnheiten werden im Stammhirn wie Muster gespeichert und halten uns von der eigenen Weiterentwicklung ab. Wechselstrom ist gut gegen den kriechenden Gleichstrom unserer Gewohnheiten. Natürlich können Sie Ihr Hirn nicht wie die Festplatte Ihres Computers löschen oder neu formatieren. Ihre Skripte und Lebensprogramme jedoch können Sie neu schreiben. Stellen Sie sich dazu vor, dass Sie einen Radiergummi in die Hand nehmen und die Negativ-Verknüpfungen und Ihre »schlechten« Gewohnheiten einfach ausradieren und durch neue ersetzen. Mit Hilfe von Verhaltensauslösern – so genannten »Trigger«-Mechanismen – und Visualisierungstechniken können Sie die gewünschten Verhaltensänderungen bewirken. Durch ein konsequentes Üben sorgen Sie dafür, dass sich der neue Prozess internal repräsentiert und den alten Prozess ablöst.

Wenn Sie beispielsweise einen Tanzkurs belegen, wissen Sie, wie es sich anfühlt, wenn Sie ganz neue Schritte lernen und diese Bewegungskoordination noch nicht »in Fleisch und Blut« übergegangen ist. Wenn Sie zum ersten Mal Salsa tanzen, wird es anfänglich schwierig sein, sich gleichzeitig auf die Schrittkoordination, den Takt, die Raumdimension und den Partner zu konzentrieren. Ein beschwingtes Lächeln wird am Anfang fehlen. Erst die Verinnerlichung der Schrittfolge, das Hineinhören in den Rhythmus lässt Sie nach und nach lockerer werden und die anfängliche mechanische Roboterbewegung durch eine gewisse Leichtigkeit ersetzen. Nach vielem Üben klappt es dann immer besser. Die neuen Abläufe geben Ihnen regelmäßig eine Rückmeldung, ob es klappt oder nicht.

Wenn Sie alte Gewohnheiten ablegen wollen, reicht es nicht aus, Entwicklungsziele zu definieren und die Veränderung ins Auge zu fassen. Sie müssen die schrittweise Umsetzung genau planen. Die Lernziele sind eine Art geistige Übung, die den Weg für eine Veränderung unserer bisherigen Verhaltensmuster bereitet.

Maßnahmen:

Verhalten ändern durch Prozessmanagement

Es gibt eine Reihe von Methoden und Programmen zu diesem Thema. Ich möchte Ihnen eine Methode des Neu-Lernens aus dem Bereich des motivierenden Prozessmanagements mit Hilfe der Ampel-Methode vorstellen:

1. Machen Sie sich zuerst klar, mit welcher Gepflogenheit oder Gewohnheit Sie in welchen Situationen unzufrieden sind.
2. Nehmen Sie Ihre alte Verhaltensweise genau unter die Lupe und verdeutlichen Sie jeden Schritt des Prozesses, damit Sie das Verhalten ganz genau verstehen lernen.
3. Machen Sie sich klar, welcher *Trigger* das Verhalten auslöst – dieser Trigger ist die rote Ampel, die Ihre Weiterentwicklung stoppt. Die rote Ampel führt dazu, dass Sie sich in Zukunft genau so verhalten, wie Sie es bisher gemacht haben.
4. Stellen Sie sich die neue Gewohnheit vor – als einen Prozess in mehreren Schritten.
5. Überlegen Sie, welcher neue Trigger Sie in der neuen Situation am besten unterstützen könnte, Ihnen den Vorsatz zu verdeutlichen, sich anders – eben neu – zu verhalten. Dieser Trigger ist die grüne Ampel – als Symbol für den Umbruch.
6. Stellen Sie sich die neue Verhaltensweise in jedem Ablauf des Prozesses in aller Deutlichkeit – in Farben, Gerüchen, Geräuschen und so weiter – vor.
7. Visualisieren Sie das neue Verhalten immer wieder, bis Sie es quasi von selbst anwenden.
8. Üben Sie das neue Verhalten, bis es »sitzt«.
9. Resignieren Sie nicht, wenn es nicht sofort klappt. Änderungen von Verhalten brauchen Zeit, bis sich eine gewisse Routine einstellt.

Gehen Sie davon aus, dass es grundsätzlich einfach ist, aber nicht unbedingt leicht gehen wird, da Sie Ihre Wohlfühlgrenze überschreiten müssen. Der Mensch ist ein Gewohnheitstier. Im Schritt 3 *Aufbruchstimmung – der Aktionsplan* werden wir uns noch ausführlicher mit einer Veränderungsmethode und dem Thema »Behavioural Change« beschäftigen.

Übung: Gewohnheiten ändern

Für meine Gewohnheiten nehme ich mir folgende konkrete Schritte vor (siehe auch Aktionsplan in Schritt 3 und CD):

Themenbereich	Ziel	Maßnahme
Essen		
Trinken		
Rauchen		
Süchte		
Sonstige Gewohnheiten		

Es empfiehlt sich, anderen mitzuteilen, was Sie konkret ändern wollen.

Vertrag mit sich selbst abschließen

Machen Sie mit sich selbst oder Ihrem Partner einen schriftlichen Vertrag, was Sie bis wann wie ändern wollen. Wie in einem Zielvereinbarungsgespräch *(Management by Objectives)* im Arbeitsleben legen Sie die Belohnungen fest, wenn Sie das Ziel erreichen – oder die Bestrafung, wenn Sie es verfehlen. Ich nenne dies den »Personal-Change-Reminder«. So wird der Druck erhöht, dass Sie die Änderung auch durchführen.

Beispiel: Personal-Change-Reminder

Sie sehen hier die Anwendung des *Personal-Change-Reminders* am Beispiel der persönlichen Zielvereinbarung Jens-Paul Schmückers mit sich selbst. Auf der CD finden Sie das entsprechende Leerformular, das Sie für Ihren Vertrag mit sich selbst nutzen können.

Meine persönliche Zielvereinbarung

Jahr:	2004		erst bei Beurteilung ausfüllen!
Name:	Jens-Paul Schmücker	Funktion:	Büroaufräumer
Einbindung:	Ruth Schmücker	Einbindung:	Nachbar Claus Telger

Jahresziel 1:	Bedeutung des Ziels (I o. II) *
Büromanagement	I

Das Ziel ist erreicht, wenn bis zum 1. April 2004	Ziel- erreichung
– die Steuererklärung für das Vorjahr zusammengestellt und abgeschlossen ist.	A
– alte Zeitschriften, – aufgehobene Artikel, – sonstiger Keinkram aussortiert und weggeworfen sind.	B
die neue Telefonanlage installiert und das FAX mit neuer Kennung eingestellt ist.	C
der Schreibtisch aufgeräumt ist und die Drucker betriebsbereit sind.	D
die Rechnungen der Versicherungen überwiesen und abgeheftet sind.	E

Bemerkungen zur Zielvereinbarung
Bei voller Zielerfüllung erfolgt eine Belohnung in Form eines Wochenendurlaubs in Florenz. Bei Nichterfüllung erfolgt verschärfter Gartendienst mit wöchentlichem Rasenmähen inklusive Mooskratzen am Garagentor für 5 Wochen.
Bemerkungen zur Zielbeurteilung

* besonders wichtig = I
wichtig = II

Übung: Das geometrische Wachstum von Frei-Zeit

Übung zum Frequenzwechsel

Stellen Sie sich vor, Sie würden zehn Tage lang jeden Tag Ihre Zeit-Energie verdoppeln, die Sie für sich selbst einsetzen würden. Seien wir bescheiden und fangen mit einer Minute pro Tag an. Einverstanden? Das heißt, dass Sie am ersten Tag eine Minute für sich zur freien Verfügung hätten. Geben Sie es bitte Ihrem Partner schriftlich, dass Sie diesen Test machen. Nach zehn Tagen hätten Sie 512 Minuten, das sind 8,5 Stunden (also mehr als ein kompletter Arbeitstag eines bundesdeutschen Angestellten) für sich zur freien Verfügung (am ersten Tag eine Minute, am zweiten Tag zwei Minuten, am dritten Tag vier Minuten, am vierten Tag acht usw.). Sie könnten einfach machen, was Sie wollen, und die Zeit nur für sich nutzen. Was würden Sie in dieser Zeit machen?

Positivaffirmationen:

- Ich genieße die Stille und das Nichtstun.
- Ich gönne mir ausreichend Zeit für mich selbst.
- Ich bin mir selbst wichtig und nutze alle mir zur Verfügung stehende Frei-Zeit für meine individuelle Weiterentwicklung.

Denk-Mal: Was würden Sie machen, wenn Sie nichts mehr machen müssten?

Merk-Mal: Schaffen Sie ausreichende Freiräume und Zeitzonen nur für sich selbst.

Der Geldstrom – Ihre finanzielle Unabhängigkeit

> *»Ich glaube an die Deutsche Bank,*
> *denn die zahlt auch in bar …«*
> Marius Müller-Westernhagen

Thorsten Drescher hat bisher immer geglaubt, dass man nur durch harte Arbeit Geld verdienen kann. Mühsam hat er mit Hilfe eines Bausparvertrages die Anzahlung für eine kleine Zweizimmerwohnung angespart. Selbst hat er sich dabei wenig gegönnt. »Man muss verzichten können«, »mühsam ernährt sich das Eichhörnchen« und »Arbeit, bis die Knochen knacken«, waren seine Leitmotive. Dementsprechend hat er auch bis spät abends als Gruppenleiter in einem Dienstleistungsbetrieb gearbeitet. Er fühlt sich oft ausgelaugt, ausgenutzt und unterbezahlt. »Ich bin immer der Depp für die anderen« ist ein oft gehörter Satz aus seinem Munde.

Auch Reichtum beginnt im Kopf

Erfolge finden im Kopf statt – seien es Siege im Sport, in einer Verhandlung oder im privaten Bereich. So beginnt Reichtum auch zuerst im Kopf. Es sind unsere Gedanken, Glaubenssätze, Erziehungsmuster und Einstellungen, die bestimmen, ob wir Reichtum erschaffen oder nicht. Unser *Selbst-Wert-Gefühl* und das *Reichtumsbewusstsein* sind daher die Stellschrauben für den finanziellen Erfolg.

Impulsfragen:

- Welche Einstellung haben Sie zu Geld?
- Wie wichtig ist Ihnen Ihr Geld?

- Was sind Sie sich selbst wert?
- Arbeiten Sie für das Geld, oder arbeitet das Geld für Sie?
- Wie viel Zeit verbringen Sie mit Geldverdienen?
- Wie viel Geld brauchen Sie?
- Wozu brauchen Sie das Geld?
- Haben Sie einen Überblick, wofür Sie Ihr Geld ausgeben?

Finanzielle Transformation

Geld ist eine Energiequelle

Viele Menschen haben erfolgreiche Ratgeber zum Thema Geld und Reichtum geschrieben. Ich möchte daher auf die einschlägige Literatur verweisen. Aus Gründen der Vollständigkeit unserer Übersicht über Ihre Energiequellen möchte ich jedoch einige wenige Aspekte ansprechen. Geld ist eine wichtige Energiequelle zur Speisung unserer Lebensbatterie – ohne Moos nix los! Wenn wir wachsen und uns weiterentwickeln wollen, damit wir machen können, was wir wollen, brauchen wir für unsere Bedürfnisse und die Erfüllung unserer Ziele Geld: für Ausbildung, Literatur, Reisen, Kunst, Muße, Muse und Lebensqualität.

Viele Bücher zum Thema Geld zeigen, dass es zum Reichtum neben dem Sparen, einer guten Planung zur Generierung von Überschüssen und der Vermehrung des Verdienstes, der richtigen Strategie zur Geldanlage, den unzähligen Techniken und Praktiken zur Investition und der Diversifikation Ihres Portfolios einer wichtigen Voraussetzung bedarf: *Geld muss Ihr Freund sein*. Und das ist eine Einstellungssache.

Viele Menschen haben in Deutschland eine hervorragende Ausbildung. Um Geld zu verdienen, brauchen Sie keine Ausbildung – jeder kann sich ohne ein Zertifikat oder einen Abschluss Geld leihen, Häuser und Autos kaufen oder mit Aktien spekulieren. Es gibt keine positive Korrelation zwischen dem Ausbildungsgrad oder dem Schulabschluss und finanziellem Reichtum – wäre es so, müssten Universitätsprofessoren zu den reichsten Bürgern in Deutschland zählen. Wir wissen, dass es nicht so ist.

Energieräuber im finanziellen Bereich: negative Einstellungen

Unsere Einstellung und unser Bewusstsein stellen die Weichen für finanziellen Erfolg oder Misserfolg. Negative Gedanken ziehen uns Energie ab – positive Gedanken geben uns Energie. Daher ist es wichtig, dass wir uns von negativen Vorstellungen, die unser Bewusstsein davon abhalten, finanziell reich zu werden, verabschieden. Negative Gedanken zum Thema Geld lassen uns auf einer negativen Frequenz leben. Wir müssen Verantwortung für unsere Gedanken übernehmen und die störenden Überzeugungen, Glaubenssätze und Impulse gegenüber dem Thema Geld auflösen. Hierzu müssen wir die uns Energie raubenden Gedanken entlarven und durch einen Vorzeichenwechsel umpolen, so dass wir dann auf einer optimalen Frequenz mit dem Thema Geld umgehen können.

Frequenzwechsel zur finanziellen Transformation

Thema	Negative Frequenz	Positive Frequenz
Motiv	Arbeit, bis die Knochen knacken!	Mit beschwingter Leichtigkeit mache ich, was ich will und was mir entspricht.
Resultat	Gefühl eines Arbeiters, der für seine harte Arbeit ein Schmerzensgeld erhält	Gefühl des kraftvollen Lebensschöpfers
Prinzip	Es wird einem nichts geschenkt – ich muss um alles kämpfen, was ich will. Ich muss mich anstrengen und abrackern.	Alles fließt. Alles geht leicht – ich bekomme, so viel ich will und brauche.
Energiestatus	Ich bin ein armes Schwein.	Mir geht's »funtastisch« – meine Kraft ist grenzenlos.
Einstellung zum Geld	Ich arbeite, um zu leben.	Das Geld arbeitet für mich.
Vorstellungen	Ich muss viele unangenehme Arbeiten erledigen, damit ich es verdiene, besser bezahlt zu werden: Prinzip der Entbehrung.	Ich mache, was ich will, dann bin ich einmalig und verdiene viel Geld.
Gedanken zum Reichtum	Ich muss noch härter arbeiten, um mehr Geld zu bekommen.	Es steht mir zu, dass ich für mein Vergnügen und für das, was mir Spaß macht, bezahlt werde.
Größe und Grenzen	Das Geld ist knapp. Überall herrscht Mangel. Das System ist begrenzt.	Geld gibt es im Überfluss. Der Reichtum ist unendlich. Es gibt keine Grenzen.

Ein Denken in betriebswirtschaftlichen Dimensionen – in Kosten, Grenzen und Regeln – führt zu einer Verknappung der Möglichkeiten. Daher ist es wichtig, viel größer zu denken und den Lösungsraum unendlich groß zu definieren – jenseits des bisher Vorstellbaren.

Die Rahmenbedingungen für Geld und Arbeit

Sie entscheiden, was Sie tun

Bei allem, was wir machen, müssen wir uns bewusst werden, dass wir es selbst so gewollt und daher gemacht haben. Sie haben gewählt und sich so entschieden. Eine Entscheidung für etwas – ein klares JA – bedeutet auch 1001 Entscheidungen gegen etwas – ein klares NEIN. Wenn Sie sich für einen angestellten Job in einer Autofirma im Motorenbau entschieden haben, weil Sie vielleicht Maschinenbauer sind, haben Sie damit automatisch 1001 andere Möglichkeiten ausgeschlagen, die Sie mindestens genauso hätten wählen können – haben Sie aber nicht, warum auch immer. Vielleicht, weil Sie nach dem Maschinenbaustudium auch gern als Maschinenbauer haben arbeiten wollen. Einverstanden. Sie hätten aber auch etwas ganz anderes machen können.

Angestellt oder selbstständig?

Mit der Wahl unseres Jobs legen wir auch die finanziellen Rahmenbedingungen fest. Wie alles, ist dies eine Frage der Einstellung. »Mit der Wahl Ihres Jobs haben Sie im Tausch für die scheinbare Sicherheit Ihres Arbeitsplatzes einen Deckel auf Ihren Verdienst gelegt …«, sagt derjenige, der sich niemals vorstellen könnte, angestellt zu arbeiten. Die Höhe Ihres Gehalts hängt dann von der Eingruppierung Ihrer Tätigkeit, der Aufgabenbeschreibung und des Titels ab. Je höher die Stellung innerhalb der Firmenhierarchie, desto besser das Gehalt. Und das ist in den meisten Fällen relativ unabhängig von der Menge der geleisteten Stunden. Wenn Sie außergewöhnlich gut performen, gibt es ein kleines Zubrot, aber nur ein kleines … Auf der anderen Seite hat ein Angestellter im Vergleich zu einem freiberuflich arbeitenden Menschen statistisch gesehen mehr Freizeit.

»Mit der Wahl Ihres Jobs haben Sie im Tausch für die Illusion der Freiheit Ihrer Tätigkeit einen Deckel auf Ihre Freizeit gelegt …«, sagt derjenige, der sich niemals vorstellen könnte, freiberuflich oder selbstständig zu arbeiten. Die Höhe Ihres Gehalts hängt dann von der Menge der akquirierten Aufträge und dem Preis ab, den Sie für die Auftragserfüllung erhalten. Je besser die Auftragslage, desto geringer fällt aber auch die Freizeit aus – und die ist ja schließlich auch ein geldwerter Vorteil. Und diese ist in den meisten Fällen direkt abhängig von der Menge der geleisteten Arbeitsstunden.

Wenn eine mögliche mangelnde Liquidität bei Ihnen Depressionen oder gar einen Verarmungswahn auslöst, ist eine selbstständige Tätigkeit höchstwahrscheinlich nicht die beste Wahl. Wir dürfen wählen – zum Glück. Ich denke, dass es viele Möglichkeiten gibt und dass es wichtig ist, für sich selbst den besten Weg zu finden. Das Leben lässt sich nicht auf die beiden Kriterien Verdienst und Freizeit reduzieren.

Machen Sie sich Gedanken über das Thema Geld, wenn Sie mit Ihrem Kontostand unzufrieden sind, über Ihre Verhältnisse leben oder von finanzieller Unabhängigkeit träumen.

Zur Reflexion:

- Was könnten Sie machen, um Ihre bisherige finanzielle Situation zu ändern?
- Wie können Sie Geld zu Ihrem Freund machen?
- Wie können Sie Ihre Gedanken zum Thema Geld in eine bessere Bahn lenken?
- Welche Alternativen bieten sich?
- Wie viel Zeit und Engagement widmen Sie in Zukunft dem Thema Geld?
- Was könnten Sie in Zukunft an andere delegieren oder einfach loslassen, damit Sie mehr Zeit für das Geldverdienen haben?
- Wer könnte Sie dabei unterstützen?
- Welche Möglichkeit gefällt Ihnen dabei am besten?
- Wie könnte die Umsetzung stattfinden?

Maßnahmen:

- Verschaffen Sie sich Klarheit, wofür Sie Ihr Geld ausgeben.
- Was sind Ihre nächsten konkreten Schritte?
- Wann gehen Sie diese?
- Wer oder was könnte sich diesen Schritten in den Weg stellen?
- Wer unterstützt Sie ganz konkret?

Übung:

Meine finanziellen Ziele sind:

____

____

____

____

Im Umgang mit Geld nehme ich mir folgende konkrete Schritte vor:

____

____

____

____

Positivaffirmationen:

- Wir zwei sind dicke Freunde – das Geld und ich.
- Ich gebe sehr gern und weiß, dass ich viel zurückerhalte.
- Ich schenke mir ein Leben nach meinen Wünschen.

- Ich finde es prima, wenn ich für Sachen, die mir Spaß machen, bezahlt werde.
- Meine Talente erzeugen unbegrenzten Reichtum und Überfluss.
- Mir gefällt es, dass ich wohlhabend bin.
- Ich lasse es mir richtig gut gehen.
- Mein Kontostand steigt kontinuierlich – egal ob ich arbeite, meinen Hobbys nachgehe oder einfach gar nichts tue.

Denk-Mal: ***»Finanzielle Unabhängigkeit bedeutet, niemals etwas für Geld zu tun, was man nicht will, und sich niemals etwas, was man will, aus Geldmangel zu versagen.«***
Phil Laut

Merk-Mal: Lösen Sie die innere Bremse, die Ihnen sagt, Geldverdienen sei etwas Unanständiges.

Ihre persönliche Lebenslandkarte

> *»In jedermann ist etwas Kostbares, das in keinem anderen ist. Was aber an einem Menschen kostbar ist, kann er nur entdecken, wenn er sein stärkstes Gefühl, seinen zentralen Wunsch, das in ihm, was sein Innerstes bewegt, wahrhaft erfasst.«*
> Martin Buber

Ziele? Ziele? Was für ein grausames Wort. Ob sich Thomas Schirren jetzt nach dem Zeitmanagement-Seminar klar geworden sei, welche Lebensziele er hat, will seine Frau von ihm wissen. Herrje! Thomas denkt nach, windet sich wie ein Aal, ziert sich. Berufliche Ziele, ja, zu diesem Begriff lässt er sich gern hinreißen. Auf diesem Gebiet ist er wirklich Profi. Dann, plötzlich, ein Ruck, er sieht seine Frau an und sagt: »Ich weiß eigentlich gar nicht, was ich im Leben will.« Puh – da ist es heraus. Dabei gehört Thomas seit Jahren zu den Mega-Erfolgreichen in seinem Beruf – aber privat – ogottogott!

Nach Abschluss Ihrer Lebens-Inventur, der Analyse der IST-Situation und der Schwachstellen sind Sie jetzt ganz wach. Ihre Antworten auf die als Schärfungsinstrumente gedachten Fragen führen Sie jetzt zum nächsten Schritt. Gemeinsam werden wir im Dialog mit der Zukunft die SOLL-Konzeption für Ihr Leben entwerfen und die Ampeln Ihres Lebensweges auf Grün schalten, damit Sie einfach machen können, was Sie wollen.

Jeder ist einzigartig

Werden Sie zum Designer des eigenen Lebens und machen Sie, was Ihnen entspricht! Das Leben ist kein Nachleben, wie andere leben. Sie sind kein Me-too-Produkt oder der Klon eines anderen Menschen, sondern einzigartig. Daher gibt es auch kein Leben von der Stange (oder auf der Stange). Ihr Leben muss für Sie individuell maßgeschneidert sein, damit es Ihnen passt – sonst ist es nur der lauwarme Aufguss eines bereits gelebten Lebens und endet in der grauen Mittelmäßigkeit. Unsere Aufgabe ist es, den Weg wieder zu finden, den wir durch die Reizüberflutung konditionierter Erziehungsmuster, rationaler Kopfverrenkungen und organigrammkonformer Dressurakte aus den Augen verloren haben.

Den Lebens-Kompass finden

Wir wollen heute gemeinsam die Weichen für morgen stellen. Gibt es eine Karte, die uns den Weg dorthin weisen kann? Gibt es eine Art Kompass dorthin? Der Masterplan ist diese Landkarte. Wir entwerfen also keinen beruflichen Business-Plan, sondern einen persönlichen *Lebensenergie-Master-Plan* auf der Grundlage Ihrer eigenen Vision. Auf der Basis dieser Vision werden wir in den folgenden Schritten 3 und 4 des Buches Eckpunkte eines Aktionsplans formulieren können.

Träume visualisieren

Jetzt entwerfen wir Ihren persönlichen Lebenstraum. Wissenschaftliche Studien aus der Gehirn-, Bewusstseins- und Verhaltensforschung belegen, wie wichtig es ist, dass wir unsere Träume möglichst in konkrete Bilder und Vorstellungen übersetzen – dies nennt man Visualisieren. In Form und Farbe stellen wir uns ganz detailliert vor, wie das Leben in der Zukunft aussehen wird. Versuchen Sie, die Bilder ganz deutlich zu sehen, inklusive der Umgebung, der Menschen, der Räume, der Gerüche, der Geräusche und so weiter.

Wählen Sie hierbei Bilder aus, die Sie mit tiefster Freude erfüllen. Hilfreich ist es, wenn Sie diese Bilder malen oder aufschreiben (ein Bild sagt mehr als 1000 Worte). Entwerfen Sie Ihre eigene Zukunft und Ihre individuellen Lebensziele.

Impulsfragen:

Eine Lebensvision finden

- Wofür stehen Sie?
- Was ist für Sie im Leben wirklich wichtig?
- Wie leben Sie? Ich lebe mit (nennen Sie den Namen der Menschen, mit denen Sie zusammenleben) in (nennen Sie den Ort, in dem Sie wohnen).

- Was sind Ihre Ziele im Leben?
- Was sind Ihre bedeutenden Visionen für dieses Leben, die Sie unbedingt umsetzen wollen, bevor Sie von diesem Planeten abtreten?
- Angenommen, Sie hätten drei Wünsche frei – was würden Sie sich am meisten wünschen?
- Wo möchten Sie gern hin im Leben?
- Was möchten Sie gern erreichen?

Eine Vision bündelt und fokussiert die Energie und ermöglicht ein synergetisches Lernen. Ich spreche nicht von irgendeinem fantastischen Traum oder gar etwas, was nicht zu erreichen ist. Die Vision visualisiert den Lebensweg.

Übung: Entwerfen Sie Ihre Zukunftsvision!

Time-Tunnel – die Zukunft hat bereits begonnen

Schließen Sie die Augen und stellen Sie sich vor, dass Sie das im Leben gefunden haben, was Sie schon immer wollten. Was fällt Ihnen hierbei ein? Schreiben Sie es auf. Hierzu möchte ich Sie auf eine Zeitreise einladen.
Stellen Sie sich vor, dass Sie durch einen Zeit-Tunnel wandern und heute in sieben Jahren – über sieben Brücken musst du gehen – ankommen. Was wird sich für Sie in sieben Jahren alles verändert haben? Stellen Sie sich die Situation ganz genau vor und begeben Sie sich in den Dialog mit der Zukunft:

- In sieben Jahren bin ich … Jahre alt.
- Wie werden Sie in sieben Jahren aussehen?
  Beschreiben Sie Ihr Haare, Ihr Gesicht, Ihren Körper und was Ihnen sonst wichtig erscheint.
- Wie steht es in sieben Jahren um Ihre Gesundheit?
  Beschreiben Sie Ihre körperliche Verfassung. Gibt es Krankheiten oder ein Leiden, das Sie quält oder das Sie überwunden haben?
  Was tun Sie zur Entspannung?
  Wie sieht Ihr Fitness-Programm aus?
  Wie gesund ernähren Sie sich?
- Wie sehen Ihr emotionales Kraftwerk und Ihre Beziehungen in sieben Jahren aus?
  Beschreiben Sie Ihre familiären Beziehungen, Bezugspersonen, Freunde und so weiter.
  Welche Menschen sind neu in Ihr Leben getreten?

Von wem haben Sie sich verabschiedet oder wer hat sich von Ihnen verabschiedet?
Wer spielt keine Rolle mehr?
Was haben Sie für Ihr Beziehungsmanagement als emotionales Kraftwerk getan?

- Wie steht es in sieben Jahren um Ihre Energie-Bilanz?
  Ist Ihr Energie-Konto ausgeglichen?
  Was gibt Ihnen Kraft, und was zieht Ihnen Energie ab?
- Was werden Sie in sieben Jahren machen?
  Welche Ihrer Talente haben Sie gefördert? In welchem Bereich haben Sie sich weiterentwickelt?
  Welcher Arbeit gehen Sie nach? Wie verdienen Sie Ihren Lebensunterhalt?
- Wie viel Geld werden Sie in sieben Jahren verdienen?
  Welchen Lebensstandard werden Sie haben?
- Wie sieht es in sieben Jahren mit Ihrer Frei-Zeit aus?
  Was machen Sie in Ihrer Freizeit?
  Haben Sie ein neues Hobby begonnen?
  Wie haben sich Ihre Gewohnheiten und Gepflogenheiten geändert?
- Wie stehen die Zeichen der Zeit in sieben Jahren?
  Welche Aktivitäten sind Ihnen wirklich wichtig?
  Wie teilen Sie Ihren Tag ein?
- Wo werden Sie in sieben Jahren leben?
  Beschreiben Sie Ihre Wohnung/Ihr Haus/Ihre Umgebung.
- Was hat sich in den sieben Jahren geändert und was ist geblieben?
- Wie denken Ihre Freunde über Sie in sieben Jahren?
- Wie sieht in sieben Jahren ein typischer Tagesablauf von Ihnen aus?

Schreiben Sie zu jedem der Punkte auf, was Ihnen einfällt. Formulieren Sie die Antworten in der Ich-Form und achten Sie darauf, dass Form und Inhalt kongruent sind.

Hier das Beispiel von Peter Stickler:

Beispiel: Time-Tunnel

Seit einem Jahr leben meine Frau und ich auf La Palma. Morgens wache ich auf, pflücke mir die Zitronen und Orangen aus dem eigenen Garten. Die Vögel zwitschern, von fern höre ich Hundegebell. Die Luft ist klar und frisch. Ich bin inzwischen 48 Jahre jung und fühle mich jünger als noch vor sieben Jahren. Meine Haare sind ein wenig grauer geworden, meine Haut fühlt sich fest und straff an. Ich jogge täglich durch den angrenzenden Wald und ernähre mich gesund und ausgewogen. Mit meiner Figur bin ich sehr zufrieden. Unser Sohn hat vor einem Jahr sein Abitur gemacht und studiert in München Philosophie. Meine Frau Sophie-Luise hat vor zwei Jahren ihren alten Job als Juristin aufgegeben und nach Beendigung ihrer Heilpraktikerausbildung eine kleine Praxis in Los Lanos eröffnet, die sehr gut läuft. Ich selbst hatte bereits vor acht Jahren meine Position im Management aufgegeben, um meinen Talenten und Potenzialen als Management-Coach und enthusiastischer Seminarleiter mehr Ausdruck zu verleihen. Mit meiner Frau lache ich gern und viel. Gegenseitig begleiten wir uns auf unseren Wachstumswegen. Mittlerweile ist mein Energie-Konto wieder ausgeglichen. Es hat uns viel Kraft gekostet, die Zelte in Deutschland komplett abzubrechen. Hier hat sich uns jedoch eine neue Welt eröffnet – weniger hektisch und näher am Augenblick. Ich verdiene zwar weniger als in der Wirtschaft, kann mir meine Zeit jedoch viel besser einteilen und bin glücklich. Wir wohnen in einem alten Haus, welches wir gemeinsam mit Freunden nach und nach renovieren. Ein Seminarraum wird Ende dieses Jahres fertig gestellt sein. Seit zwei Monaten machen wir täglich am späten Nachmittag bei Sonnenuntergang eine Stunde Yoga, so dass die Batterie unserer Lebensenergie hervorragend aufgeladen wird. Wichtig sind mir die Ruhe und die Klarheit. Ich stehe morgens sehr früh auf, meditiere gemeinsam mit Sophie-Luise und beginne den Tag dann nach einem fruchtigen Frühstück. Morgens schreibe ich an meinem neuen Seminarkonzept und bin nachmittags telefonisch erreichbar oder unterwegs. Geblieben ist seit den vergangenen sieben Jahren das Gefühl, dass nichts wichtiger ist, als das Sein im Hier und Jetzt …

Zur Reflexion:
Was unternehmen Sie bereits heute, damit Sie in sieben Jahren dort sind, wo Sie hinwollen?

Das persönliche Leitbild – Mission-Statement

Von der Vision kommen wir zur Mission. Ein Mission-Statement ist eine langfristige Zielformulierung – Ihr persönliches Leitbild. Ihre Mission ist eine Art mentaler positiver Anker, der Sie Ihren Zielen näher bringen soll. Auf den Punkt gebracht ist das Mission-Statement die Ein-Satz-Aussage für Ihr Leben.

Stefan Stickler hat es so formuliert: »Gemeinsam mit meiner Frau möchte ich ein erfülltes und selbstbestimmtes Leben führen, das meinen Nei-

gungen und Fähigkeiten entspricht, und mit Freude die Dinge tun, die sinnvoll sind.«

Übung:

Mein Mission-Statement:

____

____

____

____

____

Denk-Mal: Visionen sind vorgestellte Zukunft, keine Fantastereien.

Merk-Mal: Zeichnen Sie selbst den für Sie besten Lebensweg vor, anstatt das Abziehbild eines Vorbilds zu sein.

Fazit: Ihr persönlicher Masterplan

Sie haben erfahren, welche Kräfte Ihre Lebensbatterie speisen und wie es bei Ihnen um diese Kräfte steht. Akzeptieren Sie das Ergebnis – Ihren IST-Zustand. Ihre Energie-Bilanz ist die Basis für alle Business- und Leisure-Pläne der Zukunft. Auf dieser Grundlage haben Sie in Ihrem persönlichen Masterplan die Weichen zur SOLL-Erfüllung gestellt. Im Folgenden geht es um die Umsetzung Ihrer Lebenspläne.

Schritt 3: Aufbruchstimmung – der Aktionsplan

Darum geht es

Wir werden konkret und springen in die Tat. Action! Wir sind in der Phase der Neuorientierung und in Aufbruchstimmung. Nachdem Sie Ihre Stärken und Schwächen kennen und wissen, in welchen Lebensphasen Ihre Frequenz nicht optimal gewesen ist, Sie Ihre inneren Energieräuber kennen gelernt und Ihre persönliche Vision entwickelt haben, können wir jetzt mit den notwendigen Veränderungen im Sinne des »individual change« beginnen. Um das WOLLEN in die Tat umzusetzen, müssen wir unser KÖNNEN genauer unter die Lupe nehmen.

Projektmanagement des Lebens

Ein Instrument für die erfolgreiche Umsetzung von Projekten im Arbeitsalltag ist ein konsequentes Projektmanagement. Da Sie wissen, dass der menschliche Körper, der Geist und die Emotionen ein Energieunternehmen sind, verhalten wir uns unternehmerisch und betreiben ein professionelles Projektmanagement – Ihr Leben ist das Projekt. Daher wird sich der Aktionsplan an professionellen Managementmethoden orientieren. Die Grundlage einer erfolgreichen Projektrealisierung ist eine systematische und an Zielen orientierte Planung. Der persönliche Masterplan gibt die Route vor. Jeder Schritt auf dem Weg zum Ziel muss sorgfältig und wirklichkeitsbezogen durchgeführt werden, damit die angestrebten Ziele auch zur richtigen Zeit am richtigen Ort erreicht werden können. Los geht's!

Das Projektmanagement Ihrer Potenziale

»Kleine Schritte sind besser
als große Vorsätze.«
Ute Lauterbach

Aus Erfahrungen in vielen Projekten, Seminaren und Fortbildungen wissen Sie sicherlich, woran Projekte oft scheitern:

- Die Ziele sind unklar formuliert.
- Das Projektmanagement ist ungenügend.
- Es werden keine geeigneten Werkzeuge oder Instrumente eingesetzt.
- Der Aufwand für das Projekt wird unterschätzt.
- Es werden nicht genügend Pufferzeiten zwischen den Meilensteinen eingeplant.
- Die emotionalen Faktoren werden unterschätzt.
- Die Kommunikation und das Beziehungsmanagement sind schlecht und die Erwartungen nicht klar definiert.

Die folgende Abbildung (s. S. 166) zeigt die Phasen des Projekts.

»›Edamer Mieze‹, begann Alice, ›würdest du mir bitte sagen, wie ich von hier weitergehen soll?‹
›Das hängt zum großen Teil davon ab, wohin du möchtest‹, sagte die Katze.
›Ach, wohin ist mir eigentlich gleich …‹, sagte Alice.
›Dann ist es auch egal, wie du weitergehst‹, sagte die Katze.
›… solange ich nur irgendwohin komme‹, fügte Alice zur Erklärung hinzu.

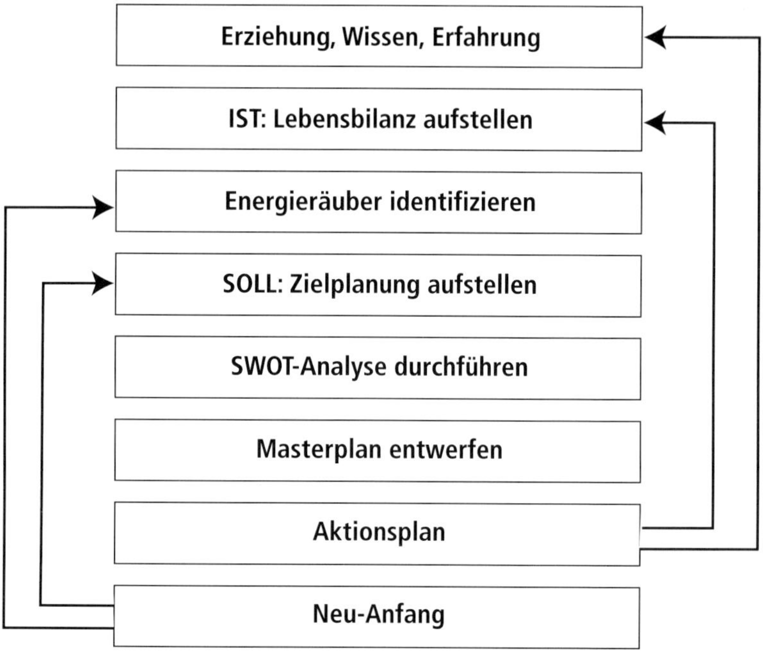

Abb. 3: Projektmanagement der Potenziale

›Dahin kommst du bestimmt‹, sagte die Katze,›wenn du nur lange genug weiterläufst.‹«
Auszug aus Walt Disneys Version von »Alice im Wunderland«

Ziele weisen den Weg

Was sagt Ihnen diese hübsche Geschichte? Genau: Beginnen wir damit, klare Ziele zu definieren, damit wir wissen, wohin unser Weg führen soll. Diese Ziele kommen aus dem WOLLEN und sollen in MACHEN übersetzt werden. Diese Ziele bestehen aus dem Inhalt, dem Ausmaß und den notwendigen Ressourcen. Sie müssen realistisch formuliert, quantifizierbar und kontrollierbar sein.

Orientierung geben Ihnen hier die W-Fragen: WER macht WAS WANN WIE WO WOMIT? Im Lebens-Projektmanagement werden wir mit dem Aktionsplan nach den W-Fragen arbeiten:

W-Frage	Bedeutung
Was soll sich ändern?	Zieldefinition
Was soll überhaupt gemacht werden?	Aufgabenstellung
Was ist das konkrete Ergebnis?	Ergebnisdefinition
Wie gelange ich zum Ziel?	Projektplan; IST-Analyse; SOLL-Konzeption; Schwachstellenbeschreibung; Vorgehensmethodik; Auswahl der Methodik und der Instrumente; Definition der zu erzielenden Qualität
Wann soll etwas gemacht werden?	Terminplan; Zeitplan
Wer macht was und wie viel?	Kapazitätsplanung
Wie kommuniziere ich mit den anderen?	Führungsstil; Kommunikation und Interaktion mit anderen
Wo möchte ich die Arbeit verrichten?	Ambiente, Umgebung
Was kostet es mich?	Energieplan; Ressourcenplan (Zeit, Geld, Freundschaft ...)
Wer oder was könnte mich unterstützen?	Konkrete Begleitung durch Partner, Kollegen, Freunde; Positivaffirmationen; Visualisierungstechniken
Welche Erwartungen gibt es?	Unausgesprochene Erwartungen; Hidden Agenda; Abhängigkeiten, Fremdbestimmung; Freiheitsgrade; Priorität des Projekts
Welche Probleme könnten auftauchen und wie könnte ich ihnen begegnen?	Identifikation der Schwachstellen und Entwickeln einer Problemlösungsstrategie
Wie werde ich noch besser?	Qualitätsmanagement; Maßnahmen zur kontinuierlichen Verbesserung und Steigerung

Achten Sie darauf, ausreichend Zeit einzukalkulieren, und bedenken Sie auch, dass alles seine Zeit braucht. Planen Sie lieber mehr Zeit als weniger ein – sonst ist der Frust schon programmiert.

Bedenken Sie bei Ihrer Planung, dass Ihre Ziele von unterschiedlichen Kriterien aus der Vergangenheit beeinflusst werden. Abbildung 4 zeigt die wichtigsten Einflüsse.

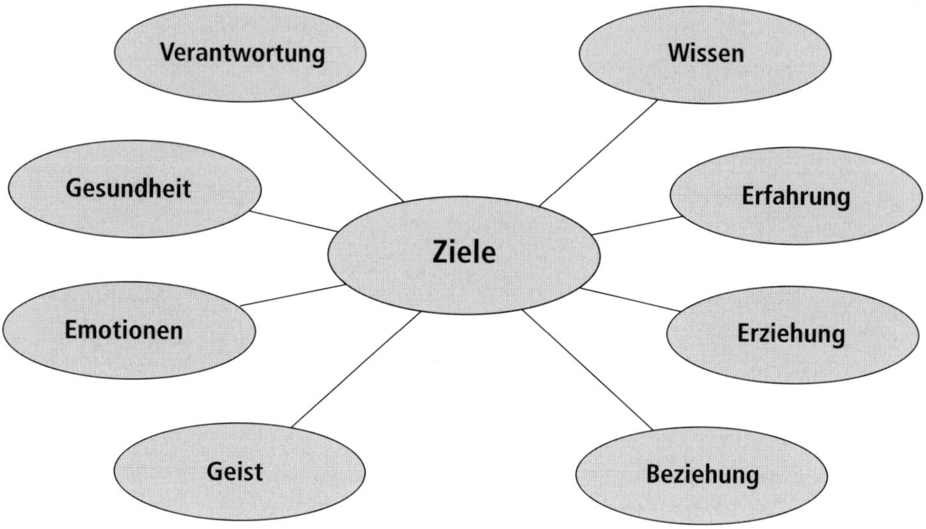

Abb. 4: Beeinflussung der persönlichen Ziele

Das bedeutet, dass beispielsweise Ihre Erziehung oder die Erwartungen Ihrer Eltern oder Bekannten einen maßgeblichen Einfluss auf Ihr WOLLEN haben oder Ihre Gesundheit Ihr KÖNNEN beeinflusst. An dieser Stelle möchte Sie zu einem kleinen Ausflug in die Psychologie einladen.

Wie können wir unser Verhalten ändern?

Das transtheoretische Modell

Unsere Ziele hängen maßgeblich mit unserem Willen zusammen. Nicht immer wird der Wille in die Tat umgesetzt. Wie können Sie Ihren inneren Schweinehund überlisten? Im Bereich des Gesundheitsmanagements habe ich Erfahrung mit *Behavioural-Change-Konzepten* (Verhaltensänderung) sammeln können. Daher möchte ich Ihnen an dieser Stelle das transtheoretische Modell der Verhaltensänderung – auch *Stages-of-Change-Konzept* genannt – von Di Clemente und Prochaska vorstellen. Als Instrument ist es hervorragend geeignet, individuelles Verhalten effektiv und langfristig zu ändern.

Veränderung vollzieht sich in Stufen

Die Änderung unseres Verhaltens ist ein Prozess, der über einen kürzeren oder längeren Zeitraum auf fünf Stufen stattfindet, die qualitativ unterschiedlich sind (siehe Tabelle). Die Merkmale der einzelnen Stufen bieten direkte Verhaltensansätze. Die Stufen werden nicht unbedingt nacheinander, sondern häufig in Spiralen durchlaufen, ein Zurückgehen auf die vorherige Stufe kommt vor. Entscheidende Faktoren einer Verhaltensänderung sind das Abwägen der Vor- und Nachteile (individueller Aufwand, persönlicher Preis / Nutzen, Entscheidungsbalance) sowie die Erwartung an die Zukunft (Was kann ich danach anders / besser?).

Das Modell ist seit einigen Jahren in den USA im Gesundheitsförderungsbereich erprobt. Wichtige Dimensionen, wie Einstellung, Erwartung an die eigenen Fähigkeiten, psychosoziale Prozesse und Verhaltensweisen, werden berücksichtigt. Diese Parameter sind die Grundlage für eine stufengerechte individuelle Intervention auf der Ebene persönlichen Verhaltens. Im Gesundheitsbereich können geeignete Maßnahmen aber auch Personen angeboten werden, bei denen noch keine direkte Bereitschaft zur Änderung ihres Gesundheits- oder Risikoverhaltens (zum Beispiel Raucher) besteht. Das Modell wurde in einer Reihe von Studien in unterschiedlichen Anwendungsbereichen durch Daten belegt. In den USA wurden mit der Anwendung des transtheoretischen Modells im Präventionsbereich sehr positive Erfahrungen gemacht.

Die aktuelle Veränderungsbereitschaft des Einzelnen ist das zentrale Thema. Wenn ich mich nicht ändern will, ändere ich mich auch nicht. Jemand, der sagt, dass er mit dem Rauchen aufhören will, in Wirklichkeit aber weiter rauchen will, wird nicht aufhören.

Die Stufen der Verhaltensänderung nach Di Clemente und Prochaska zeigt folgende Tabelle.

Stufen der Verhaltensänderung	Merkmale
1. Absichtslosigkeit	Das Verhalten ist meist passiv-reaktiv. Es herrscht Sorglosigkeit vor, ein Problembewusstsein fehlt, Vorteile einer Verhaltensänderung werden unterschätzt.
2. Absichtsbildung	Es gibt ernsthafte Überlegungen, sich in den nächsten sechs Monaten ändern zu wollen. Die Absicht zur Veränderung besteht. Es erfolgt ein Nachdenken und Abwägen der Vor- und Nachteile der Veränderung. Häufig tritt ambivalentes Verhalten auf (Aufwand und Nutzen des neu anzueignenden Verhaltens sind noch unklar, die gewohnte Verhaltensweise wird noch positiver bewertet). Der Änderungswillige ist offen für weitere Informationen und Aufklärung.
3. Handlungs-vorbereitung	Die Absicht besteht, in nächster Zeit das Zielverhalten zu erreichen. Ein konkreter Aktionsplan wird entwickelt und »ausprobiert« (z. B. weniger essen, anderer Umgang mit Stress, mehr Sport).
4. Handlung / Umsetzung	Es kommt zum aktiven Gestalten. »Neues« Zielverhalten wird regelmäßig umgesetzt. Die Rückfallwahrscheinlichkeit in alte Verhaltensmuster ist hoch (Achtung: innerer Schweinehund).
5. Aufrechterhaltung	Proaktives Verhalten mit stabiler Ausübung des Wunschverhaltens bei geringer Rückfallwahrscheinlichkeit setzt ein.

Begleitete Verhaltensänderung

Auf der Basis einer mitfühlenden und die Person begleitenden Gesprächsführung lassen sich die Ansätze hervorragend im Bereich der Prävention und des persönlichen Gesundheits- und Lebensmanagements einsetzen. Die Methodik ist gut geeignet bei der Begleitung chronisch Erkrankter, zum Beispiel bei Asthmatikern und Diabetikern, bei der Raucherentwöhnung, im Bewegungstraining und bei der Fitnessverbesserung. Sie bietet sich an für das Thema »Gesunde Ernährung und achtsamer Umgang mit dem Essen« sowie zur Stressbewältigung. Die begleitende Gesprächsführung in die Praxis hat sich in meinen Stressmanagement-Seminaren erfolgreich bewährt. Sie benötigen nicht unbedingt einen professionellen Coach, um Ihr Verhalten in bestimmten Bereichen zu ändern. Auch Ihr Partner oder ein Freund kann Sie hilfreich begleiten.

Die magische Vierfeldertafel aus Können und Wollen

Ein Instrument, um Veränderungen in die richtige Bahn zu lenken, ist die Vierfeldertafel aus Können und Wollen. Aus der Tafel können Sie ablesen, wie viel Wollen und Können jedes Ihrer Ziele hat. Zudem müssen Sie in einem zweiten Schritt geeignete Maßnahmen ansetzen, um ins Handeln zu kommen. Tragen Sie Ihre einzelnen Ziele in die Vierfeldertafel von Können und Wollen ein, um zu sehen, wie realistisch eine Umsetzung ist. Daraus können Sie dann jeweils einen Aktionsplan ableiten.

Übung: Ihre persönliche Können-Wollen-Vierfeldertafel

	Schwaches Können	Starkes Können
Schwaches Wollen		
Starkes Wollen		

Hier finden Sie ein Beispiel:

	Schwaches Können	Starkes Können
Schwaches Wollen	Buchhaltung in der eigenen Firma Aktionsplan: Delegieren der Aufgabe an andere, die es besser oder schneller können	Unterricht geben Aktionsplan: Begeisterung für die Thematik erzeugen
Starkes Wollen	Datenbankmanagement Aktionsplan: Notwendige Kompetenz aufbauen, um das noch unterentwickelte Können zu stärken, Seminare besuchen, Wissen erweitern, Fähigkeiten und Fertigkeiten erlangen	Beratung Aktionsplan: Sofort anfangen

Horchen Sie in sich hinein, was Ihnen Ihre eigene Stimme sagt. Ist es wirklich Ihr Ziel? Wollen Sie es wirklich? Oder laufen Sie nur einer fremdbestimmten Erwartung hinterher? Spüren Sie in sich hinein, wie es sich anfühlt, wenn Sie auch »unbequeme« Dinge machen sollen, wie zum Beispiel morgens eine halbe Stunde früher aufzustehen oder auch bei Regen zu joggen. Wie realistisch ist die Umsetzung dieser Ziele?

Ziele in der Ich-Form formulieren

Formulieren Sie Ihre Vorhaben in der Ich-Form. Marco von Münchhausen hat sich ausführlich mit dem inneren Schweinehund befasst und herausgefunden, dass uns dieser oft einen Strich durch die Rechnung unserer Ziele macht. Daher ist es wichtig, dass Sie alle Schritte zum Ziel realistisch und so konkret wie möglich formulieren.

Ziele konkret formulieren

Nachstehende Beispiele mögen dies illustrieren:

MACHEN-Ziel	Falsch	Erläuterung	Richtig
Gewichtsreduzierung, um überflüssigen Ballast abzuwerfen und mit Leichtigkeit neue Dinge machen zu können.	»Ich will abnehmen.«	Die Zielformulierung ist zu wenig konkret.	»In einem Monat möchte ich 4 kg abnehmen. Hierzu verzichte ich abends auf das tägliche Weißbier, laufe alle Treppen zu Fuß, anstatt die Rolltreppe zu benutzen, verzichte auf Chips und Erdnüsse und esse von den Speisen meines Tellers jeweils nur die Hälfte (FDH).«
Sport treiben, um ausreichend Power für andere Aktivitäten zu haben.	»Wenn ich Zeit habe, werde ich wieder anfangen zu laufen.«	Das wird nie klappen, die Zeit wird nie da sein.	»Mir ist es wichtig, dass mein Körper gesund ist. Hierzu werde ich jeweils montags und donnerstags – unabhängig vom Wetter – um 18:30 Uhr für eine halbe Stunde joggen. Ein Pulsmessgerät wird überwachen, dass ich mich nicht übernehme.«
Gezielten Muskelaufbau für den Rücken betreiben, damit die Wirbelsäule nicht zur Notrufsäule wird.	»Ich werde ab heute fünfmal die Woche ins Bodybuilding-Studio gehen und jeweils zwei Stunden trainieren.«	Die Zielformulierung ist unrealistisch.	»Für mich ist es wichtig, dass mein Fett abgebaut und die Rücken- und Bauchmuskeln gezielt aufgebaut werden. Jeweils dienstags und freitags werde ich – unabhängig von meiner Müdigkeit – um 19:30 Uhr für eine halbe Stunde ins Studio fahren. Ein erfahrener Trainer wird mir zur Seite stehen, damit ich mich nicht übernehme.«

Wissensvermehrung	»Ich hätte Lust, mal wieder ein gutes Buch zum Thema Selbstmanagement zu lesen.«	Träumen Sie weiter!	»Am nächsten Wochenende fahre ich in die Buchhandlung und verabrede mich am Nachmittag mit mir selbst, um 2,5 Stunden in dem neuen Buch zu lesen. Das Telefon werde ich in dieser Zeit nicht abheben.«
Sprachkenntnisse erweitern	»Eigentlich müsste ich mein Englisch mal wieder aufpolieren.«	Nur leider wird immer wieder etwas dazwischenkommen, das Sie davon abhält.	»Jeden zweiten Abend werde ich mir nach meiner Rückkehr nach Hause die CNN-Nachrichten ansehen und mir am Freitag die Herald Tribune kaufen, die ich dann auf dem Weg zur Arbeit in der U-Bahn lesen kann.«
Stress-Reduktion	»Ich müsste mal mit autogenem Training anfangen.«	Vergessen Sie diese nicht konkrete Art.	»Ich stelle mir jeweils morgens den Wecker eine halbe Stunde früher, lege mich auf den Fußboden und verabrede mich mit mir selbst. Dann lege ich die neu gekaufte CD zum autogenen Training ein und beginne den Tag gelassen.«

Der Aktionsplan

Beispiel: persönlicher Aktionsplan

Lutz Fender arbeitet seit fünf Jahren an einer norddeutschen Uniklinik. Neben dem Stationsdienst ist er wissenschaftlich auf dem Gebiet der Immunologie sehr engagiert. Er hat zwei Jahre nach dem Studium im Rahmen eines Post-doc-Stipendiums an der Harvard-Medical-School gearbeitet. Dies hat ihm so viel Spaß gemacht, dass er gern in den USA als Arzt arbeiten möchte. Voraussetzung hierfür ist jedoch, dass er das amerikanische Staatsexamen absolviert. Auch muss er über ausreichende Sprachkenntnisse verfügen, die er mit einem guten TOEFL-Test-Ergebnis nachzuweisen hat.

Umgesetzt in einen Projektplan bedeutet dies für Lutz ganz konkret:

Projektplanung Englisch	Aktionsplan
Konkrete Zieldefinition	Am 16. April will ich den TOEFL-Test bestanden haben. Bis dahin sind es 24 Wochen.
Aufgabenstellung	Aufstellen einer konkreten Lernstrategie für das Bestehen des Tests; IST-Erhebung meiner derzeitigen Sprachkenntnisse und darauf aufbauend Konzeption der Schwerpunkte; situationsgerechtes Lernen in angenehmer Umgebung; ausreichend Zeit und Muße für andere Dinge, die mir Spaß machen
Ergebnisdefinition	Bestehen des TOEFL-Tests am 16. April
Projektplan	Excel-Chart entwerfen mit Terminplanung, Meilensteinen und konkreten Maßnahmen
Terminplan, Meilensteine	Aufteilung von Maßnahmen auf 24 Arbeitswochen; Projektstart: 16. November; Ergebnis des Vortests: 10. Januar; Anmeldung zum Test: bis 12. Februar; … Klare Meilensteine, in welcher Woche was erledigt sein muss
Kapazitätsplanung MACHEN-Plan LASSEN-Plan	Konkrete Maßnahmen abarbeiten und umsetzen; zweimal wöchentlich zum Sport gehen; Absagen der Theater-Gruppe für sechs Monate; Kündigen des Konzert-Abonnements bis April
Konkrete Maßnahmen	Kaufen des TOEFL-Test-Lehrbuchs; Internet-Recherche; Besorgen der alten Fragen; Bekannte fragen, die den Test bereits absolviert haben; Lernkreis organisieren; Anmelden bei Sprachschule; dienstags, donnerstags und samstags: BBC-Nachrichten im Fernsehen ansehen; freitags: die Herald Tribune kaufen und lesen auf dem Weg in die Klinik
Energieplan, Ressourcenplan	Monatliche Kosten für die Sprachschule bereitstellen; zweimal wöchentlich joggen
Unterstützung	Bekanntgabe des Ziels bei Kollegen und Freunden; Visualisierung: »Ich stelle mir vor, wie ich an einem wunderschönen Tag die Prüfung des Tests mache und mit tollem Ergebnis bestehe.« Positivaffirmationen: »Ich kann super lernen und liebe es, meine Sprachkenntnisse zu verbessern.«
Identifikation der Schwachstellen und Entwickeln einer Problemlösungsstrategie	»Meinen inneren Schweinehund überwinde ich, indem ich mir Mitstreiter suche, mit denen ich beim Lernen einen Festakt der Wissenserweiterung feiere.« »Ich habe stets das Ziel vor Augen.«
Qualitätsmanagement, Maßnahmen zur kontinuierlichen Verbesserung und Steigerung	»Lerne ich optimal (Zeiten, Inhalte, Methode)?« »Wie könnte ich noch leichter mehr lernen?«

Achten Sie auch auf die Rahmenbedingungen. Wenn Sie beispielsweise bereits zwölf Stunden gearbeitet haben, hat es wenig Sinn, wenn Sie sich für den späten Abend noch vornehmen, weitere drei Stunden an Aufgaben aus dem Fernstudiengang »Controlling« zu arbeiten.

> *»Im Anfang war die Tat.«*
> Johann Wolfgang von Goethe

Jetzt sind Sie an der Reihe: Machen Sie die folgende Übung schriftlich.

Übung:

Eigenen Aktionsplan entwerfen

Meine persönlichen MACHEN-Ziele sind:

1.
2.
3.
4.
5.
6.
7.

Nachdem Sie definiert haben, was Sie machen wollen, müssen Sie auch noch definieren, was Sie in Zukunft lassen wollen, denn sich zu entscheiden bedeutet auch ein klares Nein zu weniger wichtigen Dingen.

Meine LASSEN-Ziele sind:

1.
2.
3.
4.
5.
6.
7.

Erstellen Sie jetzt für jedes Ziel einen Aktionsplan. Kopieren Sie dazu die Tabelle mehrfach von der CD.

MACHEN-Ziel	Aktionsplan
Konkrete Zieldefinition	
Aufgabenstellung	
Ergebnisdefinition	
Projektplan	
Terminplan, Meilensteine	
Kapazitätsplanung MACHEN-Plan LASSEN-Plan	
Konkrete Maßnahmen	
Energieplan, Ressourcenplan	
Unterstützung	
Identifikation der Schwachstellen und Entwickeln einer Problemlösungsstrategie	
Qualitätsmanagement, Maßnahmen zur kontinuierlichen Verbesserung und Steigerung	

Denk-Mal: »*Dem Schiff, das seinen Hafen nicht kennt, weht kein Wind günstig.*« Lucius Annaeus Seneca

Merk-Mal: Setzen Sie sich realistische, messbare und kontrollierbare Ziele.

Superbleifrei leben

»Wenn das Herz
Befreit ist,
Kommt der Verstand
Von selbst
Zu dir.

Doch ist es
Nicht befreit,
Wirst du die
Weisheit
Nicht erkennen,
Auch wenn
sie ganz nahe
Bei dir ist.«

Chao-Hsiu Chen

Die Nerven und die Achillessehnen sind bis aufs Äußerste gespannt. Peng! Die dynamischen Energiemaschinen schießen pfeilschnell die 400-Meter-Hürdenbahn entlang. Grazil wie Gazellen überspringen sie in der prallen Mittagssonne gewand die schwarz-weißen Hindernisse auf der roten Tartanbahn. Alle? Nein nicht alle. Um Gottes willen, was macht der denn da? Einem Athleten auf der Außenbahn sind die Beine mit Eisenketten gefesselt. Er trägt einen Rucksack voller Bleiplatten und schiebt keuchend einen Einkaufskorb mit schweren Lasten vor sich her …

Stellen Sie sich vor, Sie sollen bei der Olympiade 400 Meter Hürden in einer Zeit unter 48 Sekunden laufen. Wie schnell werden Sie wohl sein, wenn Sie in der Situation des bleiplattenbeladenen Rucksackträgers sind? Mit wie viel Aufwand könnten Sie wohl gegen die leichten Energiegazellen gewinnen?

Die Lösung ist die Lösung

Handlungsfähig werden wir erst, wenn wir Verstrickungen gelöst und uns von unnötigem Gepäck befreit haben. Je weniger Reibungsverlust, desto geringer der zum Sieg erforderliche Energieaufwand – das ist ein Gesetz der Physik.

Die Kraft des Loslassens

Wenn wir unsere Energie aus WOLLEN und KÖNNEN voll nutzen wollen, ist es wichtig, dass wir den richtigen Energie-Mix zum MACHEN aus den unterschiedlichen Energiequellen verwenden. Wir kennen dieses Phänomen von Motoren. Zweitaktmotoren brauchen eine bestimmte Mischung von Öl und Benzin. Dieselmotoren benötigen eine andere Oktanzahl als Superbleifrei-Motoren. Wenn wir wirklich super sein wollen, müssen wir uns bleifrei bewegen. Welche konkreten Maßnahmen und Ziele setzen Sie sich, damit Ihr Energiemanagement ausgewogen ist und Ihr Lebensmotor bei guter Drehzahl bestens funktioniert? Wir müssen den Sand aus dem Getriebe entfernen und erneuerbare Energien für jeden Bereich zuführen. Dies gilt besonders für den »Dreitakter« Emotionen, Körper und Geist. Zudem müssen wir uns von dem Blei an unseren Füßen befreien – einfach loslassen. Loslassen heißt, sich loszulösen. Loszulösen von allen Gesetzen, Regeln, antrainierten Erziehungsritualen, Fremdbestimmung und den Erwartungen anderer. (Sie erinnern sich an Ihre Energieräuber?) Wir verabschieden uns also vom SOLLEN und MÜSSEN und kommen selbst in die Kraft.

Und wir lösen uns von einer scheinbaren Sicherheit, die es in Wahrheit nicht gibt. Hierzu müssen wir unser Herz und unser Hirn weit öffnen, damit die Lebensenergie uns durchfluten kann und wir nicht vor Angst und Sicherheitswahn die Schotten so weit zumachen, dass wir lediglich ein Leben auf Sparflamme führen. Sich zu öffnen und das Sicherheitsdenken loszulassen bedeutet, Unsicherheit als Treibstoff für Veränderungen zuzulassen. In dieser Bereitschaft, ins Unbekannte zu treten, eröffnen sich Chancen für ein Grenzen überschreitendes Wachstum und die Freiheit, einfach das zu machen, was wir wollen.

»Wenn es eine Schwerkraft gibt, die nach unten zieht, dann muss es doch auch eine Leichtkraft geben, die nach oben zieht« – so

Käpt'n Blaubär. Mit dem Leitsatz »lieber Kopf frei als Schnauze voll« sollten wir uns einen Aktionsplan für die Zentralentrümpelung machen. Wir müssen unseren Kopf frei machen von den drückenden Dauerlasten und alte Dinge ein für alle Mal verabschieden – adieu! Unser Kopf ist keine dunkle Rumpelkammer, in der alte Erziehungsklamotten, verblichene Familientragödien und abgetragene Erinnerungen abgestellt werden können, sondern eine Schatzkammer, in der wir das Wertvollste, was wir haben, aufbewahren: unsere Intuition, unsere Erfahrung, unser Gespür, unsere Intelligenz, unsere Emotionen und das KÖNNEN und WOLLEN für den Lebensweg. Wir sollten unsere Schatzkammer nicht als Speicher für Datenmüll benutzen. So brauchen Sie sicher keine Telefonnummern oder Geburtstage im Kopf zu haben, wenn es hierfür Erinnerungshilfen wie Terminkalender oder Telefonbücher gibt.

Die Kunst des Weglassens

Warum ist das Lösen aus alten Verhaltensmustern so wichtig? Stellen Sie sich vor, Sie machen eine Klettertour in den Bergen. Wenn Sie mit allen vieren in einer Felsspalte hängen, ist dies vorübergehend ein sicherer Zustand. Doch für das Fortkommen ist es wichtig, sich von sicherer Position zu lösen – loszulassen im wahrsten Sinne – und nach neuem Halt zu suchen. Hierin liegen die Gefahr und auch der Reiz. Es gibt kein Stehenbleiben. Ein Ausharren in einer Position würde zu Muskelverkrampfungen und nicht zum Gipfel führen. Um auf den Gipfel zu kommen, müssen wir uns aus der alten Position lösen und es wagen, loszulassen, damit wir leicht weitergehen können. Das *Los-Lassen* – die *Lösung* – führt uns zur *Erlösung* und so zur *Gelöstheit*. Erst wenn wir gelöst sind, entsteht für uns ein Zustand der Angstfreiheit. Alles andere ist Krampf und Verkniffenheit.

Lösung führt zu Gelöstheit

Gehören Sie auch zu der Spezies Mensch, die sich »Jäger und Sammler« nennt?

Impulsfragen:

- Wie viele alte Sachen schleppen Sie durch Ihr Leben?
- Wie voll sind Keller, Abstellkammer, persönliche Büropapierstapelecke und Dachboden?

- Wie lang ist es her, dass Sie Ihre »Gerümpelecke« ausgemistet haben?
- Ist auch Ihre Garage voll mit Autoreifen des vorletzten Wagens und den unausgepackten Umzugkartons von vor drei Jahren?
- Ist Ihr Schreibtisch ein Chaos voll mit »Alles-ist-wichtig-Zetteln« und Altpapier?
- Ist Ihr Hirn voller Grübelmüll, Sorgenmist und Zweifelbleiplatten?
- Wann haben Sie zuletzt Ihre Wohnung oder Ihr Haus renoviert?
- Schaffen Sie es, Ihre Steuererklärung pünktlich abzugeben?
- Erledigen Sie Ihre offenen Rechnungen erst nach einer Mahnung?

Fühlen Sie sich angesprochen? Ertappt? Dann ist es höchste Zeit zum Loslassen, Wegschmeißen und Entrümpeln. Die Aufgeräumtheit des Kellers repräsentiert die Aufgeräumtheit unseres Selbst. Wie im Außen – so im Innen. Dieses kosmische Gesetz lässt sich auf viele Situationen übertragen: Ihr Schreibtisch ist so chaotisch wie die Gedanken in Ihrem Kopf.

Übergepäck abwerfen

Beim Hinflug zu einem der letzten Seminare auf La Palma fragte uns die junge Dame vom Condor-Schalter beim Late-Night-Check-In am Frankfurter Flughafen, ob wir umziehen wollten, da wir zu zweit mit vier Koffern reisten. Ich entgegnete: »Nein«, denn ein Koffer sei voller Unterlagen und Bücher für das Seminar. Dennoch hatte sie mich nachdenklich gestimmt. Wir mussten für unser Übergepäck einen Aufpreis zahlen. Viele der mitgenommenen Bücher habe ich gar nicht gebraucht.

Im normalen Leben verhält es sich genauso. Das zumeist unnötige Übergepäck erfordert seinen Preis. Alte Gedanken schleppen wir mit uns herum, denken in Endlosschleifen über die Vergangenheit nach ... Dies kostet uns eine Menge Energie, die wir für schönere und wichtigere Dinge einsetzen könnten.

Wir müssen nicht den Sack voll Gestern permanent mit uns herumschleppen. Die Vergangenheit ist vorbei und Sie haben sie überlebt! Basta. Schwuppdiwupp können wir das überflüssige Gepäck abwerfen und die Schwere loswerden, damit es leicht geht.

Wir dürfen uns getrost von allem »Konditionierungsquatsch« lösen. Sätze wie »Wer sich abmüht, der wird belohnt«, »Arbeit, bis die Knochen knacken« und weitere Spielverderber können Sie locker in den Sack stecken, zuschnüren und als biologisch nicht recycelbaren Sondermüll entsorgen.

Weniger ist manchmal mehr

Michael Dell hat sein Unternehmen zu einem der erfolgreichsten der Welt gemacht, indem er auf Unnötiges verzichtet hat. Die Brüder Albrecht haben ALDI zu einem Vorzeigeunternehmen aufgebaut, indem sie das Warensortiment auf 500 Artikel beschränkt haben. Die Lösung liegt eben nicht im »Immer mehr«, sondern im Fokussieren auf die wesentlichen Dinge. Was im Management von Firmen funktioniert, können wir hervorragend auf unser Selbstmanagement übertragen.

»Der Weg nach draußen führt durch die Tür, warum nimmt niemand diesen Weg?«, fragte einst Konfuzius. Manchmal kann man gar nicht so kompliziert leben, wie wir denken. Für ein erfülltes Leben müssen wir nicht mit dem Kopf durch die Wand. Sie sollen nicht lernen, wie Sie in noch kürzerer Zeit noch mehr schaffen können, sondern einfach weniger machen. In der Shareholder-Value-verblendeten Businesswelt spielt Ex und hopp eine immer größere Rolle. Dem können wir locker elegant mit Flex und top (flexibel und spitze) begegnen. Nicht Häppchen-Wissen in Fastfood-Manier herunterschlingen, sondern ganz in Ruhe achtsam kauen – genüsslich die Buchstaben des Textes aufessen und mit messerscharfem Verstand und intuitivem Gespür zur effektiven Lösung gelangen. Das macht den Weg frei zu wirklich großem Erfolg.

Leicht-Sinn

Kreativität und Spaß am Tun lassen sich nicht durch Willensanstrengung und Disziplin erreichen. Das klingt für manchen von uns vielleicht fremd – ist aber ein Lebensprinzip. Alles, was leicht geht, ist richtig. Alles, was uns persönlich schwer fällt, weil wir es mit Unwillen machen, ist falsch und nicht der richtige Weg. Warum so kompliziert, wenn es doch auch einfach geht? Machen wir es uns schön leicht – werfen wir Ballast ab, damit wir abheben können. Nicht so viel Theorie – einfach anfangen und machen.

Geduld und Gelassenheit

»Ein Augenblick der Geduld kann großes Unglück fern halten; ein Augenblick der Ungeduld kann ein ganzes Leben ruinieren.«
Chinesisches Sprichwort

Superbleifrei zu leben bedeutet auch, Ungeduld und Gereiztheit über Bord zu werfen, um Projekte im Beruf oder in der Freizeit erfolgreich zu gestalten.

Gelassenheit kommt von *lassen*. Wenn wir frei sind von Überheblichkeitsdenken und Überlegenheitsgefühl, frei sind von missionarischem Tun und frei von jeglicher Besserwisserei und zudem nicht mehr abhängig von der Bewertung durch andere, dann sind wir wirklich frei und unabhängig. Nur der Schwache versucht permanent zu beweisen, wie stark er ist. Der Starke ruht in sich. Er braucht keine Bestätigung durch die Welt im Außen, er fühlt seine innere Stärke.

Die Dinge geschehen – lassen Sie sie geschehen und seien Sie wachsam und aufgeschlossen. So bleiben Sie im Kern unberührbar und verbiegen sich nicht. Betrachten Sie Ihr Leben aus der distanzierten Zuschauerperspektive und atmen Sie ein und aus – das ist Gelassenheit.

Toleranz

Üben Sie Toleranz. Menschen sind unterschiedlich. Wenn wir dies verstehen, tolerieren und akzeptieren, dann haben wir nicht länger den Wunsch, andere so zu ändern, wie wir sie gern hätten. Das Zusammenarbeiten wird dann für jeden eine Bereicherung, wenn wir voneinander und miteinander lernen. Dies bedeutet vor allem, die Stärke des anderen mit der eigenen Stärke zusammenzuführen und gemeinsam zum Erfolg zu gelangen.

Fokussieren und Energiesparen

Dies ist keine Anleitung zum Leben auf Sparflamme – im Gegenteil. Sie müssen Ihre Energie für die wichtigen Dinge einsetzen. Fokussieren ist die Devise. Seit einiger Zeit gibt es Energiespar-Glühlampen. Diese geben eine ausreichende Helligkeit, verbrauchen aber weniger Strom – und damit weniger Energie. Wir können daraus lernen. Seien Sie eine Sparleuchte, die zwar strahlt, dabei aber wenig Energie verbraucht. Je weniger Energie Sie bei einer für Sie wenig sinnvollen Arbeit verbrauchen, desto mehr kann Ihr Licht strahlen für Ihr Lebenswerk. Je weniger Sie sich also für unwichtige Dinge anstrengen, desto mehr Kraft haben Sie für die wichtigen Dinge im Leben.

Absichtslose Achtsamkeit

Der Tau auf grünem Gras im Morgenlicht, der Geruch von frisch gemähtem Heu, der Geschmack eines achtsam gekauten Melissenblattes im Salat oder der Anblick einer Blume am Wegesrand können uns helfen, jenseits der Kopfwelt in die Welt des Spürsinns, der Wahrnehmung und Kontemplation einzutauchen und ganz leicht zu sein – ohne zu denken –, einfach zu sein.

Alle meine »Ent-Chen«

Werner Tiki Küstenmacher hat in seinem Buch *Simplify your Life* mit Lothar Seiwert 33 tolle Ideen vorgestellt, die alle mit »ent-« beginnen. Gern möchte ich 33 weitere und wichtige »Ent-Chen« vorstellen, die ebenfalls auf dem See schwimmen dürfen, dabei nicht immer ganz bierernst gemeint sind:

Ent-chen	Aktionsplan
Ent-ängstigen	Die Angstenergie in Handlungs-Power verwandeln
Ent-ärgern	Ärgerenergie in Spaß verwandeln
Ent-binden	Raus aus der Verstrickung und rein in die eigene Kraft
Ent-bürokratisieren	Raus aus den Verkrustungen der Bürokratenseele
Ent-ernsten	Mehr Spaß als Ernst machen
Ent-grenzen	Viel größer denken
Ent-grübeln	Nicht in den Spurrillen der Zweifel drehen, sondern voll Mut in die eigene Spur kommen
Ent-helfen	Selbst und nicht mit Hilfe anderer in die eigene Kraft kommen
Ent-hetzen und ent-stressen	Hektik und Stress durch absichtslose Achtsamkeit ersetzen
Ent-ketten	Die Ketten der Fremdbestimmung kappen
Ent-koppeln	1. Raus aus alten Erziehungsmustern 2. Weg mit dem Gürtel (Koppel), den uns andere umgebunden haben und der uns zuschnürt

Ent-knospen	Von der Knospung zur prächtigen Blüte gelangen
Ent-ledigen	Überflüssiges rauswerfen
Ent-lernen	Überflüssiges Wissen über Board werfen und Konzentration auf die wirklich wichtigen Dinge
Ent-machten	Sich von Autoritätsbeweisen und Fremdbestimmung befreien
Ent-mühen	Es muss leicht gehen, eben ohne große Mühe
Ent-müllen	Ballast über Bord werfen
Ent-müssen	Fremdbestimmung gegen ein eigenverantwortliches Sein tauschen
Ent-mystifizieren	Mystische Verklärung gegen einen klaren Blick auf die Wirklichkeit tauschen
Ent-pflichten	Freude und Glück als einzige Pflichten
Ent-rackern	Lustvoll nix tun anstatt arbeiten, bis die Knochen knacken
Ent-sichern	Zukunft wagen, Sicherheit durch Mut ersetzen
Ent-sorgen	1. Weg mit den Sorgen, dem Trübsal, den Ängsten und den Zweifeln 2. Weg mit den alten Dingen
Ent-strudeln	Hektik-, Stress- und Alltagsstrudel durch leckeren Apfelstrudel ersetzen
Ent-schleudern	Raus aus dem Schlingerkurs und rein in die selbstbestimmte Bahn
Ent-sprudeln	Im Gegenteil – sprudeln, was das Zeug hält
Ent-täuschen	Weg mit der Täuschung, her mit der Wirklichkeit
Ent-urgen oder Ent-dringlichen	Nichts ist wirklich dringlich
Ent-wurmen	Therapeutischer Rat gegen Angst-Würmer und Verwandte
Ent-zetteln	Papierberge entsorgen, siehe unten
Ent-zücken	Den Farbkasten zücken und den grauen Alltag mit bunten Farben übermalen
Ent-zürnen	Zorn gegen Freundlichkeit tauschen
Ent-zweifeln	Zweifel gegen Vertrauen und Mut tauschen

Der Aktionsplan

Das doppelte »Ent-Zetteln«

Finden Sie Wege aus der Totalverzettelung. Die erste Form der »Ent-Zettelung«: Wenn wir auch vom papierlosen Arbeitszimmer wahrscheinlich noch so weit entfernt sind wie von einer papierlosen Toilette, lohnt sich der Gedanke dennoch, darüber nachzudenken, welche Papiere und andere Zettel wir denn aufbewahren müssen und welche eben nicht mehr. Die zweite Form der »Ent-Zettelung«: Wenn Sie zu viele Dinge gleichzeitig machen, werden Sie nichts richtig machen. Fokussieren Sie daher Ihre Energie auf:

- Dinge, die einfach und leicht gehen,
- Dinge, bei denen Sie sich nicht verbiegen müssen, sondern sein können, wie Sie sind,
- Dinge, die Sie Ihrer Lebensvision am nächsten bringen,
- Dinge, die effektiv und nicht nur effizient sind,
- Dinge, die Sie mit Glück und Spaß erfüllen,
- Dinge, die anderen Menschen nützlich sind.

Schwerelosigkeit als Nonplusultra? Fast. Schwerelos leicht leben heißt Ballast abwerfen – weg mit der Schwere. Die Bodenhaftung werden wir nicht verlieren, wenn wir achtsam sind und uns auf das Wesentliche fokussieren. Was brauchen Sie unbedingt auf Ihrem persönlichen Weg? Wie viel unnötiges Gepäck wollen Sie mitschleppen?

Überdenken Sie noch einmal Ihre Machen- und Lassen-Ziele, die wir am Anfang dieses Kapitels aufgestellt haben. Wie können Sie es schaffen, unbeschwerter und leichter durch das Leben zu gehen?

Übung:

Übung zum Frequenzwechsel

Stellen Sie sich mit beiden Beinen schulterbreit und in den Knien leicht federnd auf den Boden und beginnen Sie in entspannter Atmosphäre ohne äußere Störungen mit dem ganzen Körper leicht zu wippen. Seien Sie ganz entspannt und atmen Sie gelassen ein und aus. Ihr Atem ist ein guter Indikator für Ihre Entspannung. Machen Sie jetzt leichte Wipp-Bewegungen – hin und her –, die Sie im ganzen Körper spüren. Achten Sie dabei immer wieder auf Ihren Atem. Lockern Sie jetzt nacheinander – beim Kopf beginnend über die Arme und den Körper bis zu den Füßen – alle Gelenke Ihres Körpers. Stellen Sie sich dabei vor, dass Sie sich ausschütteln und damit alles, was Sie derzeit belastet, abschütteln. Je nach Ihrem Bedürfnis können Sie die Lockerungen sanfter, kleiner, stärker oder schneller durchführen. Durch dieses Lockern werden Ihre Energiebahnen – die Chinesen nennen diese Meridiane – wieder neu befüllt. Diese »Schüttel-Übung« eignet sich hervorragend nach anstrengenden und langen Arbeitsbesprechungen oder vor einem stressigen Termin. Nach der Übung werden Sie sich erfrischt und leicht fühlen.

Positivaffirmationen:

- Täglich übe ich mich in der Kunst des Weglassens.
- Ich konzentriere mich auf das Wesentliche in meinem Leben.
- Leicht und locker hüpfe ich durch den Alltag und das Leben.
- Mit riesigem Spaß schneide ich alte Zöpfe ab.
- Ich trenne mich gern und leicht von Dingen, die ich nicht mehr brauche.
- Ich lasse los und gehe mit leichtem Gepäck durchs Leben.
- Ich bin tolerant gegenüber anderen Meinungen und Auffassungen.
- Ich genieße es, einfach mal gar nix zu machen.
- Spielerisch überspringe ich meine Grenzen und fühle mich grenzenlos frei.

Denk-Mal: Wir brauchen keinen Allzweckkleber, sondern ein bio-logisches Lösungsmittel.

Merk-Mal: Raus aus der Bindung, rein in die Lösung, denn die Lösung für die Lösung ist die Lösung!

Vorzeichenwechsel und Transformation

> *»Um klar zu sehen, genügt ein Wechsel der Blickrichtung.«*
> Antoine de Saint-Exupéry

Der Vorzeichenwechsel ist ein wichtiger Baustein im Veränderungsmanagement. Er schafft die Voraussetzung zur Transformation. Mit dem Vorzeichenwechsel verpassen wir einem negativen Gedanken mit einem kleinen Schubs den richtigen Dreh: »Super!« Ihre Stimmung und Ihre Frequenz werden schlagartig besser.

Mist zu Dung machen

Alles Mist? – Na prima! Mist ist das Finalisationsprodukt des Verdauungsprozesses von Kühen in einem Gemisch mit Stroh. In der Landwirtschaft wird er erfolgreich als Düngemittel eingesetzt. Auf einem gedüngten Boden können Pflanzen besser wachsen. Beim Thema Wachstum sind wir wieder direkt bei unserer Weiterentwicklung. Die Kunst ist es, »den Mist zu Dung zu machen«. Durch diese kleine Veränderung im Denken stellen wir die Ampel unserer Weiterentwicklung von Rot auf Grün und können unseren eigenen Weg freimachen. Wenn Sie also bisher glaubten, dass Sie im Leben mit Zitronen gehandelt haben, machen Sie ganz einfach süße Limonade draus.

Die nachstehende Tabelle zeigt die Auswirkungen des Vorzeichenwechsels:

Negativfrequenz	Positivfrequenz
Negatives Vorzeichen	Positives Vorzeichen
Ampel steht auf Rot	Ampel steht auf Grün
Fremdbestimmung	Eigenständigkeit
Äußerer Druck	Innerer Drang
Innerer Zwang	Eigenes Konzept
Scheinharmonie, Disharmonie	Innere Balance, gelebtes Win-win-Prinzip
Autoritätsgläubigkeit	Eigene Maßstäbe
Eitelkeit	Ausgeglichenheit
Kampf	Tanz
Wut	Spaß
Frust	Lust
Aggression	Mut
Angst	Power
Destruktivität	Entschlossenheit
Müdigkeit	Wachheit
Stolz	Selbstvertrauen
Misstrauen	Vertrauen
Übertriebene Skepsis	Offenheit
Unselbstständigkeit	Eigen- und Selbstständigkeit
Zweifel	Mut, Vertrauen
Übertriebenes Sicherheitsbedürfnis	Gutes Selbstwertgefühl
Polares Entweder-oder-Denken	Synergetisches Sowohl-als-auch-Denken

Transformation und Vorzeichenwechsel in der Anwendung

Ihre Frequenz haben wir bereits im Schritt 2 mit dem Ampel-Test bestimmt und Sie auf den diagnostischen Prüfstand gestellt. Wir wollen diese Gedanken im Folgenden ausweiten. In der folgenden Tabelle sind Merkmale dargestellt, die für das tägliche Leben von hoher Relevanz sind. Beispiele illustrieren, wie diese in unterschiedlichen Arten gelebt werden können.

- Rot weist auf eine schlechte Frequenz und ein gebremstes Leben. Diese gehemmte Variante ist grundsätzlich die schlechteste Art, sein Leben zu leben.

- *Gelb* gibt Hinweise auf eine gute Frequenz, wobei es zu einem teilweise überdrehten Leben in der Kompensation kommen kann. Die Kompensation ist keine optimale Form – jedoch immer noch besser als die Hemmung.
- *Grün* steht für die beste Frequenz, eine Integration der wesentlichen Inhalte und einen optimalen und ungehemmten Energiefluss.

Übung: Prüfen Sie Ihre Frequenz

Auf welcher Frequenz leben Sie? Kreuzen Sie ehrlich an, wie Sie sich sehen. In der Summe brauchen Sie lediglich die Anzahl der roten, grünen und gelben Ampeln zu addieren, um zu wissen, wie es mit Ihrem Energiefluss steht und auf welcher Frequenz Sie derzeit leben.

Merkmal	Rot/Gebremst	Gelb/Überdreht	Grün/Integriert
Durchsetzungsfähigkeit, Tatkraft, Entschlossenheit	Erleiden von Fremdbestimmung, Mangel an Durchsetzung	Streit, egoistisches Verhalten, Krieg	Initiative, Wille, gesundes Ego-Verhalten, Engagement
Ärgern	Innerliche Wut	Jähzorn	Ärgerenergie in Handlungsenergie wandeln
Abgrenzungsfähigkeit	Abgrenzungsschwierigkeiten; Unfähigkeit, NEIN zu sagen	Übertriebene Abgrenzung	Gute Abgrenzung
Verantwortung und Rechtsbewusstsein	Fühlt sich gemaßregelt oder bestraft sich selbst, Härte gegen sich selbst, Sturheit, Strenge gegenüber anderen: »Das macht man aber nicht …«	Ehrgeiz, kritisiert dauernd andere	Klarheit über das eigene Recht, Ernsthaftigkeit der Lage
Harmonie und Balance	Einseitigkeit, Spitzfindigkeit, permanentes Suchen nach Schwachstellen beim anderen	Scheinharmonie, Unentschlossenheit, Unehrlichkeit	Ausgeglichenheit auf der Körper-Seele-Geist-Ebene, partnerschaftliches Miteinander, Ergänzung mit dem anderen
Materieller Besitz	Besitzlosigkeit	Reichtum	Angemessener materieller Besitz
Genussfähigkeit	Hemmung des Genusses, Fresssucht	Schlemmertum	Genießen macht Spaß

Wissen, Kommunikationsverhalten, Lernfähigkeit	Eingeschränkte Lernfähigkeit, Analphabet, Sprach- oder Sprechhemmung	Technokratische Kommunikation, Intellektualität, Geschwätzigkeit, Sprunghaftigkeit der Gedanken	Intellekt, rhetorisches Talent, Redegewandtheit
Handwerkliche Geschicklichkeit	zwei linke Hände, völlig ungeschickt	Wurschteln, permanentes Basteln	Geschicklichkeit, Wendigkeit
Analysefähigkeit	Unfähigkeit zur Analyse, macht das, was man ihm sagt, übermäßige und pingelige Kontrolle, Nörgelei	Überdimensionierter Planungsaufwand, Kritiksucht, Misstrauen, zynisches Verhalten	Differenziertes Auftreten, Spaß an Präzision, Vernunft, gute Beobachtungsfähigkeit und kritische Wachheit
Intuition, Wahrnehmungsfähigkeit, Fantasie, Bewusstseinserweiterung	Angst und Unsicherheit unterdrücken Intuition und Sensibilität	Illusionäre Verkennung	Gute Intuition, sensibles Spüren von Konflikten, Fähigkeit, sich bewusst zu entwickeln, Sehnsucht
Persönliche Weiterentwicklung	Fühlt sich gequält und unterdrückt, autoritätsgläubig, Rachegelüste	Dominanzstreben, Machtstreben	Geht seinen eigenen Weg, hohe Wandlungsfähigkeit; Selbstbestimmung nach eigenem Konzept
Freiheit, Unabhängigkeit	Andere leben auf Kosten der eigenen Freiheit, Nervosität, permanentes Gestresstsein	Provokation, exzentrisches Verhalten, spielt stets den Clown	Individuelle unkonventionelle Weiterentwicklung, Freiheitsbewusstsein, Originalität, Begeisterung für alles Neue
Selbstvertrauen und Auftreten nach außen	Bescheidenheit, »ich bin nichts wert«	»Ich bin der Größte«	Selbstbewusstsein, Selbstständigkeit
Fühlen, Emotionalität	Spielen der Kindrolle im Erwachsenenalter, Beleidigtsein, Schmollen	Macho, »overprotecting mother«; versucht, andere im Mutterschleim zu ersticken	Echte Gefühle, fürsorglich, tiefe und angemessene Empfindungsfähigkeit, natürliches Spüren
Summe			

Negative in positive Energie umwandeln

Wenn Sie häufig wütend sind, bedeutet dies lediglich, dass Ihre Handlungsenergie im Stau steht. Die Ampel steht auf Rot, die Wut kann nicht raus. Wenn wir die Ampel auf Grün schalten, lassen wir der Energie den Lauf in die Richtung einer sinnvollen Handlung. Dies kann auf einer ganz anderen Ebene passieren. Beispielsweise kann die Wutenergie beim Sport hervorragend eingesetzt werden – beim Laufen, Schwimmen, Fahrradfahren oder bei einer anderen Sportart, bei der Sie sich richtig auspowern können. Durch das Transformieren der Stauenergie Wut kann der äußere Druck, der uns wütend macht, zum inneren Drang werden und uns so im Sport zu Höchstleistungen bringen.

Beispiel

Nehmen wir das Beispiel von Kai Knipper: Er arbeitet seit zwei Jahren in einem amerikanischen IT-Unternehmen in München in der Vertriebsorganisation für Behörden. Ein aus seiner Sicht zähes Geschäft. Bedingt durch die hohen Vorgaben an den Vertrieb und die schleppende Geschäftsentwicklung ist Kai häufig wütend, unkonzentriert und nervös. Zudem hat er gegenüber den Kollegen Minderwertigkeitsgefühle. Eine Verbesserung seiner Frequenz auf dieser Ebene wäre die Stärkung seines Selbstvertrauens. Als Übung können wir Kai Folgendes empfehlen:

- Glanzvoll darstellen, was er am besten kann,
- Prahlen, was das Zeug hält,
- Herausfinden, wo er der Beste ist, und dies gezielt unterstützen.

Durch das bewusste »Überdrehen« durch Prahlen kann Kai üben, die Frequenz des Selbstbewusstseins von negativ auf positiv zu polen.

Der Aktionsplan

Jetzt sind Sie an der Reihe. Sehen Sie sich Ihre Werte in der obigen Tabelle an. Wie können Sie Ihre Frequenz verbessern?

Die folgende Tabelle soll Ihnen mit Hilfe von Fragen Anregungen dazu geben.

Übung: Ihr Aktionsplan zur Frequenzverbesserung

Merkmal	Fragestellung, um die Frequenz zu verbessern	Aktionsplan
Durchsetzungsfähigkeit, Tatkraft, Entschlossenheit	Wie kann ich initiativ werden? Wie bekomme ich meinen Willen? Wie gelange ich zu einem mir angemessenen Ego-Verhalten?	
Ärgern	Wie kann ich die Ärgerenergie in Handlungsenergie wandeln?	
Abgrenzungsfähigkeit	Wie kann ich mich besser abgrenzen? Wie kann ich leichter NEIN sagen?	
Verantwortung und Rechtsbewusstsein	Wie bekomme ich Klarheit über das eigene Recht? Was ist mir wichtig? Wofür kann ich mich bewusst einsetzen?	
Harmonie und Balance	Wie kann ich eine Balance zwischen Körper, Seele und Geist herstellen? Wie kann ich mehr in Win-win-Kategorien denken?	
Materieller Besitz	Wie kann ich meine finanzielle Situation verbessern und zu einem mir entsprechenden Besitz kommen?	
Genussfähigkeit	Wie und wann kann ich am besten genießen? Was macht mir Spaß?	
Wissen, Kommunikationsverhalten, Lernfähigkeit	Wie könnte ich meine Fähigkeiten in Rhetorik verbessern? Lese ich das, was mir Spaß macht? Sind meine Kontakte für meine persönliche Weiterentwicklung wertvoll?	
Handwerkliche und körperliche Geschicklichkeit	Entsprechen mir meine Hobbys? Was könnte ich tun, damit ich spielerischer und virtuoser werde?	
Analysefähigkeit	Wie kann ich meine Beobachtungsfähigkeit optimieren? Bin ich kritisch genug?	

Intuition, Wahrnehmungsfähigkeit, Fantasie, Bewusstseinserweiterung	Wie kann ich meine Intuition verbessern? Wonach sehne ich mich? Wie kann ich meiner Fantasie noch mehr freien Lauf lassen?	
Persönliche Weiterentwicklung	Wie kann ich noch besser meinen eigenen Weg fokussieren? Wie steht es mit meiner Wandlungsfähigkeit? Wie kann ich meine Eigenverantwortung erhöhen? Wie kann ich mein eigenes Lebenskonzept besser umsetzen?	
Freiheit, Unabhängigkeit	Sind meine Freunde auf der gleichen Wellenlänge? Wie kann ich meiner Begeisterung für alles Neue mehr Rechnung tragen?	
Selbstvertrauen und Auftreten nach außen	Wie kann ich mein Selbstbewusstsein verbessern? Wie werde ich noch selbstständiger? Wie kann ich die Eigenverantwortung für mein Leben täglich bewusster wahrnehmen?	
Fühlen, Emotionalität	Sind meine Gefühle gegenüber anderen echt oder aufgesetzt? Wie kann ich mein natürliches Spüren verbessern?	

Durch die Änderung der Frequenz in einem Merkmalsbereich kommt es zu einer Änderung des Gesamtgefüges. Stellen Sie sich vor, dass alle Merkmale und Faktoren wie durch feine Zahnräder miteinander verzahnt sind. Durch das Ändern einer Stellschraube kommt es zu einer positiven Auswirkung auf das Gesamtgefüge. Daher ist es grundsätzlich völlig unerheblich, auf welcher Ebene Sie beginnen – probieren Sie es einfach aus!

Der Vorzeichenwechsel lässt sich auch hervorragend für unsere Sprache einsetzen. Durch bejahende Formulierungen und ein proaktives Handeln verbessert sich unsere Frequenz schlagartig.

Transformationsbeispiele

Negativfrequenz	Nach der Transformation
Ich fürchte mich vor …	Ich würde gern …
In Besprechungen werde ich immer unterbrochen und niemand lässt mich ausreden.	Wenn mich jemand unterbricht, rede ich einfach weiter oder mache den »Unterbrecher« darauf aufmerksam, dass wir gern miteinander singen, nicht aber miteinander reden können – jetzt bin ich dran!
Ich fresse die Wut in mich hinein und könnte fast platzen.	Ich platze aus mir heraus und sage, was mir nicht passt.
Bei Besprechungen hasse ich Unpünktlichkeit.	Ich bin ein Meister der Organisation und sorge dafür, dass die Teambesprechungen pünktlich beginnen.
Ich bin sauer, dass Dieter in den Besprechungen immer vom Thema abweicht und ewig lange über andere Dinge redet.	Da ich effiziente Besprechungen liebe, zeige ich Dieter bei seinem Abweichen eine rote Karte mit der Aufschrift »Zurück zum Thema« – das hilft ihm und dem Erfolg unserer Besprechung.
Ich habe Angst davor, meinen Vorgesetzten zu stören, wenn die Bürotür geschlossen ist, und warte lieber, bis ich ihn auf dem Gang sehe.	Ich weiß um meinen engen Zeitplan für das Projekt und sorge proaktiv dafür, die notwendigen Tätigkeiten abzustimmen.
Ich weiß nicht, ob das gut geht …	Mutig mache ich mich ans Werk, denn ich bin überzeugt, dass das Projekt erfolgreich wird.

Herauszuplatzen mit dem, was einem nicht gefällt, klingt möglicherweise befremdend – Sie müssen ja nicht gleich laut werden. Sie dürfen den Wandel gestalten, anstatt den Mangel zu verwalten: Vive la différence, vive la résistance gegen »übliche« Verhaltensnormen. Sagen Sie klipp und klar, was Sie nicht wollen, und bleiben Sie dabei ganz bei sich. In der letzten Spalte sind Zweifel und Mut gegenübergestellt. Wichtig ist, dass Sie wirklich davon überzeugt sind, was Sie machen, sonst sollten Sie es lieber lassen.

»Never touch (change) a running system« – heißt es in mancher IT-Abteilung. Würde dieser Satz für das gesamte Leben gelten, dann würden wir wohl heute noch wie Steinzeitmenschen in der Höhle mit der Keule leben. Leben ist immer Versuch und Irrtum, entwickelt sich immer weiter und bleibt niemals stehen.

Über das Fehler-Machen

Fehler sind dazu da, gemacht zu werden, wir müssen nur daraus lernen. Und, wir sollten jeden Fehler möglichst nur einmal machen. Wenn wir alles geben, was wir geben können, kann nichts passieren. Wenn wir permanent Angst vor Fehlern und Risiken haben, begrenzen wir uns selbst und leben nach dem Minimalprinzip.

Zukunft wagen

Etwas zu wagen ist wichtiger als Fehler zu vermeiden. In Deutschland sind wir sind zur Null-Fehler-Gesellschaft erzogen worden. Bloß nichts falsch machen. Das Absichern mancher Vorhaben kostet mehr Zeit und Ressourcen als das Projekt selbst. Dabei liegt gerade in den Fehlern ein großes Potenzial für die weitere Entwicklung. Mut bedeutet nicht, keine Angst zu haben, sondern sie zu überwinden. Zweifel sind Negativenergien. Voller Vertrauen, Entschlossenheit, Überzeugung, Durchhaltevermögen und Erfolgswillen werden Sie das Kind schon schaukeln – wenn Sie es wirklich wollen! Das *Selbst-Bewusst-Sein* bedeutet, sich seiner *selbst bewusst* zu *sein*.

Äußeren Druck in inneren Drang verwandeln

Wir bewegen die Welt – nicht die Welt uns. Folglich müssen wir alle Energie zur Erreichung unserer Ziele einsetzen – sei es in beruflichen Projekten oder im Selbstmanagement. Verbote und Gebote schränken uns ein. Besser sind Angebote und Wahlmöglichkeiten. Stellen Sie alles in Frage und versuchen Sie, aus Verboten Angebote zu formulieren. Wenn Sie beispielsweise mit zwei Kollegen in einem Büro zusammensitzen, die den ganzen Tag telefonieren, Sie selbst aber viel Ruhe brauchen, um ein Konzept zu erarbeiten, so bitten Sie Ihren Chef darum, zwei Tage in Ruhe von zu Hause arbeiten zu können. Ihm wird an dem Ergebnis Ihrer Arbeit liegen – auch wenn es grundsätzlich vielleicht nicht erlaubt ist, außerhalb des Büros zu arbeiten. Sie haben damit proaktiv das Verbot in ein Angebot verwandelt.

Übung: Transformation

Machen wir einen kleinen Test:
Normale Menschen in einer normalen Firma kommen unter gewöhnlichen Projektbedingungen mit den zur Verfügung stehenden Mitteln im Falle eines Problems zu

1. sehr schlechten Ergebnissen,
2. mittelmäßigen Ergebnissen,
3. guten Ergebnissen,
4. außergewöhnlichen Ergebnissen.

Was denken Sie?

Die meisten von Ihnen erwarten wahrscheinlich, dass 1 oder 2 richtig sind. Das stimmt leider auch oft. Wie können wir es dennoch schaffen, dass die Lösung 4 möglich wird? Wie können wir einen neuen Zustand generieren, in dem hervorragende Resultate erzielbar sind?

Von der Natur lernen

Wir können von der Natur lernen. Schauen wir uns an, wie die Natur die Photosynthese geschaffen hat.

$$H_2O + CO_2 \xrightarrow{\text{Licht}} CH_2O + O_2$$

Wir müssen größer denken. Die Lösung liegt darin, dass wir einen Weg wählen, der es uns ermöglicht, das Gewöhnliche in etwas Besonderes (Außergewöhnliches oder Ungewöhnliches) zu verwandeln. Dies geht nicht, indem wir eingefahrene Wege beschreiten. Das Hinzufügen des Lichts ermöglicht erst die Freisetzung von Sauerstoff. Das ist ein ganz neuer Weg. Das hat nichts mit Kompromissen zu tun. Es geht eben nicht um den kleinsten gemeinsamen Nenner, sondern um das größtmögliche Vielfache – und das ist der dritte Weg.

Handeln statt klagen

Wenn wir Außergewöhnliches erreichen wollen, müssen wir raus aus den Verstrickungen im Wenn und Aber. »Ich handle« ist der erste Schritt aus dem »Geht-nicht-weil-Gequatsche« deutscher Projektkultur. Wenn wir uns aus dem selbst gemachten Schneckenhaus der eigenen Grenzen und inneren Blockaden befreien, dann können wir getrost auf UKW umschalten – auf »Ultra-Kreativitäts-Welle«!

Positivaffirmationen:

- Mit Volldampf und guter Laune bringe ich meine Projekte nach vorn.
- Meine Arbeit ist ein Abenteuerspielplatz für Erwachsene, auf dem ich mich so richtig austoben kann.
- Mit funkelnden Augen und brennender Begeisterung tue ich das, was mir am meisten Spaß macht.
- Meine Arbeit ist ein Zentrum meiner individuellen Weiterentwicklung.

Denk-Mal: »*Nichts ist unmöglich.*« Toyota

Merk-Mal: Wandeln Sie Ihren Ärger in Spaß.

Das Lernkraftwerk

»Nicht weil die Dinge schwierig sind, tun wir sie nicht. Weil wir sie nicht tun, sind sie schwierig.«
Lucius Annaeus Seneca

Schnellere Innovationszyklen

Die gesellschaftlichen Rahmenbedingungen haben sich gewandelt. Die Zyklen von Innovation und Veränderung galoppieren immer rasanter über die Rennbahn der Zeit. Die Halbwertszeit des Wissens wird immer kürzer. Das Internet ermöglicht uns jederzeit, auf (fast) alle Informationen zuzugreifen. Per Handy sind wir an jedem Ort erreichbar. Jenseits aller Hierarchien sind alle Menschen weltweit per Mail verbunden. Alles bewegt sich zunehmend global. Unsere postindustrielle Zeit eröffnet neue und vielfältige Verknüpfungs- und Kombinationsmöglichkeiten. Vernetztes Denken und Handeln ist das A und O. Noch stehen materielle Produkte im Vordergrund – nach und nach setzt jedoch die Dematerialisierung und Virtualisierung der Gesellschaft ein. Jenseits von Raum und Zeit erhalten Informationen und Wissen einen höheren Stellenwert als Produkte. Zeit zum Quer- und Umdenken, wie es weitergehen wird.

Herkömmliches Lernen: Wissensanhäufung

Schulisches Lernen im herkömmlichen Sinne erzieht den Menschen dazu, sich in kürzester Zeit möglichst viel Wissen anzueignen und es methodisch und effizient anzuwenden. Auf zahlreichen Gebieten gibt es bereits Crash-Kurse: *Spanisch in 100 Tagen, Projektmanagement in 20 Minuten* oder der *3-Minuten-Manager*. Was jedoch nicht vermittelt wird, sind weiche, nicht messbare Kriterien, wie die Fähigkeit, zuzuhören, hinzusehen oder auch Mitgefühl zu zeigen. Diese Dimensionen sind uns in der Ellenbogengesellschaft aberzogen worden und weitestgehend verkümmert. Unsere (Ver-)Schulung unterstützt nur das Training der linken Hirnhälfte. Das Intuitive verschwindet, da es mit den zur Verfügung stehenden (linkshirnigen) Methoden nicht messbar ist.

Die für kurze Zeit – zumeist für Klausurprüfungen – hektische Ansammlung von Kenntnissen macht unser Denken mechanisch und routiniert, teilweise effizient, aber begrenzt. Es fällt den meisten Menschen inzwischen schwer, sich auf neue Dinge einzulassen. Unbekanntes wird von vielen als Spinnerei oder Träumerei abgetan. Aber gerade Neues, Unbekanntes und »Unmögliches« eröffnen uns neue Horizonte. Wirkliches Leben ist permanent ein Ent-Decken. Wirkliches Lernen bedeutet, dass jeder für sich entdecken kann, was er in seinem Leben leidenschaftlich gern tut. Diese Entdeckung, die nur jeder für sich machen kann, entscheidet darüber, ob wir ohne Konflikte leben können und einfach das machen, was wir wollen.

Der Aktionsplan

In Zukunft werden andere Faktoren von größerer Wichtigkeit sein als die Vermittlung von Wissen. Achtsamkeit, das Leben in einer multikulturellen Gemeinschaft, Rücksichtnahme, Empfindung und eine ganzheitliche Intelligenz.

Ver-, ab- und ent-lernen

Lernen bedeutet in Zukunft auch *Ver-Lernen, Ab-Lernen* und *Ent-Lernen*. Neues Lernen erfordert, das abzulegen, was uns beschränkt und lähmt: Konditionierungen, Angst, Sicherheitsdenken, Normen und konfliktscheue Konformität. Achten Sie auf das Haltbarkeitsdatum von externen Vorschriften. Erst wenn wir alte Dinge in Frage stellen und loslassen können, sind wir offen gegenüber Neuem.

Kleine Kinder sind hervorragende Lehrer. Täglich sind sie voller Tatendrang. Jeden Morgen sind sie früh wach und brennen darauf, etwas zu erleben und zu lernen. Von dieser spielerischen Zugewandtheit und Offenheit gegenüber dem Neuen, Unbekannten und Unsicheren können wir Erwachsene eine Menge lernen.

Übung: Blick über den Tellerrand

Verbinden Sie in der folgenden Zeichnung die neun Punkte mit vier geraden Strichen in einem Zug, ohne den Stift abzusetzen. Sie haben drei Versuche. (Die Lösung finden Sie auf Seite 268.)

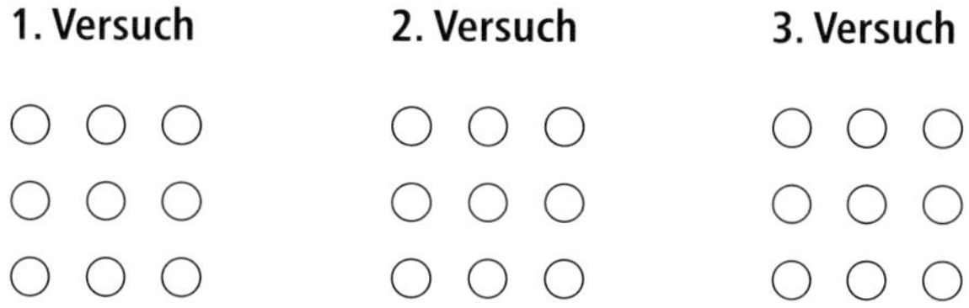

Abb. 5: Über den Tellerrand blicken

Positivaffirmationen:

- Ich bin offen und neugierig auf Neues.
- Ich bin einfallsreich.
- Ich kenne meine Stärken und kann mich zweifel-los auf Experimente einlassen.
- Ich kann auf meine Talente und Fähigkeiten aufbauen.
- Es fällt mir leicht, mich in neue Zusammenhänge hineinzudenken.
- Das Lernen macht mir riesig viel Spaß.
- Ich liebe Sprachen.
- Ich lerne konsequent aus meinen Fehlern und suche nach Wegen, mich permanent zu verbessern.
- Ich behalte den Überblick.
- Es gelingt mir leicht, über den Tellerrand hinauszuschauen.

Denk-Mal: »*Die Praxis sollte das Ergebnis des Nachdenkens sein, nicht umgekehrt.*« Hermann Hesse

Merk-Mal: Lernen Sie von Ihren Kindern, Neues zu erkunden.

Das Klärwerk

»Man sieht nur mit dem Herzen gut.
Das Wesentliche ist für die Augen unsichtbar.«
Antoine de Saint-Exupéry

Ein ZEN-Meister und sein Schüler sehen von einer hohen Klippe auf das weite Meer. Nach einer langen stillen Phase des Betrachtens sagt der Schüler: »Meister, ich bin beeindruckt, wie schön das Meer ist.« Der Meister schweigt eine Weile und antwortet gelassen: »Ich verstehe nicht, wie du vom Meer sprechen kannst, du hast doch nur die Oberfläche gesehen.«

Nachdem Sie das Kapitel *Superbleifrei leben* durchgearbeitet und eine Totalentrümpelung durchgeführt haben, müssen Sie nun den Alltagsstrudel verlassen und sich mit wachem Kopf auf das Wesentliche konzentrieren. Quellfrisch wollen wir mit kristallklarem Verstand sehen, was wirklich ist. »De Oogen loskreegen«, sagen die Norddeutschen, wenn Klarheit gefragt ist.

Orientierung trotz Komplexität

Angenommen, Sie haben die Wahl zwischen zwei Jobangeboten im gleichen Tätigkeitsfeld: eine gut bezahlte Position in einem amerikanischen Unternehmen mit Sitz der deutschen Niederlassung in Hamburg, wo ein eher rauer Ton herrscht, oder die Offerte, für einen französischen Konzern zu arbeiten, in dem nach der Übernahme einer deutschen Firma am Standort München sehr viel im Umbruch ist.

Im Zweifel für den »Bauch«

Klarheit beginnt damit, dass Sie auf Basis der im Buch beschriebenen Schritte für sich einen Aktionsplan entwickeln und die Punkte herausarbeiten, die für Sie wichtig sind. Es gibt zig Bücher über Entscheidungstheorie, -komplexität und deren Einflussgrößen. Es ist schwer nachvollziehbar, wie Entscheidungen gefällt werden. Daher brauchen wir einen klaren Plan. Achten Sie auf die Balance. Zu viel Kopf und zu wenig Bauch innerhalb der Dreieinigkeit aus Emotionen, Körper und Geist bringen unsere Gefühle auf die schiefe Bahn. Rationale Entscheidungen sollten Sie stets im Einklang mit dem Bauchgefühl treffen – im Zweifel lassen Sie lieber Ihren Bauch entscheiden. Beim Abwägen von Für und Wider haben die Emotionen eine hohe Priorität und bei der Abstimmung gegebenenfalls ein Veto-Recht. (Wie waren das Ambiente, die Kollegen, die Atmosphäre, der Umgangston, will ich mit einem solchen Vorgesetzten arbeiten?) Lassen Sie sich bei derartigen Entscheidungen auf keinen Fall durch Termine unter Druck setzen. Sie sind kein Opfer der Terminkalender anderer. Seien Sie proaktiv und entscheiden Sie nach den Ihnen wichtigen Kriterien. Jeder muss Klarheit finden über das, was ihm wichtig ist, und dann entscheiden. Andernfalls machen wir nie, was wir wollen.

Sich Durchblick verschaffen

Unsere Gedanken können in 1001 Richtung wandern und wir könnten uns für immer wieder neue Dinge begeistern. Im Alltagsstrudel ist uns ein klarer Blick auf das Wesentliche oft nicht möglich. Wir können Komplexität nicht reduzieren, aber wir können uns Orientierung verschaffen. Der aufgewühlte Sand im »Betriebsamkeits-Wasserglas« des Alltags muss sich erst einmal setzen, damit wir durch das Wasser hindurchschauen und sehen können, was ist. Für Sie bedeutet dies, dass Sie für klare Sicht, Durchblick und Durchsicht sorgen müssen, damit Orientierung entstehen kann. Das Sehen beginnt damit, dass wir die Augen öffnen. Klar zu sehen bedeutet mehr, als nur mit den Augen zu schauen. Wir müssen auch mit dem Herzen und den Augen der Weisheit sehen, um die tiefe Wirklichkeit zu erfahren. Subjektive Bewertungen hindern uns am wirklichen Sehen. Wir müssen daher mit einer gewissen Distanz hingucken, um »objektiver« beurteilen zu können und zu einem tieferen Verständnis zu gelangen. Wenn wir unseren Kopf von belastenden Inhalten wie Zweifeln, Grübelgedanken und Sorgen befreien und zwischen

Wirklichkeit und eigenem Projektionsfilm unterscheiden können, entsteht ein klares Bild. Dazu müssen wir uns selbst sehr gut kennen (lernen).

Der Karussel-Effekt

Stellen Sie sich vor, Sie stehen wie ein Kind auf dem Karussel und drehen sich im Kreis. Je mehr Sie sich nach außen lehnen, desto langsamer dreht sich das Karussel – das ist reine Physik. Wenn Sie sich in der nach außen gelehnten Stellung ebenso schnell bewegen wollten wie in der Mitte, müssten Sie von außen ganz stark angeschoben werden.

Die innere Mitte finden

Die Fliehkraft ist ein physikalisches Phänomen, das ebenso für unser Inneres gilt. Im Außen ist die Fliehkraft am größten. Je mehr wir uns im Außen bewegen und uns von unserem Inneren entfernen, desto schneller müssen wir drehen, um nicht abzustürzen. Die wichtigste Maßnahme ist die Zuwendung zur Mitte und somit eine bewusste Abkehr von der Außenwelt, die das Innere so leer gemacht hat. Je näher wir uns unserer Mitte (dem Selbst) nähern, desto schneller und leichter geht es (wie beim Karussel – wir brauchen dann keinen weiteren Anschwung mehr von außen).

Das bedeutet auch, dass wir uns in unserem Inneren sammeln, anstatt uns im Außen zu orten. Dies kann die Folge haben, dass wir nicht mehr so gesellschaftskonform leben müssen, um uns selbst nah zu sein, um das zu machen, was wir wollen. Wir dürfen unserem Innenleben mehr Raum geben. Der Weg zur letzten Wirklichkeit ist nicht äußerlich, sondern innerlich – so Ken Wilber. Und der Zugang zu uns liegt in uns selbst.

Leben im Hier und Jetzt

Nur die Gegenwart ist real

Das, was ist, ist viel wichtiger als das, was sein wird oder sein sollte, und das, was war. Für uns gibt es nur das, was jetzt ist. Alles andere ist Zukunfts- oder Vergangenheitsmusik. Ständig jagen wir Dingen nach, die noch nicht sind. Oder wir trauern dem nach, was nicht mehr ist. Dies ist etwas anderes als das Wirkliche.

Wir müssen das akzeptieren, was jetzt ist. Ganz und gar. Eine andere Wirklichkeit gibt es nicht. Entkommen Sie dem Strudel von gestern und morgen. Die Vergangenheit ist vorbei! Sie können die Probleme von gestern nicht mehr lösen. Alles, was war, ist für immer vorbei. Das Pendeln zwischen Vergangenheit und Zukunft bringt uns nicht weiter. Nicht die Vergangenheit zählt, sondern nur das Jetzt. Keiner weiß, was morgen ist. Deshalb müssen wir heute präsent sein. Wir müssen die Realität anerkennen – jetzt und sofort! Erst dann können Sie etwas ändern.

Wenn wir uns im Augenblick einer Sache voll und ganz hingeben und in ihr aufgehen, so gibt es weder Träume von der Zukunft noch einen Vergleich mit der Vergangenheit. Das Zukünftige oder das, was sein sollte – die Trennung von der Wirklichkeit –, erzeugt den Konflikt. Bleiben Sie jetzt bei der Sache und denken Sie nicht schon an Probleme in der Zukunft – das raubt Ihnen nur die Energie für das Jetzt.

»You can see a lot just by looking at it.« – Bleiben Sie wie eine Spürsonde am Geschehen, permanent aufmerksam und wach. Nur weil etwas bisher so war, muss es nicht weiterhin so sein. Den »Wind of Change« müssen wir spüren, bevor er uns wie ein Orkan durcheinander wirbelt.

Der Aktionsplan

Raus aus der rationalen Eindimensionalität

Unser Seh- und Hörsinn werden in ihrer Aufmerksamkeit dadurch erheblich eingeschränkt, dass wir sie oft zu reinen Vollzugsorganen der Rationalität degradieren. Das Sehvermögen der Kinder verkümmert langsam zur eingeschränkten Wahrnehmungsfähigkeit der Erwachsenen – es entsteht der berühmte »Tunnelblick«. Die Befreiung aus unseren »Hirn-Gefängnissen« bedeutet, wieder ganz neu sehen zu lernen. Jenseits des kausal-mechanistischen Denkens gibt es eine qualitativ-symbolische Dimension, die viel größer ist als unser Kopf-Denken und -Sehen.

Hilfestellung zum anderen Sehen

Um frei, neu und anderes sehen und denken zu können, habe ich mir folgende Regeln auferlegt:

- Grundsätzlich bin ich einmal alle zwei Wochen einen Tag außer Haus, an dem ich meinen Alltagsgedanken eine Aus-Zeit schenke und mich innerlich neu zentrieren kann.
- Nur im Ausnahmefall darf ich durch Telefone oder sonstige Kommunikationsmittel gestört werden.

Der Blickwinkel

Der Schlüssel zur Wertschätzung unserer Einmaligkeit und damit auch zur Unterschiedlichkeit gegenüber den anderen ist das Wissen um den Blickwinkel zu den Dingen. Jeder Mensch sieht die Welt nicht, wie sie ist, sondern wie er ist. Wenn unterschiedliche Menschen ein und dasselbe Bild betrachten, so interpretieren sie dieses unterschiedlich, da wir alle anders konditioniert sind. Das Reale ist eine Konstante, die Wahrnehmung dagegen ist eine Variable. Wenn wir unseren Blickwinkel ändern, ändert sich unsere Welt.

Übung: Geistige Klarheit

Absichtslose Achtsamkeit

Verabreden Sie sich mit sich selbst und gönnen Sie sich eine Auszeit. Diese Zeit gehört nur Ihnen. Begeben Sie sich an einen Ort, an dem Sie ungestört und fernab der routinierten Betriebsamkeit ohne Stress und Verpflichtung sein können. Ein solcher Ort könnte zum Beispiel ein Berghügel sein, von dem Sie 360 Grad Aus- und Umblick haben und auch eine 180-Grad-Weitwinkel-Innenbesichtigung Ihrer Gedanken und Gefühle machen können – als eine Art naher Einsicht. Ein Fluss, Meer oder See sind ebenfalls hervorragende Orte der inneren Einkehr. Schalten Sie Ihr Handy aus und sagen Sie vorher all den Personen, für die Sie normalerweise erreichbar sein müssten, dass Sie in diesem Zeitraum nicht erreichbar sind. Genießen Sie die Hinfahrt, um innerlich ganz entspannt zu sein. Wenn Sie an diesem Ort angekommen sind, setzen Sie sich bequem mit geradem Rücken hin, schließen die Augen und konzentrieren sich ganz einfach auf den Moment. Atmen Sie ganz natürlich ein und aus. Mit jedem Atemzug tanken Sie Lebensenergie. Genießen Sie, dass Sie mit sich selbst allein sind. Denken Sie über nichts gewollt nach – lassen Sie Ihre Gedanken einfach kommen und gehen. Halten Sie die Gedanken nicht fest, sondern lassen Sie sie einfach wie kleine Wellen an sich heranschwappen.
In absichtsloser Achtsamkeit können Sie sich neu zentrieren. Es ist, als wenn ein mit Sand gefülltes Wasserglas nach dem Schütteln wieder klar und durchsichtig wird. Das Wasser entspricht dem freien Kopf – die ewig kreisenden Gedanken

entsprechen dem aufgewühlten Sand, der uns die klare Sicht auf das Wesentliche nimmt.
Aus dieser Klarheit heraus können Sie sich für Neues, für Veränderung öffnen, woraus sich eine neue Orientierung und innerliche Zentrierung ergeben kann. Aus der Vielfalt der Informationen wird die Einheit des Seins. Aus Verstehen wird Vision und aus WOLLEN und KÖNNEN wird MACHEN. Nehmen Sie diese Stimmung und diese Klarheit mit für die restlichen Stunden des Tages. Sinnvoll ist es, wenn Sie sich dieses Gefühl noch einmal ins Gedächtnis zurückholen, bevor Sie am Abend einschlafen und den nächsten Tag mit neuer Kraft und freiem Kopf beginnen.

Positivaffirmationen:

- Ich bin wachsam und offen für Neues.
- Mit freiem Kopf stelle ich mich den Dingen, wie sie sind.
- Gelassen atme ich das Leben ein und aus ...
- Mit freiem Kopf kann ich gelassen wichtige Entscheidungen treffen.

Denk-Mal: Überlegen macht überlegen.

Merk-Mal: Schulen Sie Ihren Blick. Sie lernen eine Menge nur dadurch, dass Sie genau hinsehen.

Die Weiche stellen – effektiv oder effizient?

»Die Berge, die es zu versetzen gilt,
sind in unserem Bewusstsein.«
Reinhold Messner

Wir beschäftigen uns mit ach so vielen Dingen – auch mit vielen Kleinigkeiten, die für ein erfülltes, glückliches und selbstbestimmtes Leben nicht immer zuträglich sind. Wenn Sie heute wüssten, dass Sie in einem Jahr sterben müssten, würden Sie vermutlich einiges anders machen. Wieso aber beschäftigen Sie sich mit den Dingen, die Sie heute machen? Widmen Sie dem Wesentlichen in Ihrem Leben die meiste Zeit?

Viele Menschen nehmen sich mehr Zeit dafür, den Umbau ihres Gästebads zu planen, als für die Planung ihres Lebens. Wie viel Zeit haben Sie für Ihre persönliche Berufswahl verwendet? Welche Tests haben Sie durchgeführt, um festzustellen, welcher Beruf Ihnen am ehesten entspricht?

Planung der Arbeits- und Lebenszeit

Gehen wir einmal von einem Studienabgänger aus, der mit 25 Jahren sein Jurastudium in der Mindestzeit absolviert hat. Bei einem voraussichtlichen Rentenalter von 65 Jahren darf er also 40 Jahre lang arbeiten. Das sind umgerechnet 8800 Tage (220 angenommene Tage pro Jahr) und 68640 Stunden (bei 7,8 Arbeitsstunden pro Tag) – Überstunden nicht gezählt.

Grund genug, sich darüber Gedanken zu machen, wie, wo, mit wem und womit wir diese Stunden – und so unser Leben – am sinnvollsten verbringen wollen. Es wird schnell deutlich, dass die richtige Entscheidung gut vorbereitet sein will.

Wie viel Zeit wenden Sie auf, um Ihren nächsten Arbeitsplatz zu finden?

	Das Richtige	Das Falsche
Die richtige Einstellung	Mit Spaß und Enthusiasmus machen Sie das, was Ihnen entspricht.	Sie können einige Ihrer Ziele erreichen, verschwenden aber viel Energie durch das Beschäftigen mit den falschen Themen.
Die falsche Einstellung	Sie können Ihr Lebensziel nicht erreichen, wenngleich der Weg der richtige ist, da Ihre Einstellung falsch ist.	Das Leben kann keine Erfüllung sein und wird als Qual, als freudlos empfunden.

Sie haben die Wahl

Im Leben MÜSSEN wir nichts machen. Sie sind frei – Sie können tun und machen, was immer Sie wollen. Sie dürfen WÄHLEN – und das täglich neu. An den täglichen Dingen des Lebens können wir ausprobieren, einfach das zu tun, was wir wollen.

Ein Beispiel aus dem Wochenendalltag: Sie haben sich vorgenommen, am Samstag Ihr Auto zu waschen. Wenn Sie dies selbst machen, kostet es Sie eine Stunde Ihrer wertvollen Lebensenergie in Form von Zeit. Als Ergebnis haben Sie ein sauberes Auto. Schön. Vielleicht auch ein reines Gewissen. Auch nicht schlecht. Aber müssen Sie es selbst waschen? Was könnten Sie alternativ in dieser Zeit tun? Sie könnten sich mit Ihrem Partner beschäftigen, ein schönes Buch lesen, joggen, mal gar nichts tun … Sie könnten aber auch konkret an Ihrer Persönlichkeitsentwicklung arbeiten, in Ihrem Zeit-Tagebuch schreiben, eine Lebensplanung entwerfen oder etwas machen, was andere eben nicht wollen oder können.

Mögliche Alternativen: Sie könnten den gerade 16 Jahre alt gewordenen Nachbarssohn mit der Aufgabe betrauen, Ihr Auto zu waschen. Elegant wäre es auch, der 18-jährigen Nachbarstochter den Schlüssel zu geben und sie zu bitten, mit dem Auto durch die Waschanlage zu fahren. Wenn Ihr dreijähriges Kind gern Auto fährt, könnte es mitfahren – und Sie hätten zwei Fliegen mit einer Klappe geschlagen: Die Nachbarstochter dürfte sich im Autofahren üben, und Ihr Kleiner hätte Spaß. Und Sie hätten –

f r e i ! Natürlich kostet Sie das Waschen des Autos zwischen 5 und 15 Euro. Aber wären Sie mit einem Stundenlohn von 10 Euro zufrieden?

Die Frage ist, WAS Sie sich selbst wert sind und WAS Sie am liebsten mit Ihrer kostbaren Zeit anfangen wollen.

Der Aktionsplan

Wichtiges ist wichtig, Unwichtiges ist unwichtig. Ärgern Sie sich nicht über unwichtige Dinge. Hierbei können Sie nur verlieren. Es ist nicht sonderlich ratsam, Nebensächliches zu unserer Hauptaufgabe zu machen. Wir können unsere Energie sinnvoller nutzen. Werden Sie nicht Weltmeister in Nebensächlichkeiten, sondern konzentrieren Sie sich auf das, was Sie einzigartig macht, was kein anderer so gut kann und so gern macht wie Sie. Konzentrieren Sie sich darauf, konsequent an Ihrer Weiterentwicklung zu arbeiten.

Die 80/20-Regel

Die 80/20-Regel ist hierbei eine gute Hilfe: Mit 20 Prozent des Aufwands erreichen Sie 80 Prozent des Resultats. Jeder weitere Energieaufwand ändert das Ergebnis nur noch geringfügig.

Beispiel: Nur ein Traum

Marion Gerngroß, 36, Juristin in der Rechtsabteilung eines weltweit tätigen Elektrokonzerns, sagte mir, dass sie so gern Schauspielerin wäre und ihr Job sterbenslangweilig sei. Ich fragte sie, ob sie denn auch daran arbeiten würde, dass sie Schauspielerin wird.
»Ja«, sagte sie, »nach meiner Arbeit nutze ich alle mir zur Verfügung stehende Zeit, um daran zu arbeiten.«
»Sie schlafen also nicht«, antwortete ich verblüfft.
»Doch«, sagte sie. »Wie lange?«, fragte ich. »Etwa sieben Stunden.«
»Müssen Sie denn gar nicht einkaufen, waschen, duschen, die Wohnung putzen und so weiter?«
»Doch natürlich«, entgegnete sie.
»Haben Sie denn gar keine Freunde?«, fragte ich weiter.
»Doch, ich habe viele Freunde. Die sind mir auch sehr wichtig«, fuhr sie fort.
»Haben Sie denn auch Hobbys – treiben Sie Sport oder spielen Sie ein Instrument?«, fragte ich neugierig weiter.
Ihre Augen leuchteten auf, als sie sagte: »Ich gehe zweimal in der Woche

im Kunstpark Ost in München zum Tangotanzen – das ist wunderbar.« »Dann arbeiten Sie also doch nicht die ganze Zeit daran, Schauspielerin zu werden«, entgegnete ich.

Jetzt also noch nicht. Wann denn dann? Später vielleicht. Später, mal sehen ... Seien Sie realistisch und ehrlich zu sich selbst und unterscheiden Sie klar zwischen fiktivem Wunschtraum und wirklichem Wunsch, den Sie sich auf jeden Fall erfüllen wollen.

Sich ent-scheiden

Jede Entscheidung hat Auswirkungen auf unser weiteres Tun. Beachten müssen Sie, welche Konsequenzen Ihre Entscheidung nach sich zieht. Die Konsequenzen betreffen all unsere Energieebenen (Zeit, Geld, Emotionen, körperliche Bewegung, Gesundheit ...). Wenn Sie das machen wollen, was Sie wirklich wollen, bedeutet dies auch, dass Sie sich *ent-scheiden* müssen. Sich zu entscheiden heißt, dass Sie sich von anderen Dingen scheiden müssen – im Sinne von Trennung. Diese Wahl meint, dass Sie einen Preis zahlen – zum Beispiel für einen gewissen Zeitraum keine Zeit mehr für Hobbys oder Freunde zu haben. Diese Konsequenz ist ein wichtiger Gradmesser dafür, wie ernst Ihnen Ihre Ziele und Wünsche sind. Wenn Ihnen etwas wirklich wichtig ist, dann müssen Sie sich auch die Zeit dafür nehmen. Und manchmal eben auch überlegen, ob der Job noch der richtige ist.

Natürlich müssen Sie essen und schlafen. Aber andere Dinge müssen Sie neu gewichten, wenn Sie machen wollen, was Sie wollen. Erfolgreiche Menschen tun Dinge, die andere ablehnen würden – so Bodo Schäfer.

Übung: Stellen Sie Ihre Weiche!

- Was ist für Sie wesentlich, was wollen Sie unbedingt im Leben machen?
- Wie stellen Sie Ihre Weiche?
- Was ändern Sie in Zukunft, wie?
- Wann ist der richtige Zeitpunkt?
- Lassen Sie noch einmal die Kapitel aus den Schritten 1 bis 3 vor Ihrem geistigen Auge Revue passieren und beziehen Sie die Anregungen in Ihren persönlichen Aktionsplan ein.

- Denken Sie an Ihr persönliches Projektmanagement (zum Beispiel w-Fragen, SWOT-Analyse), bauen Sie auf Ihre Potenziale und berücksichtigen Sie den Energie-Check.

____

____

____

____

____

Positivaffirmationen:

– Ich habe ein klares Konzept von meinem Leben und setze meine großen Energien gezielt ein.
– Ich konzentriere mich auf das Wesentliche in meinem Leben.
– Mit freiem Kopf mache ich das, was ich wirklich will. Dazu priorisiere ich die Dinge so, dass ich genügend Zeit für das habe, was für mich zählt.

Denk-Mal: First things first.

Merk-Mal: Starten Sie mit klarem Plan durch, statt hektisch durchzudrehen.

Turbo-Kommunikation und Informationsmanagement

> *»Tag, Herr Maier, toll, dass Sie anrufen. Mir geht's prima, fühle mich ganz erleichtert. Ich schließe gerade ein wichtiges Geschäft ab ...«*
> Neulich auf der Herren-Toilette

Erreichbarkeitswahn und ständige Verfügbarkeit

Das Kommunikationsmanagement und der Umgang mit Informationen werden zunehmend wichtiger. Durch Verkabelung, Internetzugang und die Verbreitung von Handys sind Informationen zu jeder Zeit und überall abrufbar. Die Störung der »privaten Geschäfte« und der persönlichen Intimsphäre ist die Kehrseite der Medaille.

Als Therapievorschlag möchte ich allen Gestressten folgende Rezeptempfehlung für den Umgang mit dem Telefon geben: Seit ein paar Jahren benutze ich mein Telefon nach dem Motto: »Don't call me – I call you.« Bestimmen Sie selbst die Zeit, wann Sie telefonieren wollen, und lassen Sie sich nicht zum fremdbestimmten Spielball anderer machen.

Übrigens: Menschen gewöhnen sich schnell daran, dass Sie nicht (immer) erreichbar sind.

Informationskanäle achtsam nutzen

Sie müssen Sie nicht jedem jeden Informationskanal öffnen. Informationskanäle sind:

- das persönliche Gespräch,

– Briefe,
– Päckchen und Pakete,
– Postkarten,
– FAX,
– Telegramm,
– E-Mail,
– Telefon,
– Handy,

wobei stets noch zwischen Privat- und Geschäftsanschlüssen zu unterscheiden ist.

Regeln für persönliche Termine

Ich habe mir folgende Regeln im Umgang mit persönlichen Terminen in der Firma auferlegt:

Geschäftliche Terminregeln

1. Meine Bürotür ist vormittags in der Regel geschlossen. Ich habe es mir abgewöhnt, mein Zimmer wie eine Art Taubenschlag benutzen zu lassen, in den jeder hineingehen kann, wann er will, und mich bei mir wichtigen Aufgaben stört.
2. Wenn meine Bürotür offen steht, kann jeder unangemeldet hereinkommen. Das ist häufig am Nachmittag zwischen 14 und 15 Uhr und am späten Abend.
3. Wenn ich eine wichtige Arbeit zu erledigen habe und nicht gestört werden möchte, können Termine für persönliche Rücksprachen im Sekretariat vereinbart werden.
4. Meine Sekretärin weiß genau, in welchen Zeiträumen überhaupt Termine vereinbart werden dürfen. Die Terminvereinbarung erfolgt nicht wie beim Herrenfriseur, »ja, um 15:30 Uhr geht noch ein Termin rein«, auch nicht nach Dringlichkeit, sondern ausschließlich nach Priorität.
5. Wenn ich mich mit einem Kollegen unterhalte, bin ich ganz für ihn da und lasse mich nicht durch Telefonate stören und mache auch nichts anderes nebenbei.

Übung: Mein persönlicher Aktionsplan für Termine

____

____

____

____

Regeln für den effektiven Umgang mit dem Telefon

Ich habe mir folgende Regeln im Umgang mit dem Telefon in der Firma auferlegt:

Geschäftliche Telefonregeln

1. Wenn ich telefoniere, dann telefoniere ich. Ich bin ganz ins Gespräch vertieft. Ich höre meinem Telefonpartner zu und tippe nicht nebenbei an meiner Tastatur oder esse ein Mittagsbrötchen. Wenn ich höre, dass mein Gesprächsteilnehmer auf seiner Tastatur klimpert, frage ich ihn, wann wir in Ruhe telefonieren können, da er ja momentan Wichtigeres zu erledigen habe.
2. Wenn ich eine wichtige Arbeit zu erledigen habe und nicht gestört werden möchte, ist meine Telefonnummer in der Firma auf das Sekretariat geschaltet.
3. Die Sekretärin weiß genau, in welchen Zeiträumen überhaupt Telefonate durchgestellt werden dürfen.
4. Unter der Voraussetzung, dass ich nicht in einer Besprechung bin oder bei wichtigen Arbeiten nicht gestört werden möchte, entscheidet die Sekretärin nach Priorität, wann ein Anruf dennoch durchgestellt wird, oder macht Terminvorschläge für Rückrufe.
5. Mein Handy ist grundsätzlich ausgeschaltet. Ich benutze es nur zum Telefonieren – indem ich anrufe.
6. Nur ganz wenige Leute haben meine Handy-Nummer. Meist nützt diese dem Anrufer aber nichts, da das Handy ausgeschaltet ist. Mit dem Sekretariat sind Zeiträume vereinbart, wann ich angerufen werden darf, falls ich außer Haus bin, ansonsten rufe ich an.

7. Die Nummerweiterleitung meines Handys ist ausgeschaltet. Wenn ich jemanden anrufe, sieht der Angerufene nicht meine Handy-Nummer. So kann er mich nicht zurückrufen.
8. Ich habe keine Mail-Box an meinem Handy. So komme ich nicht in Verlegenheit, schnell zurückrufen oder permanent die Mail-Box abhören zu müssen.

Möglicherweise schmunzeln Sie jetzt und sagen, dass das nicht geht. Wenn Sie nicht gerade in einem Call-Center, auf Montage, im Vertrieb oder im Bereitschaftsdienst arbeiten – also in Situationen, in denen Sie erreichbar sein müssen –, brauchen Sie nicht zwingend jeden Anruf anzunehmen.

Was kann in einer Situation denn wichtiger sein, als das, was Sie für das Wichtigste erklärt haben und gerade machen? Lassen Sie das Telefon klingeln oder von jemand anderem abheben, wenn Sie nicht gestört werden möchten. Werden Sie nicht zum Spielball anderer.

Privat habe ich mir folgende Regeln im Umgang mit dem Telefon auferlegt:

Private Telefonregeln

1. Wenn ich eine wichtige Arbeit zu erledigen habe und nicht gestört werden möchte, ist der Anrufbeantworter eingeschaltet.
2. Wenn wir gerade beim Essen sind und das Telefon klingelt, steht dem Anrufer ebenfalls der Anrufbeantworter zur Verfügung.
3. Mein privates Handy ist grundsätzlich ausgeschaltet. Ich benutze es nur zum Telefonieren – indem ich anrufe.
4. Auch meine private Handy-Nummer haben nur ganz wenige Personen. Außer auf Reisen ist das Handy jedoch ausgeschaltet.
5. Die Nummerweiterleitung meines Handys ist ausgeschaltet.
6. Es gibt keine Mail-Box an meinem Handy.

Noch vor zehn Jahren waren diejenigen privilegiert, die ein Handy hatten und so unabhängig von einem Festnetzanschluss telefonieren konnten. Ich bin der festen Überzeugung, dass bereits heute diejenigen privilegiert sind, die kein Handy eingeschaltet haben (müssen).

Übung: Mein persönlicher Aktionsplan zum Telefonieren

____

____

____

____

____

Der Umgang mit Mails

Mails sind mittlerweile ebenfalls eine Herausforderung. Wie ein Bazillus breiten sie sich in allen Organisationen aus. Viele Manager stöhnen darüber, dass sie vor lauter Mails gar nicht mehr zum Arbeiten kommen. Wenn jeder Ihre Mail-Adresse hat, kann es passieren, dass Sie mit überflüssigen Informationen zugeschüttet werden, die Sie davon abhalten, die Dinge zu tun, die wichtig sind.

In so manchen Unternehmen hörte man früher schallendes Gelächter, wenn man an den Zimmern der Mitarbeiter vorbeiging. Heute sitzen die Menschen fast autistisch und einsam auf ihrem Bürostuhl und glotzen auf den Bildschirm. Witze werden als Mail versandt. Man redet nicht mehr miteinander – man schickt sich Mails. Damit ich nicht missverstanden werde: Mails sind eine hervorragende Errungenschaft unseres Informationszeitalters. Wenn Sie jedoch Ihre Tastatur nicht blind und mindestens genauso schnell und virtuos wie Ihre Sekretärin beherrschen, rufen Sie die Kollegen besser an, anstatt sich im Drei-Finger-Adler-Suchsystem durch die Tasten zu quälen. Man muss sich doch nicht wundern, wenn Manager nie vor 21 Uhr nach Hause kommen und sich auch noch über die vielen Überstunden beschweren. Sie sind ja selbst schuld. Sie erledigen das in zehn Stunden, was ihre Sekretärin in drei schaffen würde. So mancher Manager ist sicher nicht dazu eingestellt worden, kleine elektronische Briefchen zu tippen und zu versenden.

Kernaufgaben lösen, Zeitkiller delegieren

Konzentrieren Sie sich auf Ihre Kernkompetenz und erledigen Sie die Dinge, die nur Sie können, und vertrödeln Sie nicht Ihre Zeit mit unwesentlichen Dingen, die auch andere machen könnten. Seien Sie konsequent und delegieren Sie all diese Zeitkilleraufgaben.

Zeitkiller Mail-Anhänge

Einige Menschen besitzen zudem die Frechheit, an die Mails riesige Dateien anzuhängen. Das sieht dann so aus: »*Hallo Dieter, wollte dir noch mal schnell die Folien für die morgige Veranstaltung schicken. Was hältst du davon? Wenn du Änderungsvorschläge hast, kannst du diese direkt in die Folien einarbeiten. Zusätzlich habe ich dir das dazugehörige Konzept geschickt.*« Danach folgen eine Word-Datei mit 65 Seiten Text und eine Power-Point-Datei mit 48 Folien. Wenn Sie also täglich 25 Mails erhalten und vier davon von obigem Kaliber sind, können Sie Ihre Arbeit vergessen, denn dann verginge der Tag damit, dass Sie die Mails lesen und beantworten.

Zeitkiller CC-Funktion

Das Versenden von Mails in der CC-Funktion ist auch ein höchst beliebtes Absicherungs- und Arbeitsverhinderungsinstrument. Sie stehen dabei als zusätzlicher Empfänger (Mitteilungen zur Kenntnis – ursprünglich »carbon copy« = Kohlepapierdurchschlag) und erhalten die Mail lediglich zur Information.

Zeitkiller Privatmails

Spannend sind auch Mails mit der Verwendung des Mail-Verteilers der ganzen Abteilung, des ganzen Bereichs oder gar der ganzen Organisation / Firma in folgendem Stil: »Wir werden heiraten«, »wir haben uns getrennt«, »schaut mal, unser neuer Wagen«, »so sieht der Kleine aus«, »unsere Lieblingsdüne im Urlaub« und so weiter. Angenommen, in einer Firma arbeiten 150 Mitarbeiter und alle bekommen täglich vier derartige Mails, für die sie zwei Minuten zum Lesen benötigen (Mail aufklicken, angehängte Datei öffnen, ansehen, Datei schließen, Mail löschen), dann sind das 1200 Minuten oder 20 Stunden Produktivitätsausfall für die ganze Firma – das grenzt ja schon an Sabotage!

Zeitkiller SMS Das Beste jedoch sind SMS-Messages. Jeder 15-jährige Teenie rennt heute mit dem Daumen im Anschlag auf der Mikro-Tastatur des Handys und starrem Blick auf das Display in Richtung Bushaltestelle. Natürlich sind die SMS-Möglichkeiten prima – wenn Sie jedoch nicht die Tipp-Geschwindigkeit eines Teenies haben, sehen Sie ganz schön alt aus. Da sitzen also ausgewachsene Manager im ICE und schaffen es mit ihrem übergroßen Daumen gerade einmal, zehn Nachrichten auf der neu ausgebauten Strecke von Frankfurt nach Köln auf ihrem brandneuen Mini-Handy abzuschicken. Das ist doch absolute Zeitverschwendung und mangelnde Priorisierung!

Ich habe mir folgende Regeln für den Umgang mit Mails auferlegt:

Mail-Regeln

1. Grundsätzlich werden alle Mails im Büro durch das Back-Office vorgefiltert.
2. Die Kollegen im Back-Office wissen genau, welche angehängten Dateien ausgedruckt werden müssen, da ich die Zeit sparen möchte, jedes Mal eine Datei im doc-, xls- oder ppt-Format aufklicken und diese durcharbeiten zu müssen.
3. Unter der Voraussetzung, dass ich nicht in einer Besprechung bin oder gerade nicht gestört sein möchte, entscheidet die Sekretärin nach Priorität, wann ein Anruf getätigt wird, oder macht Terminvorschläge für ein persönliches Treffen, falls dies vom Mail-Adressaten gewünscht ist.
4. Eine private Mail-Adresse vergebe ich nur in Ausnahmefällen.
5. Die Mitarbeiter wissen, dass angehängte Dateien auf ein Minimum reduziert sein müssen.
6. Die CC-Funktion sollte nur im Ausnahmefall benutzt werden. Ich selbst lese die Texte nur, wenn Sie wirklich wichtig sind, antworte jedoch nie auf Mails, wenn ich auf der CC-Adresse stehe, da sie nur zur Kenntnis sind – ich bin nicht der Adressat!
7. Wenn mich auf dem Handy eine SMS-Message erreicht (mein Handy muss also eingeschaltet sein) und ich diese als relevant empfinde, rufe ich den Adressaten an. Ich

antworte nicht mit dem Daumen, da mir das viel zu lange dauert.

Übung: Mein persönlicher Aktionsplan zum Umgang mit Mails

____

____

____

____

Die Internet-Versuchung

Natürlich kann man sein Leben auch im Internet verklicken. All die vielen bunten Seiten laden ja gerade dazu ein, ein bisschen zu spielen, die Börsendaten anzusehen oder ein wenig zu chatten. Viele Internetseiten halten Sie jedoch vom Wesentlichen ab.

Ich habe mir folgende Regeln im Umgang mit dem Internet auferlegt:

Internet-Regeln

1. Als neugieriger und offener Mensch schaue ich mir gern die Seiten der Mitbewerber an.
2. Recherchearbeiten über Suchmaschinen delegiere ich an versierte Kollegen, die können das viel besser und schneller.
3. Ich benutze das Internet nur zu den Zeiten, in denen mein Konzentrationsniveau nach meinem Biorhythmus sehr gering ist – zum Beispiel nach dem Mittagessen. Niemals jedoch gehe ich zu Zeiten ins Netz, wenn ich voller Energie und voll konzentriert bin – zum Beispiel in der Zeit von 9 bis 13 Uhr. In dieser Zeit bearbeite ich wesentliche Dinge.
4. Aus Gründen der Virenverhinderung mache ich keine Downloads.

5. Seiten, bei denen es lange dauert, bis sie sich aufbauen, schaue ich mir nicht an und klicke sofort weiter.

Ich kenne viele Menschen, die sogar abends noch vor dem PC hocken und sich im Internet verklicken – viele davon haben bereits acht Stunden während der Arbeit vor einem Bildschirm gesessen.

Übung: Mein persönlicher Aktionsplan zum Umgang mit dem Internet

____

____

____

____

Der Umgang mit Visitenkarten

Auch Manager spielen gern. Bei jedem offiziellen Treffen im Berufsalltag tauschen wir unsere Karten aus – diese kleinen bunt bedruckten Pappen sind die Einladung zum Eitelkeitsspielchen unserer hierarchiedressierten Businesswelt. Je höher der Rang der Person, desto dicker die Pappe, toller die Titel und besser die Prägung (machen Sie die Daumennagelprobe). Ich habe mir Folgendes angewöhnt:

Visitenkarten-Regeln

- Auf die Rückseite von Visitenkarten schreibe ich immer den Betreff und das jeweilige Datum der Begegnung.
- Ich lasse Visitenkarten nicht endlos lang in meiner Datei / Kartei, da diese dann immer größer würde, sondern orientiere mich am Verfallsdatum. Wen ich nach einem Jahr nicht mehr angerufen habe, der kann nicht so wichtig gewesen sein. Seine Adresse wandert in den Alt-Speicher. Wer dort ein weiteres Jahr nicht herausgezogen wurde, fliegt in den Müll.

Übung: Mein persönlicher Aktionsplan zum Umgang mit Visitenkarten

____

____

____

____

Positivaffirmationen:

- Mit wachem, freiem Kopf höre ich genau zu, bevor ich selbst etwas sage.
- Ich kommuniziere nach meinen eigenen Maßstäben.
- Im Umgang mit Informationsmedien bin ich achtsam.
- Für stille Stunden ist es wichtig, dass das Telefon ausgeschaltet bleibt.
- Ich bleibe Herr meines Terminkalenders und lasse mich nicht fremdbestimmen.
- Das Zusammensein und die Kommunikation mit anderen sind für mich eine Quelle des persönlichen Wachstums.

Denk-Mal: Für wen bin ich erreichbar, wenn ich nicht erreichbar bin?

Merk-Mal: Nicht jedes Telefon, das klingelt, müssen Sie abheben.

Fazit: Ihr Aktionsplan

Der Plan steht: Ihr persönlicher Aktionsplan für die unterschiedlichen Lebensbereiche. Sie wissen jetzt, wie Sie für sich selbst Projektmanagement betreiben, wie Sie sich von unnötiger Last befreien und »superbleifrei« leben können. Sie transformieren zukünftig Negativenergie in Power. Sie finden neue, effektive Lernwege und verlassen sich nicht länger auf pure Wissensanhäufung. Sie behalten bei aller Komplexität in der Umwelt den Überblick und sehen das für Sie Wesentliche. Sie finden für sich einen Weg, mit den vielen Informationsmedien sinnvoll umzugehen. Sie wissen jetzt, was Sie WOLLEN und wie Sie das erreichen können. Jetzt müssen Sie es MACHEN. Im nächsten Schritt geht es ums Tun, um *Sprungbretter zur grenzenlosen Energie.*

Schritt 4: The Power of Change – Sprungbrett zur grenzenlosen Energie

Darum geht es

Schreiten wir zur Tat. Voller Wandlungslust drehen wir als Erstes die alten Sicherungen heraus und stellen auf Jetzt-Zeit um. Sie leben jetzt. Ziel ist es, eine Plattform zur optimalen Entwicklung Ihrer Potenziale, Talente und Wünsche aufzubauen. Jetzt kommen wir zum MACHEN. Um den selbstbestimmten Weg einschlagen zu können, müssen Sie den Zugang zu Ihren Ressourcen freilegen, damit Sie Ihre Power voll entfalten können. Das Starthilfekabel zu diesem Wandel – zur Transformation – halten Sie selbst in der Hand. Ihre eigene Batterie gibt Ihnen Starthilfe zum Self-Empowerment.

Nach dem Motto »Raus aus der Standspur – hin zur Leuchtspur« möchte ich Ihnen mit Hilfe einiger »Sprungbretter« den Weg zum Self-Empowerment weisen. Es geht um einleuchtende Grundsätze, die nicht wissenschaftlich begründet werden müssen, da sie einfach und selbsterklärend sind. Wenn Sie diese Grundsätze anwenden, werden Sie Ihr Leben zukünftig anders führen als bisher.

Sprungbrett 1: Der Dreiklang der Individualitäts-Sinn-Fonie

> *»Die natürliche Heilkraft in jedem von uns ist die größte Kraft, um wieder gesund zu werden.«*
> Hippokrates

In Schritt 2 haben wir uns im Kapitel *Ihr Gesundheitszentrum* bereits mit dem Dreiklang unseres Energieunternehmens bestehend aus Kopf, Emotionen und Körper beschäftigt. Ziel ist es, aus diesen Solisten eine orchestrale Sinn-Fonie zu machen und Befähigungs-, Kommunikations-, Beziehungs- und Persönlichkeitsmanagement in Einklang zu bringen. Ihr Herzschlag ist der Takt.

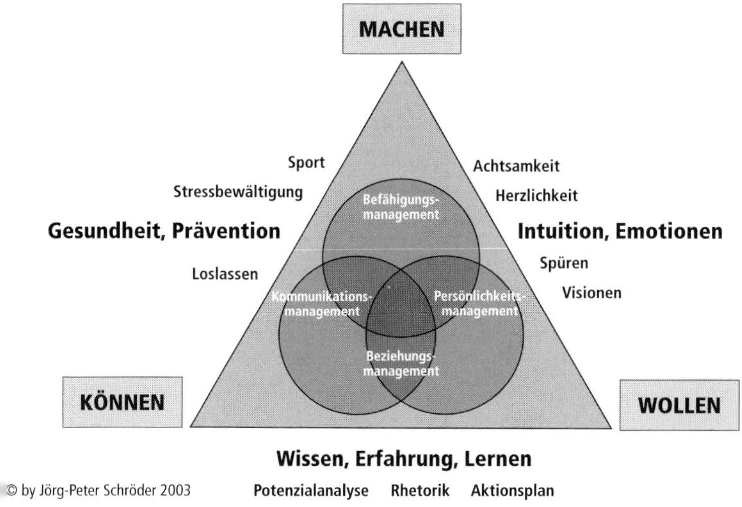

Abb. 6: Der magische Dreiklang

Im Energiegleichgewicht Flow erleben

Erst wenn der Dreiklang in Balance ist, können wir es schaffen, aus dem WOLLEN und dem KÖNNEN in die Kraft des MACHEN zu kommen. Lassen Sie Ihre Energie fließen, blockieren Sie sie nicht. Wie beim Prinzip der kommunizierenden Röhren stellt sich ein Fließgleichgewicht ein. Wenn die Balance gestört ist, folgen Warnsignale, die wir beachten sollten. Jede Einseitigkeit im Dreiklang führt langfristig zu Negativauswirkungen auf das Gesamtenergiesystem des Menschen. Umgekehrt haben positive Veränderungen auf einer Ebene Auswirkungen auf die anderen Dimensionen. Wenn die Lebensenergie frei und ungehemmt fließt, gibt es keine Anspannung oder Verkrampfung mehr. Wie bei Verliebten wird plötzlich alles möglich – wir alle kennen dieses wunderbare Gefühl und wissen, dass uns in solchen Situationen fast alles gelingt. Mihaly Csikszentmihalyi hat sich ausgiebig mit dem Phänomen des *Flow* beschäftigt. Kennen Sie das Gefühl, wenn alles wie von selbst geht? Das psychische Gleichgewicht hat Auswirkungen auf unser Immunsystem – wir sind einfach weniger krank.

Im Kapitel *Ihr Gesundheitszentrum* haben wir die Bedeutung der Prävention angesprochen und dass wir die Warnhinweise des Körpers nicht unterdrücken dürfen. Unsere Ganzheitlichkeit ist das Erfolgsrezept für unsere Lebensbalance.

Die Luft zum Atmen

Das Wichtigste in unserem Leben ist die Luft zum Atmen. Ohne ausreichende Versorgung des Gehirns mit Sauerstoff geht unser Lebenslicht aus. Die Atmung entspricht der Polarität des Lebens. Ein- und Ausatmen wechseln einander ab und bilden einen Rhythmus. Ohne Rhythmus gibt es kein Leben. Rhythmus bedeutet Schwingung. Wie ein Pendel schwingt die Luft im Körper hin und her. Ein Pol kann nicht ohne den anderen existieren. Ohne Schwingung findet kein Leben mehr statt. Eine Null-Linie im EKG oder im EEG bedeutet den Tod des Menschen. Viele von uns haben verlernt, richtig zu atmen. Die Atmung entstand in Todesangst, als die Nabelschnur durchtrennt wurde. Atmen bedeutet Assimilation des Lebens. Wenn uns die Luft zum Atmen wegbleibt, ist dies ein Alarmsymptom. Husten oder Hustenreiz ist eine Form, Asthma und chronische Bronchitiden sind schwere Stufen von Luft-Not. Hinweise auf notwendige Veränderungen geben auch Redensarten wie »Ich werde dir was husten«, »in der Teamsitzung ist dicke Luft« oder »es stinkt mir«.

Faktor Herzlichkeit

Mit Herzlichkeit meine ich emotionale Offenheit und die Fähigkeit, mit Stress umzugehen. Dies ist die beste Prophylaxe gegen einen Herzinfarkt oder eine Verengung der Blutgefäße. Abstand ist dabei wichtig. Das Herz muss offen sein, alles zuzulassen und alles verstehen zu dürfen und sich nicht im eindimensionalen Schubladendenken gegen Dinge zu sperren. Wir sprechen oft davon, dass jemand »etwas zu eng sieht«. Diese »Engsicht« ist gerade das Gegenteil von Herzlichkeit.

Anspannung – Entspannung

Höchstleistungen im Sport können nur dann erbracht werden, wenn Körper, Seele und Geist im Einklang sind und ein Ausgleich zwischen An- und Entspannung stattfindet. Dies gilt ebenfalls für Höchstleistungen bei der Arbeit. Auch hier herrscht das Rhythmusprinzip zwischen den beiden Polen. Wir können nicht permanent angespannt sein. Dann kommt es zu Verspannungen bis hin zu Verkrampfungen. Denken Sie an einen zu lang angespannten Muskel. Kraftzuwachs resultiert aus dem An- und Entspannen. Daher brauchen wir in unserer hektischen und stressigen Zeit neben all der Anspannung die Entspannung.

Die Wirbelsäule ist die Hauptstütze des Körpers. Bei Störungen der Balance kommt es zu Auswirkungen auf die psychische Konstellation und umgekehrt. Die Wirbelsäule wird oft zur »Notrufsäule«, wenn wir bestimmte psychische Situationen nicht mehr ertragen können und die Anspannung zu groß wird. Mittels der progressiven Muskelrelaxation nach Jakobson lernen wir, vom Kopf bis in die Zehen zu entspannen und aufzumachen. Yoga, Rückentraining, bestimmte Arten von Aerobic und fernöstliche Kampfkunsttechniken, wie zum Beispiel Qigong oder Tai-Chi, sind sinnvolle Methoden, um Körper, Geist und Seele ganzheitlich zu trainieren.

Um Hochleistungen zu bringen, müssen wir auf Ausgleich und Balance achten. Nutzen Sie ausreichend kreative Zeit, um Energiereserven für sich selbst zu tanken. Jeder von uns hat andere individuelle Grenzen, die er beachten muss. Die folgenden Tipps, wie Sie mit Freude und Genuss Ihre Gesundheit stärken, stellen eine Auswahl meiner persönlicher Vorlieben und Empfehlungen dar, die ich seit Jahren erfolgreich anwende. Selbstverständlich haben sie keinen Anspruch auf Vollständigkeit. Andere Verfahren sind sicher ebenso gut einsetzbar. Mir geht es einfach darum, Sie anzuregen, sich mit Ihrer Gesundheit näher zu beschäftigen und Wege zu finden, besser mit sich selbst umzugehen.

Ernährung

Zu dieser Thematik gibt es viele hervorragende Bücher, so dass ich mich kurz fassen möchte. Meine wichtigste Botschaft an Sie ist, dass Sie achtsam und respektvoll mit Ihrem Körper, Ihrer Seele und Ihrem Geist umgehen. Der Körper stellt die Ressourcen für Ihre Leistungsfähigkeit zur Verfügung. Bedanken Sie sich bei Ihrem Körper und bestrafen Sie ihn nicht durch falsche Ernährung. Kippen Sie nicht achtlos Dinge hinein, die er nicht sinnvoll verwenden kann. Der Körper ist kein Müllschlucker, in den wir unbedenklich alles hineinschütten können.

Kaffee und schwarzer Tee entziehen dem Körper Flüssigkeit. Cola enthält etwa 40 Gramm Zucker pro Liter. Empfehlenswert ist die Umstellung des Zuckerkonsums von weißem Zucker auf Honig oder Vollrohrzucker. Alkohol sollte auf jeden Fall nur in sehr geringen Mengen genossen werden, da es neben toxischen Komponenten uns die Klarheit nimmt, die wir für ein achtsames Leben brauchen.

Tipp zum Frequenzwechsel

Wie wär's denn mal mit Wasser, Yogi-Tee oder Ingwer-Wasser? Ingwer hat eine ganz prima Wirkung auf unsere Gesundheit. Wer sich für traditionelle chinesische Medizin interessiert, der wird in der Literatur zu den fünf Elementen sicher geeignete Hinweise für eine gesunde Ernährung erhalten.

Fitness und Sport

Auftanken

Auch hierzu gibt es unzählig viel Literatur, so dass ich nur ein paar Gedankenblitze zur Anregung äußern möchte. Regelmäßige körperliche Bewegung ist wichtig und bedeutet eine beschwingende Energie. Auch hier gilt das Motto der Achtsamkeit und des Respekts gegenüber dem Körper. Frischen Sie Ihren Körper auf und tanken Sie Energie, anstatt Ihren Körper zu erschöpfen.

Sanfte Bewegungen sind besser als ein hartes, an den Maßstäben des Vergleichs mit anderen orientiertes Training.

Jogging und Walking

Eigenen Rhythmus finden

Vergleichen Sie sich nicht mit anderen, sondern laufen Sie so, dass es Ihnen Spaß macht. Lieber »Joggeln« als verbissen mit hochrotem Kopf bis zur Erschöpfung rennen. Lieber »Flower-Walkeln« als Power-Walking. Finden Sie Ihren eigenen Rhythmus. Besorgen Sie sich in Ihrer Fachbuchhandlung die geeignete Literatur und kaufen Sie sich einen guten Herzfrequenzmesser, der Sie unterstützt, damit Sie sich nicht überfordern. Wichtig ist, dass Sie immer schön locker bleiben.

Schwimmen

Morgens nach dem Aufstehen in einem See zu schwimmen, ist ein unglaublich schönes Erlebnis. Ein Schwimmbad kann jedoch auch ein kleiner Ersatz sein. Wer regelmäßig schwimmt, der fühlt sich wohl.

Tanzen

Bewegung zu Musik gemeinsam mit Ihrem (Tanz-)Partner beschwingt. Es muss ja nicht immer der Standard-Kurs der Tanzschule sein. In vielen Städten gibt es interessante Alternativangebote, wie zum Beispiel Tango- oder Salsa-Schulen. Salsa ist (etwa in München, Köln und Darmstadt) fast schon eine Art Szene geworden. Der Rhythmus und die gute Laune der Tänzer sind einfach ansteckend und wandeln die schleichende Unlust in knisternde Lust.

Qigong

Fernöstliche Kampfkunst

Seit 28 Jahren betreibe ich fernöstliche Kampfkunst. Qigong ist eine sehr wirksame Methode, um den inneren Energiefluss zu verbessern und die Psyche in Balance zu bringen. Als Bestandteil der traditionellen chinesischen Medizin (TCM) basiert Qigong auf einer Art Bewegungsmeditation und -regeneration. Es wird ein harmonisches Gleichgewicht zwischen An- und Entspannung herbeigeführt, das Energiestauungen beseitigt. Die Übungen helfen, Krankheiten vorzubeugen sowie die körpereigenen Selbstheilungskräfte zu aktivieren und zu stärken. Bei routiniertem Training lassen sich auch Heilerfolge bei chronischen Erkrankungen, wie zum Beispiel Asthma bronchiale, bei Bluthochdruck oder bei vegetativen Beschwerden nachweisen.

Für autogenes Training und Yoga gelten ähnliche Erfolge. Beide Verfahren sind altbewährt und sinnvoll – probieren Sie einfach mal aus, was Ihnen am besten liegt und am meisten Spaß macht.

Mittagsschlaf

Der Kurzschlaf ist erwiesenermaßen ein probates Mittel zum Auftanken von Energie. Jeden Tag fünf bis zwanzig Minuten nach dem Essen zu schlafen ist eine hervorragende Art der Psychoregulation. In Japan werden den Mitarbeitern Ruheräume zur Verfügung gestellt, in denen sie auf diese Art effektiv Energie auftanken können. Leider ist dieser Energie-Booster in Deutschland bisher verpönt.

Übung: Die Wirbelsäule entspannen

Übung zum Frequenzwechsel

Stellen Sie sich bequem und aufrecht hin. Atmen Sie gelassen ein und aus und schließen Sie die Augen. Lassen Sie Ihren Kopf ganz langsam nach vorn sinken. Die Arme hängen ganz locker am Körper. Ihr Kopf gleitet weiter nach unten – ganz langsam – immer weiter. Wirbel für Wirbel krümmt sich Ihre Wirbelsäule nach unten. Lassen Sie die Arme weiterhin locker nach unten hängen und atmen Sie ruhig ein und aus. Die Schwerkraft zieht den Körper weiter nach unten. Bewegen Sie sich ganz langsam und wippen Sie nicht. Wenn Sie unten angekommen sind, so bleiben Sie eine Weile in dieser Position. Anschließend richten Sie sich wieder – ganz langsam – Wirbel für Wirbel auf, bis Ihr Kopf wieder aufrecht steht.

Denk-Mal: Die Atmung ist das Windkraftwerk des Lebens.

Merk-Mal: Ernährung, körperliche Bewegung, Entspannung und Meditation sind ausgezeichnete Ladegeräte Ihrer Lebensbatterie.

Sprungbrett 2: You can go your own way

> *»Wer nicht vom Weg abkommt,*
> *bleibt auf der Strecke.«*
> Reinhard K. Sprenger

Irgendwo in Südtirol trottet ein mit schweren Säcken und Waren voll bepacktes Muli in der sengenden Mittagshitze einen steilen, schmalen und steinigen Bergpfad hinauf. Links und rechts liegen herrliche saftig grüne Wiesenhänge mit farbig duftigen Blumen – doch das Muli trottet ächzend weiter auf dem staubigen Weg.

Sind Sie auch so ein Muli? Links und rechts winkt das Leben in bunten Farben und in saftiger Pracht, und Sie kasteien sich und schleppen die Lasten, die Ihnen andere auferlegt haben auf der von vielen benutzten und für Sie zum Lebensalltag gewordenen harten staubigen Straße?

Aus der Spur treten

Wenn wir eigene Wege gehen wollen, müssen wir aus der Spur treten. Wollen Sie in eingefahrenen Wegen fahren oder selbst Spuren legen? Um das zu machen, was Sie wirklich wollen, müssen Sie die von anderen Fußstapfen eingetretenen Pfade fremder Erwartungen verlassen. Damit wählen Sie den Weg aus der Normalität zum Original und können das Leben voll auskosten. Dieser Prozess der Weiterentwicklung bedeutet Integrität, Authentizität, Wachheit, Achtsamkeit, Respekt und Loslassen.

Erfolg buchstabieren

Machen Sie Ihr Leben zur Brutstätte Ihrer individuellen Kreativität. Ihr persönlicher ERFOLG liegt in den Worten:

- **E**motionale Intelligenz, Einfachheit
- **R**uhe
- **F**lexibilität und Furchtlosigkeit
- **O**ffenheit
- **L**iebe, Leere und Loslassen
- **G**elassenheit

Erfolg ist primär eine Funktion der Persönlichkeit und des Verhaltens – nicht des Könnens und der kognitiven Fähigkeiten. In einem Seminar über interkulturelle Kommunikation habe ich vor langem gelernt, dass ein erfolgreiches Gespräch von folgenden Kriterien abhängt:

- zu 7 Prozent von Wissen,
- zu 35 Prozent von der Intonation,
- der Rest – und das ist der überwiegende Anteil – ist Persönlichkeit.

Übertragen Sie die obige Erfolgsregel für die Kommunikation auf Ihre letzte Prüfungssituation oder einen Geschäftsabschluss. Meist lernen wir Daten, Formeln und Regeln, die wir präsentieren. Für unsere Persönlichkeitsbildung investieren wir in der Regel nur sehr wenig. Davon hängt jedoch das meiste ab! Die Persönlichkeit ist der größte Hebel zum Erfolg. In internationalen Studien konnte belegt werden, dass die emotionale Intelligenz einen weit höheren Stellenwert als rational kognitive Funktionen hat – auch bei der Generierung von Geschäftserfolgen.

Energie buchstabieren

So buchstabieren wir das Wort ENERGIE:

- **E**ffektivität
- **N**achhaltigkeit
- **E**nthusiasmus
- **R**esonanz erzeugen
- **G**laubwürdigkeit
- **I**nitiative, Impulsivität, Inspiration
- **E**motionale Selbstwahrnehmung

Der Begriff der *Resonanz* wird neben dem Gebrauch in der Musik auch in der emotionalen Intelligenz verwendet. Nach Daniel

Goleman bedeutet Resonanz erzeugen, in den Menschen positive Gefühle zu wecken. Damit liegt in dem Reservoir an Emotionen der Schlüssel zum Erfolg – und eben nicht in Zahlen, Daten und Fakten.

Wir kümmern uns zu stark um die Ansammlung und das Speichern von Wissen – welches zwar in der Schule als Wissenskonserve abgefragt wird, für das Leben aber leider zumeist wenig hilfreich ist. Fangen wir damit an, uns um unsere Persönlichkeit zu kümmern! Im verkopften Büroalltag geht es meist um Zahlen. Individuelle Bedürfnisse bleiben dabei auf der Standspur stecken. Doch Sie verbringen am Tag meist mehr Zeit im Büro, als Ihnen privat zur Verfügung steht. Also bringen Sie sich ein. Werden Sie persönlich. Die meisten Managementinstrumente fokussieren quantitative Merkmale und versuchen Menschen über den Kamm der Stellenbeschreibungen zu scheren. Zeigen Sie, dass Sie anders sind. Lassen Sie sich nicht in Schablonen pressen: charismatisch, praktisch, gut.

Power buchstabieren

Persönlichkeit generiert POWER, die wir folgendermaßen buchstabieren können:

- **P**raktikabilität, Praxisrelevanz
- **O**ffenheit, Originalität, Optimismus
- **W**ertschätzung
- **E**nergie, Empathie
- **R**ationalitätsbewusstsein

Authentisch sein

Authentisch zu sein bedeutet, Sie selbst zu sein. Das heißt, offen und ehrlich nach außen zu äußern, was Sie im Inneren denken und fühlen. Wenn wir uns in unseren Mitteilungen so geben, wie wir sind, sind wir kongruent auf den drei Ebenen Denken, Fühlen und Handeln. Wenn Sie Ja sagen, aber Nein meinen, ist das inkongruent und nicht authentisch. Das eigene Wollen (Denken, Fühlen) ist diskrepant zum Machen (Handeln). Diese Diskrepanz erzeugt wachsende Spannungen, die wir möglicherweise mit unserer Gesundheit, Sorgen, Ängsten und Zweifeln teuer bezahlen müssen. Authentizität bedeutet, dass wir sagen, was wir meinen, und meinen, was wir sagen. Wir sagen, worauf es uns ankommt, und nicht das, was ankommt. Es soll leicht gehen im Leben. Wenn wir authentisch sind, geht es leicht. Wenn wir uns verbiegen oder in eine Rolle schlüpfen, die uns nicht entspricht, wird es schwer. Die Authentizität ist der Schlüssel zu dem uns entsprechenden Weg. Wenn jeder macht, was ihm entspricht, kann jeder machen, was er will.

Jeder muss daher für sich die beste Lösung – seine Lösung – finden. Kinder sind authentisch. Authentisch sein heißt einfach sein – nicht so oder so sein, um anderen zu gefallen. Hierzu müssen Sie sich Ihres Selbst bewusst sein. Wenn wir mit innerer Festigkeit und im Einklang mit uns selbst innerlich sicher sind, brauchen wir keine Angst zu haben. Wir sind wir – individuell und einzigartig. Einzigartig und großartig. Das hat auch mit unserem *Selbst-Wert-Gefühl* und unserem *Selbst-Bewusst-Sein* zu tun. Sich seiner selbst bewusst sein und sich selbst etwas wert sein bedeutet immer auch, dass wir bewusst unser Selbst leben, was uns wiederum eine innere Festigkeit und Sicherheit gibt. Diese Wahrhaftigkeit macht die Ausstrahlung der authentischen Persönlichkeit nach außen so stark.

Stimme und Stimmung

»Der Ton macht die Musik«, lehrt uns der Volksmund. Wie viel Zeit haben Sie bisher in das Thema Kommunikation investiert? Beginnen wir mit der Intonation. Ihre Stimmung hat etwas mit Gestimmt-sein zu tun. Auf Ihre Stimme kommt es an – nicht nur bei der Wahl. Wenn Sie angespannt sind, so ist Ihre Stimme gespannter, die Frequenz Ihrer Stimme ist höher und die Sprache manchmal auch schneller. Oft wirkt dann die Stimme gepresst. Wenn Sie hingegen ausgeruht sind – zum Beispiel am Morgen nach dem Aufstehen –, ist Ihre Stimme tiefer und entspannter. Durch die Modulation Ihrer Stimme heben Sie Ihre Stimmung. Umgekehrt schlägt sich Ihre Stimmung sofort auf die Stimme nieder. Wenn Sie ein anstrengendes Gespräch vor sich haben, kann es Ihnen die Sprache verschlagen, oder Sie haben das Gefühl, einen Frosch im Hals zu haben. Bei starker Aufregung, zum Beispiel bei Vorträgen vor vielen Zuhörern, haben die Referenten durch das Lampenfieber einen trockenen Hals oder müssen sich permanent räuspern.

Wenn wir authentisch sind, bedeutet dies Stimmfestigkeit. Kommunikation steht im Spannungsfeld zwischen Wahrhaftigkeit und der Wirkungsbewusstheit, die durch Rhetorik und Dialektik inspiriert wird. Takt und Taktik, die Kunst der Diplomatie und eine geschickte Redeführung können wir lernen. Neben der Gewinnung von Sympathie und Einfluss auf andere Menschen (teils durch suggestive Argumente) kommt es primär auf Empathie und Authentizität an, wenn wir kommunizieren. Denn Kommunikation hat maßgeblich mit Beziehung zu tun.

Eigenen Geschmack entwickeln

Seien Sie anders – laufen Sie nicht anderen hinterher. Folgen Sie nicht den gängigen Modetrends, egal, ob Ihnen diese gefallen, sondern entwickeln Sie Ihren eigenen Geschmack. Ich liebe zum Beispiel Anzugjacken mit Mao-Kragen (Stehkragen), die ich leider nur in bestimmten Geschäften kaufen kann. Mittlerweile werde ich immer öfter von Menschen angesprochen, die mich fragen, wo ich denn diese wunderschönen Jacketts schneidern lasse. Entwickeln Sie einen eigenen Geschmack, der für Sie selbst stimmig ist. Bereits die Bereitschaft für Veränderung gibt Kraft und Energie.

Es ist prima, wenn wir überflüssige Schritte vermeiden und viele Hürden locker überspringen können. Dazu müssen wir die Dinge anders, nicht schneller oder besser machen. Mutig und (uns) selbstbewusst können wir althergebrachte Regeln in Frage stellen und unseren inneren Überzeugungen folgen.

Denk-Mal: Lieber eckig und kantig als rundgelutscht.

Merk-Mal: Stellen Sie sich nicht länger in der Reihe an, sondern machen Sie eine neue auf.

Sprungbrett 3: Lebendigkeit heißt proaktive Verantwortung

> *»Das Leben ist zu kostbar,*
> *um es dem Schicksal zu überlassen.«*
> Deus X. Machina

Für alles, was wir im Leben tun, haben wir die volle Verantwortung – niemand sonst! Nirgendwo sind Sie hineingeraten. Sie sind verantwortlich für das, was Sie tun. Jederzeit. *»Ein Land wird nicht von Angestellten groß gemacht, die Anweisungen befolgen, sondern vielmehr von Unternehmern, die gewillt sind, Initiative und Verantwortung zu übernehmen«*, sagt Phil Laut. Jeder Mensch ist ein Energieunternehmer, der die Verantwortung für das übernehmen muss, was er produziert, unternimmt und leistet. Machen Sie nicht alles, bloß, weil alle es so machen. Sie wählen, Sie bestimmen, Sie entscheiden selbst und eigenverantwortlich.

Die Abbildung 7 illustriert die relevanten Faktoren der Selbstverantwortung.

Verantwortlich, nicht nur zuständig sein

»Das ist nun mal mein Schicksal« ist der Jammersatz all derjenigen, die keine Verantwortung für das eigene Leben übernehmen. Wollen wir wie ein Schaf auf einer grünen Wiese Grashalme lutschen und brav darauf warten, dass man uns zur Schlachtbank führt? Warten Sie, bis Sie dran sind (im doppelten Sinne)? Was Sie nicht selbst tun, passiert nicht! Verantwortung zu übernehmen, bedeutet etwas anderes, als zuständig zu sein. *Zuständigkeit* kommt von *ständig zu sein*. In Behörden sind die wenigsten

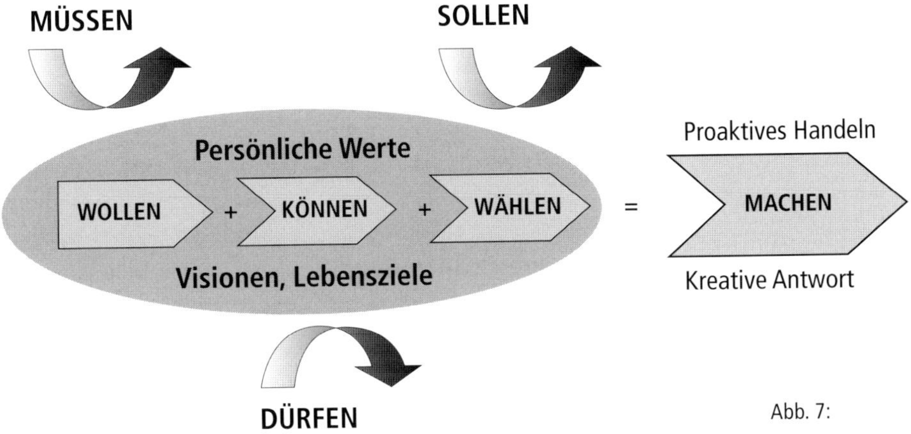

Abb. 7: Selbstverantwortung

© by Jörg-Peter Schröder 2003

Mitarbeiter verantwortlich, sondern lediglich zuständig. So darf beispielsweise ein Jurist mit Prädikatsexamen in einem Staatsministerium keinen Brief selbst unterzeichnen, ohne dass dieser mit dem Referenten abgestimmt ist. Privat darf er sich aber ein Haus für eine halbe Million Euro kaufen. Ein Objekt ist das Produkt zufälliger Kräfte. Sie sind das Subjekt. Um nicht von anderen entmachtet, bevormundet oder eingeteilt zu werden, müssen Sie die Verantwortung übernehmen.

Keine Ausreden!

In vielen Bereichen unseres täglichen Lebens wird die ganze Zeit *Schwarzer Peter* gespielt: Immer zeigen wir mit dem Finger auf die anderen. Die anderen sind schuld. Die da drüben sind die Bösen. Wir sind die Guten. Die Suche nach dem Schuldigen löst nicht das Problem, sondern findet nur jemanden, der dafür bestraft wird. Bei allem, was wir machen, müssen wir die volle Verantwortung übernehmen – so auch für Fehler. Wenn uns Fehler unterlaufen, können wir es in Zukunft nur besser machen, da wir ja (hoffentlich) aus dem Fehler gelernt haben. Wir können uns selbst aber nicht ent-schuldigen. Wir können andere um Verzeihung bitten, aber nicht ent-schuldigen. Dies würde bedeuten, dass wir die Verantwortung an andere weitergeben.

Keine Angst vor Unbequemlichkeit!

Viele Menschen fordern Individualität und stören sich an »Eiche-Rustikal-Spießigkeit« – wollen aber andererseits nicht auf ihren bisherigen Lebensstandard und Prestige verzichten. Das zwanghafte Klammern an Wohlstandsbequemlichkeit ist eine Hürde auf dem Weg zum selbstbestimmten Wählen, Entscheiden und eigenverantwortlichen MACHEN. Wir müssen uns klar entscheiden, was wir wollen. Als Konsequenz müssen wir den Preis bezahlen. Und der Preis ist heiß – zu machen, was Sie wollen, eigenverantwortlich und selbstbestimmt.

Machen statt versuchen

Wer kennt das nicht: Nach vollmundigen Ankündigungen und enthusiastischen Absichtserklärungen kommt nichts mehr. Viele sagen Ja und meinen Nein. Solche Menschen werden in Bayern »Dampfplauderer« und in Hamburg »Schnacker« genannt. Politiker sind Experten in dieser Disziplin. Die an Ergebnissen messenden Amerikaner (»outcome-orientation«) nennen so ein Verhalten kurz »Over promise under deliver«.

Versuchen anstatt MACHEN. »Ich hab's ja versucht – es hat nicht geklappt – na ja, vielleicht ein anderes Mal.« Versuchen Sie einmal, sich hinzusetzen. Nein, Sie sollen sich nicht hinsetzen, Sie sollen es nur versuchen. Entweder, Sie wollen etwas machen, dann tun Sie es auch, oder Sie lassen es. Versuchen – das ist Ja-aber-Mentalität. Ein entschiedenes Vielleicht lässt uns in den »Wenn-dann-« und »Geht-nicht-weil-Verstrickungen« stecken bleiben. Sparen Sie sich Vorsätze und MACHEN Sie. MACHEN, nicht reden zählt. Vor allem, nicht darüber reden, dann wird alles nur noch schlimmer.

Dreh- und Angelpunkt ist die eigene Glaubwürdigkeit. Wir müssen uns an unseren Taten messen lassen und nicht an dem, was wir träumen oder in Gesprächen von uns geben. Alles andere sind Seifenblasen, die beim Aufwachen zerplatzen.

Übung:

Notieren Sie sich Ihre Äußerungen mit Datum. Jetzt gibt es kein Zurück mehr. Sie können genau kontrollieren, wann Sie was gesagt haben, und müssen jetzt handeln.

Das Wort »Karriere« hat seine Wurzeln im französischen »carrière«, was so viel wie »Laufbahn« heißt. Letztlich hat jeder

Mensch auf der Welt seine eigene Laufbahn. Wenn Sie diese Laufbahn konsequent gehen, lassen Sie sich nicht mehr vor den Karren spannen und werden auch andere nicht mehr vor Ihren Wagen spannen. Sie werden zum Lenker Ihres eigenen Wagens und sind verantwortlich dafür, wohin Ihr Wagen fährt. Sie selbst bestimmen die Richtung, die Bahn, und fahren einen neuen Weg, den es vorher nicht gegeben hat. Bei dieser ganz individuellen Karriere verfolgen Sie Ihren persönlichen und menschlichen Pfad. Dies bedeutet auch Einsamkeit und die Bereitschaft, für diesen Weg die volle Verantwortung zu übernehmen, denn Sie werden sich vom Weg der Masse abwenden, um sich dem eigenen zuzuwenden. Es geht nicht um das, was die Welt macht, nicht um die anderen, sondern einzig und allein um Sie!

Konsequent den eigenen Weg gehen

Bei der Befreiung aus unseren emotionalen »Hirn-Gefängnissen« können wir uns mehr zutrauen, als wir denken. Jenseits aller Selbsterniedrigungsrituale sollten wir anfangen, aufzustehen, ohne zu fragen, ob wir es dürfen, und das zu tun, was wir wollen.

Das Zepter selbst in die Hand nehmen

In der biblischen Vorstellung heißt es: »Was auch immer ein Mann sät, das soll er auch ernten.« Das ist die erweiterte Anwendung unseres irdischen Denkens über Ursache und Wirkung. Jedem leuchtet es ein, dass jemand, der Unkraut sät, keine Rosen ernten kann. Wenn Sie entschlossen sind, etwas zu machen, wovon Sie überzeugt sind, dann werden Sie auch Erfolg haben.

Werden wir also selbst-ständig, indem wir

- die Hand loslassen, an der wir bisher gegangen sind,
- die Leine abstreifen, die uns angebunden hat,
- die Stützräder abschrauben, die uns in unserer Wendigkeit beschränkt haben,
- das Zepter unseres Lebens selbst in die Hand nehmen,
- eine »Schöpfungszulassung« für unser eigenes Leben bei uns selbst beantragen.

Denk-Mal: Im Anfang war die Tat.

Merk-Mal: Geben Sie das Zepter Ihres Lebens niemals aus der Hand.

Sprungbrett 4: Sky is the limit

> *»Vorstellungskraft ist wichtiger als Wissen.«*
> Albert Einstein

Die Vorstellungskraft beruht nicht auf den Grenzen der IST-Situation, die das bisher Unvorstellbare verhindert, sondern ist als treibende Energie für Ihre Weiterentwicklung sehr wertvoll.

Über den Tellerrand blicken

Viele der uns gestellten Aufgaben können wir nur lösen, wenn wir über den Tellerrand hinausdenken, uns von bisherigen Grenzen lösen und damit das Problemfeld verlassen. Denken Sie an die Übung aus Schritt 3 im Abschnitt *Das Lernkraftwerk*. Wir haben die Möglichkeit, unsere Ziele frei auszuwählen und unabhängig Entscheidungen zu fällen. Frei zu sein von Abhängigkeit ist die Grundlage für individuelles Wachstum. Denn nach Thomas Gordon ist *»die Zufriedenheit, die durch Abhängigkeit erkauft wird, ein beunruhigender Friede im Schatten irgendeiner Macht, an der man wenig Anteil hat«*.

Die Kindrolle verlassen

Jeder von uns weiß, dass wir unsere Grenzen leichter erreichen als unsere Ziele. Dies hat wiederum damit etwas zu tun, wie eng wir unsere Grenzen stecken. Letztlich sind alle Grenzen Aufforderungen an uns, sie zu überschreiten und zu sprengen. Mit dem Brechen familiärer Regeln (»tu dies nicht, tu das nicht«) überschreiten wir die Grenzen, die früher einmal zu unserem eigenen Schutz gesetzt wurden. Mittlerweile sind wir erwachsen. Beginnen wir ganz einfach damit, größer zu denken. Wir dürfen uns aus der Kindrolle verabschieden und die Rolle des Erwachsenen übernehmen.

Was wir glauben, spüren und wissen, entspringt den Grenzen unseres Bewusstseins. Wenn wir Licht in die Bereiche lassen, die vorher im Dunkeln lagen, erweitern wir das Bewusstsein. Ziel ist es, unsere Grenzen spielerisch zu überwinden. Die süßen Erfahrungen der inneren Grenzsprengung sind gewaltig.

Den Radius erweitern

Der Radius des Verstehens korreliert mit den eigenen Wahrnehmungs-, Denk- und Bewusstseinsgrenzen. Wir interpretieren Situationen nach unserem eigenen Vorverständnis aus Erfahrungen, Prägungen und Wissen. Unsere Erwartungen bestimmen, was wir tatsächlich im Leben erhalten. Wenn wir klein denken, bleiben wir klein. Wenn wir groß denken, sind wir nicht beschränkt und können grenzenlos wachsen. Jeder zieht seine Grenzen, wie es für ihn vorteilhaft ist. Dies ist eine Realität, die zur menschlichen Natur gehört. Dies müssen wir so akzeptieren. Aber lassen sich Grenzen erweitern.

Wachstum buchstabieren

Stellen Sie die Ampeln für WACHSTUM auf Grün:

- **W**achsen, Wach sein, Wirklichkeit gestalten
- **A**chtsamkeit
- **C**haos zulassen, Charisma, Creativity at work
- **H**ier und jetzt sein, Hochachtung
- **S**till sein und zuhören, Sensibilität entwickeln
- **T**räumen, Transformation einleiten
- **U**ngeheuer groß denken, Unternehmerisch handeln
- **M**utig sein

Einschränkungen überwinden

Der Glaube an Einschränkungen schränkt den Menschen tatsächlich ein. »Geht nicht, weil« führt zu »geht nicht, weil«. Nur der Glaube versetzt Berge. Was ist dieser Glaube? Der Glaube ist nichts anderes als eine Einstellung, die unser Verhalten bestimmt. Viele leben, als wenn ihnen jemand wie einer Ziege eine Kette oder ein Seil um den Hals gebunden hätte. Sie bewegen sich nur im Radius der Kettenlänge. Übertragen bedeutet dies, dass nicht eintreten kann, was wir nicht in unserem Bewusstsein haben. Wir müssen größer denken, weiter als bis zum Ende der Kette.

Wir müssen uns nicht in die (eigenen) Schranken verweisen lassen. Entweder wir nehmen das Halsband ab oder wir sägen die

Kette durch. Die Kunst ist es, Einschränkungen in Möglichkeiten zu verwandeln. »Alles geht« bedeutet, dass »alles geht«. Die Japaner haben es uns vorgemacht: »Nichts ist unmöglich« – dieser »toyotanische« Slogan ist geradezu genial. Aus dem NEIN ein JA zu machen, das ist die Botschaft. Es lohnt sich, die Stäbe des eigenen Käfigs zu brechen. Wir bewegen uns in unseren eigenen Grenzen. Warum vergrößern wir diese nicht einfach? Aufgeschlossenheit ist die beste Therapie gegen die Begrenztheit des Denkens – wir schließen die Tore der Begrenzung einfach auf. Wenn wir uns bewusst werden, dass Grenzen willkürlich gesteckt sind, können wir sie auch locker überwinden.

Angenommen, Sie haben eine Präsentation bei einer Firma durchgeführt, die Ihnen anschließend eine Absage erteilt hat. Ja, und? Was heißt das denn schon? Das heißt nur, dass die Firma Ihr Produkt oder Ihre Dienstleistung heute nicht will. Morgen kann das schon ganz anders aussehen. Durch eine von Vertrauen, Respekt und Werten getragene Kundenbeziehung auf gleicher Augenhöhe lässt sich aus dem Nein ein Vielleicht und irgendwann möglicherweise ein Ja machen. Es liegt an Ihnen, die Grenze des Nein zu durchbrechen.

Denk-Mal: Ein Nein ist ein Vielleicht ist ein Ja.

Merk-Mal: Erfolge entstehen im Kopf – wenn Sie gewinnen wollen, gewinnen Sie, wenn Sie verlieren wollen, verlieren Sie.

Sprungbrett 5: Tanzen statt kämpfen – vom Frust zur Lust

> *»Tanzt – vor allem aus der Reihe.«*
> Spruch auf einer Tür in der Universität

Streitigkeiten und Kämpfe bedeuten Energieverschwendung, da Reibung Energie kostet und an unserer Gesundheit nagt. Auf dem Weg zur Leichtigkeit kann verkrampfte Verbissenheit nur schaden. Daher ist es wichtig, dass wir das Kämpfen sein lassen.

C. G. Jung sagt, dass ein Konflikt nicht auf der Ebene gelöst werden kann, auf der er entstanden ist, sondern nur auf einer höheren. Die Kunst ist es hier, mit distanzierter Achtsamkeit über den Dingen zu stehen, anstatt in ihnen stecken zu bleiben. Wir dürfen uns nicht in unseren Konflikten verstricken und gegen sie ankämpfen, sondern sollten mit ihnen tanzen.

Ein Machtgleichgewicht ist instabil

In der folgenden Tabelle habe ich das Kämpfen mit dem Tanzen verglichen. Jede Form von Gewalt fordert einen natürlichen Widerstand heraus – Gewalt erzeugt Gegengewalt. Konflikte erzeugen Gewinner und Verlierer. Wenn aber ein Verlierer zurückbleibt, ist der Konflikt noch nicht gelöst. Das Gewinner-Verlierer-Verhältnis ist ein auf Macht basierendes instabiles Gleichgewicht. Irgendwann werden sich die schlechten Gefühle des Verlierers auswirken, zu weiteren Konflikten und zu einer Destabilisierung des Gleichgewichts führen. Erst wenn wir den Konflikt (auf-)lösen, kann sich ein stabiles Gleichgewicht einstellen. Gewinnen und Verlieren sind Regeln für Spiele, nicht für Konflikte.

Vergleich von Kampf und Tanz

Modalität	Kampf	Tanz
Motiv	Angst, Macht, Vernichtungswunsch	Lust, Musik, Neugierde
Resultat	Tod, Vernichtung, Schmerz	Beschwingtheit, Lockerheit
Prinzip	Gewinner/Verlierer – win-lose	Tanzpartner/nur gemeinsam gut – win-win
Lebensfrequenz	Schlecht	Gut
Energiestatus	Blockiert, Erschöpfung, Negativenergie	Freies Fließen, aufgeladen, Positivenergie
Körperzustand	Angespannt	Locker
Zustand des Geistes	Angespannt	Locker
Hormonstatus	Adrenalinausschüttung unterstützt Fluchtreaktion	Ausschüttung biogener Amine bewirkt ein Hochgefühl
Betrachtung des Gegenübers	Feind	Partner
Ziel	»Immer druff«	Geben und Nehmen
Verlauf	Angriff/Abwehr/Blockade	Miteinander schwingen
Getragen von	Wut, Hass	Beschwingtheit, Musik
Gedanke	Abschreckend	Ansteckend
Assoziation	Blut, Schmerz	Vergnügen, Verliebtheit, Spaß
Basiert auf	Schema, Rationalität	Intuition, Emotion
Wunsch nach	Distanz, Abgrenzung	Nähe
Motto	Entweder-oder	Sowohl-als-auch
Denken	Konkurrenz, du oder ich	Kooperation, wir beide
Kategorie	Entweder-oder	Sowohl-als-auch
Dimension	Krieg	Liebe
Arbeitseinstellung	Arbeit, bis die Knochen knacken	Lust, Neugierde und Spaß
Weiterentwicklung	Karriere	Selbstentwicklung
Übertragung von Aufgaben	Befehl und Gehorsam	Nach Kompetenz
Einstellung zu Menschen	Misstrauen	Vertrauen
Prinzip	Angst	Spaß
Gefühl	Frust, gegenseitige Abgrenzung, Ablehnung, Konkurrenzdenken	Lust, Zufriedenheit, Miteinander, gegenseitige Bestätigung

Transformation: Vom Entweder-oder zum Sowohl-als-auch

In moderner Managementliteratur wird viel über das Win-win-Prinzip gesprochen. Gemeint ist, dass beide Parteien gewinnen sollen. Doch dieses Prinzip kann gar nicht gelebt werden, da die Voraussetzungen hierfür weder in der Erziehung noch in der Ausbildung noch in Unternehmen gelebt werden. Win-win ist der Weichspüler des harten Konkurrenzkampfes. Beim peitscheknallenden Dominanzgehabe nach dem »Ich-gewinne-du-verlierst-Prinzip« – neudeutsch »Win-lose« – wird auf Macht und Positionen, nicht auf Prinzipien oder Werte gebaut. Echter Erfolg des einen bedeutet jedoch eben nicht automatisch den Misserfolg des anderen. Es geht nicht um das Aufteilen eines Kuchens und darum, wer davon das größte Stück bekommt, sondern darum, gemeinsam einen neuen Kuchen zu backen. Der Fokus liegt hierbei auf dem Wörtchen *gemeinsam*. Mechanistisches Schwarz-Weiß-Denken leugnet die Ganzheitlichkeit. Wir müssen vom Entweder-oder zum Sowohl-als-auch kommen. Dann kann Energie zwischen verschiedenen Polen fließen und das Leben wird dynamisch.

> *»Es gibt nichts Gutes oder Böses,*
> *erst unsere Gedanken machen es dazu.«*
> William Shakespeare

Synergien statt Pole schaffen

Die Einteilung in Gut und Böse, Schwarz und Weiß entspricht dem polaren Denken. Schnell richten wir über andere und stecken sie in Schubladen. »So ist das« – sagt der richtende Mensch. Das Einteilen in Gut und Böse ist in höchstem Maße gefährlich. Wenn wir das Leben nicht als eine Arena des Wettstreits sehen, in dem der Stärkere gewinnt, sondern als ein kooperatives Feld gemeinsamen Wachstums, dann ist Platz für beide da. Es geht also nicht um Isolieren und Separieren, sondern um Integrieren und Synthetisieren – um das Schaffen von Synergien.

Wir müssen uns überlegen, ob wir Recht haben wollen oder lieber glücklich den Tag verleben. Widerstände, Angriffe und Konfrontationen rauben Ihnen Ihre Energie. Viel sinnvoller ist es, nicht gegeneinander zu kämpfen, sondern die Energie des Partners sinnvoll zu kanalisieren und einzubinden. Wenn Sie gegen etwas ankämpfen, kommt es zu Stauungen der Energie. Sie blockieren sich selbst. Im Aikido (und beim Taekwondo) werden effektive Techniken gelehrt, die Energie des Partners einzubinden und weiterzuleiten. Was für einen körperlichen Angriff gilt, lässt sich auf Verbal-Attacken und sonstige Angriffe übertragen. Denken Sie nur an die kleinlichen Streitigkeiten mit Nachbarn, Bekannten oder Kollegen. Bei einem Angriff wird sehr viel Energie aufgewendet und verbraucht. Ein Großmeister sagt seinen Taekwondo-Schülern: *»Ich mag die Energie eines Angriffs, nur das Vorzeichen nicht.«*

Konflikte und Streitigkeiten erfordern ein sehr gutes Kommunikations- und Veränderungsmanagement im Zeichen der Lösungsorientierung. Sie haben immer die Wahl – in Problemen oder in Lösungen zu denken.

Ein Modell zum Vorgehen bei der Lösung von Konflikten ist in der Abbildung 8 dargestellt:

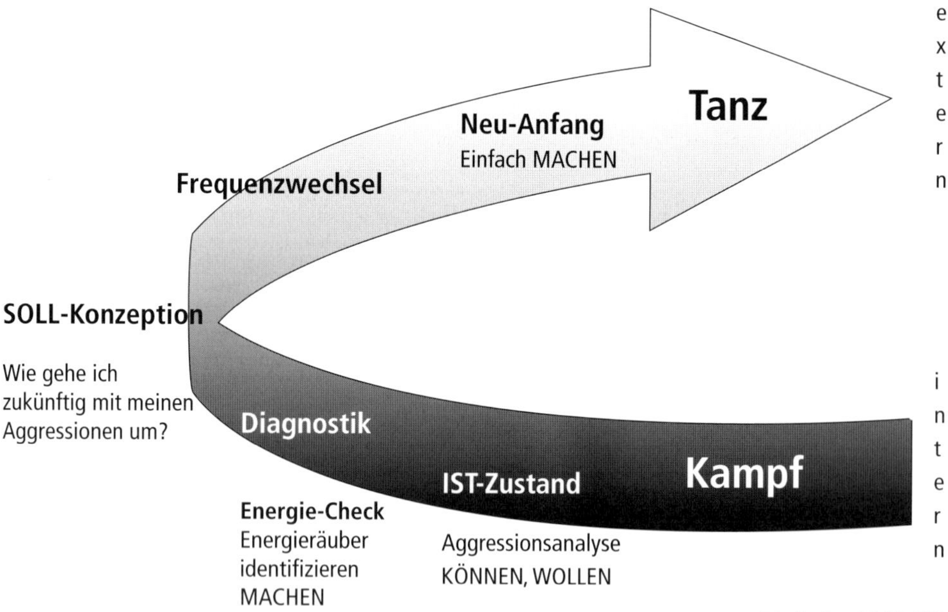

Abb. 8: Tanzen statt kämpfen

So gelangen Sie in zwölf Stufen vom aggressionsbeladenen Frust zur energiegeladenen Lust:

12 Stufen zur positiven Energie

1. Hören Sie zu – worin besteht das Problem (IST-Analyse und Aggressionsanalyse durchführen)? Beurteilen und interpretieren Sie nicht.
2. Führen Sie blitzartig eine Diagnostik und einen Energie-Check durch.
3. Zieldefinition: Sie wissen, was Sie wollen.
4. Werden Sie sich Ihrer selbst bewusst (wie gehe ich mit meinen eigenen Aggressionen, Ängsten und so weiter um?).
5. Entwickeln Sie eine Handlungsperspektive – so will ich es machen.
6. Bauen Sie eine persönliche und vertrauensvolle Beziehung auf – es zählen nicht nur die Fakten. Das Vertrauen ist ein Schlüsselelement zur Lösung.
7. Fühlen Sie sich in die Position des anderen hinein und hören Sie ihm zu.
8. Reden Sie miteinander – welche Lösungen sind grundsätzlich möglich?
9. Spielen Sie mit der Energie des anderen und gehen Sie nicht in die direkte Konfrontation – wie können die Lösungen beurteilt werden? Es geht nicht darum, gegen den anderen zu gewinnen, sondern partnerschaftlich mit dem anderen das Problem zu lösen.
10. Signalisieren Sie Konsensbereitschaft und dass Sie gemeinsam zu einer Lösung kommen werden, die für beide Seiten sinnvoll ist – welche Lösung ist die beste?
11. Treffen Sie die Entscheidungen lösungsorientiert und legen Sie fest, wer was wann und wo tun muss.
12. Schauen Sie in die Zukunft und nicht in die Vergangenheit – wie kann das Ergebnis beurteilt werden?

Denk-Mal: Wollen Sie lieber Recht haben oder glücklich sein?

Merk-Mal: Denken Sie nicht länger in Schwarz-Weiß-Kategorien. Dann gibt es keine Gewinner und Verlierer, sondern alle profitieren.

Sprungbrett 6: Spiel(t)räume erschließen

»Man entdeckt keine neuen Erdteile, ohne den Mut zu haben, alle Küsten aus den Augen zu verlieren.«
André Gide

Ständig erschaffen wir unsere Wirklichkeit und formen so unsere eigene Objektivität und unsere eigenen Grenzen und Bewegungsräume. Um Veränderungen zu ermöglichen, müssen wir uns jenseits bisheriger Räume unsere Spielräume erst einmal erträumen. Ich möchte zwei Dinge anregen: erstens, spielerisch vorzugehen, und zweitens, kreativ neue Lösungsräume zu erschließen.

Eine Welt, in der wir uns besser fühlen, wird es nicht geben, solange wir nur davon träumen. Wenn unsere Träume wahr werden sollen, müssen wir aufwachen und sie mit Leben erfüllen!

Impulsfragen

- Wie viel Spiel(t)raum gönnen Sie sich? Oder ist alles schon verplant?
- Was tun Sie, damit Ihre Träume wahr werden?
- Ist Ihr Hirn schon so voll mit angelesenen Dingen, dass für eigene Gedanken kein Platz mehr ist?
- Wann, wo und wie sind Sie am kreativsten?
- Spielen Sie gern?

Jenseits eingefahrener Wege müssen wir wieder Gestaltungsspiel(t)räume einräumen und Lebens(t)räume öffnen, damit wir uns entwickeln und wachsen können. Entwicklung findet nicht linear statt. Entwicklungssprünge, Quantensprünge, sind echte Veränderungen. Die meisten von uns machen jedoch nur kleine »Kwantensprünge« und tippeln weiterhin in vorgegebenen Bahnen. Mit Quantensprüngen meine ich einen Paradigmenwechsel fernab unserer linearen Messbarkeitskriterien und vorgeprägten Muster.

Das Mögliche denken, nicht das Machbare

Die Welt ist, wie sie ist – wir können sie nicht ändern. Wir können aber unsere eigene Welt ändern. Das heißt: unsere Überzeugungen, Gewohnheiten, Glaubenssätze und Lebensmuster. Das heißt auch, die alten Prägungen der Vergangenheit und die damit verbundenen Erwartungen an die Zukunft abzustreifen. Spiel(t)räume zu erschließen bedeutet, Dinge von einem anderen Blickwinkel aus zu betrachten, um neue Sichtweisen zu erhalten. Wir müssen unser *Realitätsbewusstsein* durch ein *Möglichkeitsbewusstsein* erweitern. Nicht ein bisschen größer denken, sondern ganz groß denken! Dazu dürfen wir Gegebenes tabulos und mutig in Frage stellen und uns öffnen für das Mögliche – ohne die einschränkende Beurteilung des Machbaren.

Spielerisch erschließt sich uns das Neue viel leichter. Nein – nicht sofort wieder alles in Arbeitsrichtlinien im ISO-Format ausrichten, wie in den angstbesetzten Fehlervermeidungskulturen unserer Industriebetriebe üblich! Wenn wir mehr spielen, wird alles leichter – die Arbeit, das Leben, die Liebe ...

Die Kraft der spontanen Entdeckung ist besser als der effizienzgetriebene Perfektionsdrang. Wir alle sehen die gleiche Kugel – doch aus unterschiedlichen Perspektiven. Und auf diesen Blickwinkel kommt es an. Zum wiederholten Mal: Wir sehen die Dinge nicht, wie sie sind, sondern wie wir sind. Neuland zu sehen bedeutet, die Vielfalt der Sichtweisen als Auftakt zu neuen Verhaltensweisen zu nutzen.

Die Wertschöpfung der Intuition

Vieles geht leichter, wenn wir spielerisch mit den Dingen umgehen. Und es macht auch noch Spaß! Im Edutainment wird Lernen unterhaltsam und spielerisch dargeboten – mit dem Erfolg, dass wir mit Spaß spielend leicht lernen. Improvisation und Intuition sind gefragt. Erst dadurch können wir altbewährte Wege verlassen. Liegt nicht gerade im Spiel mit Neuem der Reiz? In unserer kopflastigen Welt ist die Intuition, da nicht wissenschaftlich messbar, bisher kein gleichberechtigter Faktor der Erkenntnis. Der Wert der Intuition wird völlig unterschätzt. Was im wissenschaftlich-analytischen Vorgehen am meisten fehlt, ist gerade sein Gegenteil, die Zusammensetzung der Einzelteile zu einem neuen Ganzen – die Synthese. Diese Synthese ist der Weg zu ganzheitlichen Erfolgen. Das gilt auch für unsere Businesswelt. Managementstrategien sind meist analytisch eindimensional auf Zahlen fokussiert. Erweitern Sie die Grenzen, indem Sie Ihr Herz und Ihre Intuition sprechen lassen. Das Spielen mit Ratio und Intuition birgt ungeahnte Möglichkeiten.

Übung: Brainstorming

Lassen Sie Ihrer Intuition freien Lauf. Spielen Sie mit den Wörtern »Sicht«, »Blick« und »Denken«. Finden Sie weitere interessante Komposita. Die Abbildungen zeigen Möglichkeiten.

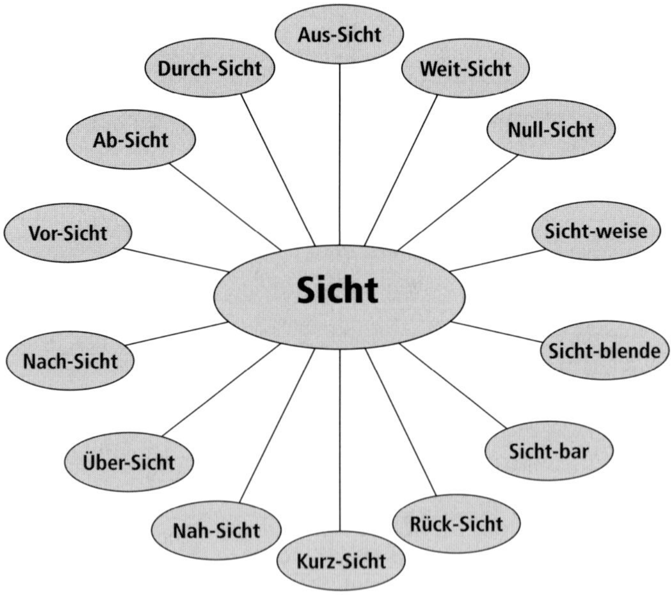

Abb. 9:
Brainstorming zu Sicht und Sichtweisen

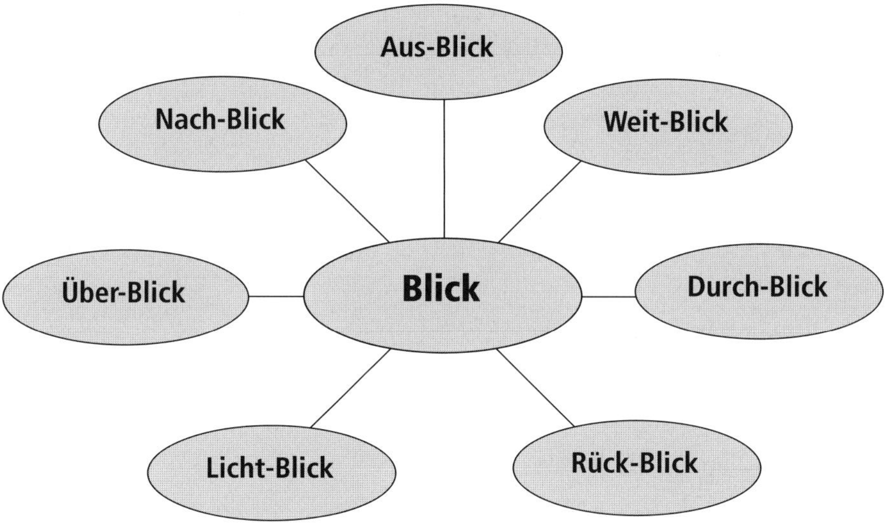

Abb. 10: Einige Anregungen zum Wort Blick

Abb. 11: Brainstorming zum Denken

Denk-Mal: Wir wissen nicht, ob es ein Leben nach dem Tod gibt. Sicher ist nur, dass es ein Leben vor dem Tod gibt – jetzt! Also leben wir los.

Merk-Mal: Spielen Sie mit den Möglichkeiten wie mit einem Ball!

Sprungbrett 7: Nix ist fix

»Wir wissen nicht, ob es besser wird,
wenn es anders wird.
Wir wissen nur, dass es anders werden muss,
wenn es besser werden soll.«
Werbespruch in einem ICE

Beweglich sein

»Wer nicht mit der Zeit geht, geht mit der Zeit« – täglich erinnern uns die Tageszeitungen daran, wie viele mittelständische Unternehmen Insolvenz angemeldet haben. Offenheit für Veränderung bedeutet eine rechtzeitige Adaptation an neue Verhältnisse und ist eine der wichtigsten Dimensionen für die Zukunft. Blitzschnell müssen wir uns auf Veränderungen einstellen. – *»Wer sich nicht bewegt, der wird bewegt.«* Wir müssen uns ändern, wenn sich die Umwelt ändert. Große Analysen bringen uns wenig. Analysen sind rückwärts gerichtete Betrachtungen ohne Handlungsimpuls. Wichtiger ist, wie wir unser Verhalten ändern, damit wir handeln können. Nicht Klagen oder Grübeln bringt uns weiter, sondern nur Handeln.

Gemachte Fehler sind hervorragende Lernfelder, was wir in Zukunft vermeiden sollen. Schnellstmöglich müssen wir die neue Situation akzeptieren, wie sie nun einmal ist, und Handlungsalternativen schaffen. Wenn Sie biegsam wie ein junger Bambus sind und nicht knorrig wie eine Eiche, können Sie sich auf jede Situation einstellen. Wenn wir nicht fest und starr, sondern spielerisch und tänzelnd beweglich bleiben, können wir schnell auf Veränderungen reagieren und immer wieder aufs Neue das Neue neu gestalten.

Bei sich immer schneller ändernden Lebensumständen müssen wir zudem genau hinsehen, was wir aus der Vergangenheit mit in die Zukunft nehmen wollen. Wer Familienrituale, Traditionen, eingefleischte Gewohnheiten und Erziehungsparolen in Ehren hält, weil sie bisher immer so gelebt wurden, zeigt mit seinem Verhalten lediglich eins: dass er ein guter alter Narr ist. Zu machen, was Sie wollen, bedeutet alte Regeln und Gewohnheiten mutig und ganz bewusst in Frage zu stellen.

Beweglichkeit bedeutet Lebendigkeit. Bewegungslosigkeit führt zur Stase – zum Infarkt. Wir kennen dies aus unterschiedlichen Bereichen:

- Wenn unser Blut nicht mehr fließen kann, führt dies über die Bildung von Blutgerinnseln, die ins Hirn transportiert werden können, zu Schlaganfällen. Wenn die Durchblutung nicht mehr funktioniert und nicht mehr ausreichend Sauerstoffträger – also rote Blutkörperchen – das Gewebe versorgen, stirbt es ab. Ein Beispiel ist der Herzinfarkt.
- Wenn ein Gewässer nicht mehr fließt, kippt es um – beispielhaft sei die Veralgung von Teichen oder Seen genannt, die langfristig zum Fischsterben führt, da die Sauerstoffversorgung nicht mehr gewährleistet ist.
- Wenn der Verkehr nicht mehr fließt, kommt es zum Verkehrsstau – rien ne va plus.

Wir müssen also dafür sorgen, dass unsere Lebensenergie fließen kann und wir mit ihr. Veränderung ist die einzige Konstante. Sich öffnen und offen sein für Veränderungen, heißt die Devise.

Der Mehrwert der Spontaneität

Deutschland ist das Musterländle der Ordnung. Wir beherrschen die *Economies of Scale* (dank hoher Fertigungszahlen wird eine kostengünstige Produktion ermöglicht), die Fehleridentifizierung und deren -reduktion und legen großen Wert auf Qualitätsmanagement. Das Primat der Effizienz und der Quantifizierbarkeit bedingt ein hervorragendes Controlling. Im Beruf unterliegen wir vielfach einem kalkulierbaren und rationalen Handlungsgefüge. Der Nachteil ist, dass das Pendel bereits zu sehr in Richtung Rationalität und Determinismus ausgeschlagen hat. Unsere Spontanität ist im Zeitalter von *Key Perfomance Indicators* (*KPI*), *Balanced Scorecard* und *Management by Objectives* (*MbO*) verschüttet worden. Wir müssen hochstrukturiert arbeiten und belegen das Wort »Chaos« mit negativem Wert. Ein Hauch von Chaos führt jedoch zu positiven Veränderungen. So hat beispielsweise John Kao von der Stanford University und CEO der *Idea Factory*, San Francisco, die Vorzüge der betrieblichen Unordnung beschrieben. Wir dürfen die Unsicherheit als Chance begreifen und müssen nicht an scheinbaren Sicherheiten kleben. Sicher ist nur das Amen in der Kirche. Ohne spontane Veränderungen ist kein Erfolg zu erlangen. Solange die Mitbewerber genau wissen, welchen Schritt wir als Nächstes tun werden, werden sie uns ein Bein stellen können. Wenn wir die Linearitätsmuster verlassen, werden wir die eigenen Mitarbeiter und Vorgesetzten möglicherweise überraschen, Kunden und Mitbewerber mit dem Ergebnis jedoch völlig verblüffen.

Revision überholter Strukturen

Kreative Menschen wollen etwas bewegen. Wird Ihnen in der Firma ein Umfeld geschaffen, in dem Sie sich »austoben« können? Können Sie einen Sprung nach vorn machen und wirklich Neues ausprobieren? Alte Überzeugungen in Frage zu stellen, bedeutet eine komplette Revision unseres Bewusstseins. Revision, anders formuliert, meint kein hirnloses, vorformatiertes Nachplappern des ISO-Kodex, sondern kreative »Hirnakrobatik« ohne Netz und doppelten Boden. Ziel des Ganzen muss es sein, Kreativität mit den vorhandenen Ressourcen so zu verbinden, dass etwas Außerordentliches entstehen kann. Dazu ist eine Gratwanderung zwischen bürokratischer Verkrustung und chaotischer Kreativität notwendig. Es kann gut sein, dass das heute als Ketzerei Verschriene morgen schon der Standard ist. Wir müssen daher offen für das Neue sein und Unordnung als kreativen Prozess zulassen.

Denk-Mal: Unsere Welt entstand aus dem Chaos.

Merk-Mal: Das Leben geht weiter. Gehen Sie mit.

Sprungbrett 8: Wer zuerst lacht, lacht am besten

»Lachen ist die beste Medizin.«
Volksmund

Mehr Leistung mit Spaß

»Adieu, Tristesse, bonjour, Fortune!« Schwereloses Gück erreichen Sie dann, wenn Sie nichts wirklich ernst nehmen – auch nicht sich selbst. Spaß- und Lustfaktor sind Balsam für die Seele! Kultivieren Sie das Lachen, anstatt »Frustkekse« zu essen. Wenn Sie sich derzeit in einer ängstlichen und stressigen Firmenkultur befinden, kann die Rezeptur einer versüßenden Lachkultur einen unglaublichen Positiveffekt auf die Gesamtstimmung in Ihrer Abteilung haben. An der Universität in Yale durchgeführte Studien ergaben, dass Fröhlichkeit und Herzlichkeit Zusammenarbeit, Fairness und Leistung in Unternehmen steigern.

Wer viel lacht, lebt länger. In medizinischen Studien konnte belegt werden, dass Lachen psychoimmunologische Wirkungen hat und maßgeblich zum Gesundheitsprozess beitragen kann. Nichts ist ernsthaft wichtig. Lebendig und kindlich offen können wir das Leben als ein Spiel ansehen – Sie brauchen nur mitzuspielen. Wenn Sie es sich schwer machen, wird es auch schwer. Wenn Sie es sich leicht machen, wird es leicht. Wenn Sie seltener Ihre Stirn runzeln, wird nicht nur die Haut glatter – alles andere verläuft auch glatter. Entwickeln Sie *Spür-Sinn* – der Sinn für das Spüren eröffnet neue Dimensionen der Lebendigkeit.

Lachen steckt an – es scheint das einzige Virus zu sein, für das wir kein Gegenmittel brauchen. Der Erreger ist bisher weder entdeckt noch kloniert worden. Der Übertragungsweg erfolgt direkt und nicht per Tröpfcheninfektion und führt zu lustigen Geräuschen und zu einer das Zwerchfell reizenden Fröhlichkeit, verbunden mit akuter Gelöstheit und tränenrührender Lockerheit. Der genetische Code ist noch Gegenstand des wissenschaftlichen Meinungsstreits.

Über sich selbst zu lachen ist gut für die Gesundheit, gut für Sie und irre komisch für die anderen. Wenn Sie morgens in den Spiegel sehen, schneiden Sie Grimassen. Das macht wach und durchblutet die Haut und strafft so das Gewebe. Lachen Sie sich mal wieder richtig lebendig (eben nicht tot), wenn jemand einen guten Witz erzählt. Worüber wir lachen können, ist meistens leicht. Was Spaß macht, geht auch leicht. Von allen emotionalen Signalen ist Lachen nach Daniel Goleman eines der effektivsten. Ein Lächeln hat eine fast unwiderstehliche Macht, andere ebenfalls zum Lächeln zu bringen. So haben Wissenschaftler herausgefunden, dass sich Lachen und Lächeln als nonverbale Mechanismen etabliert haben, um unserem Gegenüber zu signalisieren, dass wir entspannt und freundlich gesinnt sind und keine feindliche Absicht haben.

Unsinn beflügelt

Wann haben Sie zuletzt so richtig dummes Zeug gemacht? Oder siegt bei Ihnen immer die Vernunft? Wir dürfen uns nicht von zu viel Sinnhaftigkeit runterziehen lassen, sondern müssen auch unser Unberechenbares fördern. Das heißt auch, das Kind im Manne wieder zu zeigen. Machen Sie mal wieder richtig Quatsch! Raus aus dem konditionierten Dressurkostüm unserer festbetonierten Wohlstandsgesellschaft und rein in die fantastische Welt des Verrückt-Seins! Käpt'n Blaubär hat zum Beispiel 13½ Leben – er kann viel spielerischer mit dem Leben umgehen. Wann haben Sie zuletzt über Zwergpiraten, Klabautergeister und Waldspinnenhexen gelacht?

Wenn wir unsere kindliche Vitalität wieder spüren, können wir die Fangnetze unserer »Glücksverhinderungsgesellschaft« abstreifen. Wenn wir verliebt sind, sind wir alle ver-rückt: Wir tanzen eng umschlungen auf der Straße durch den Regen, machen

Klingelstreiche oder baden nachts nackt im See … Nutzen Sie die Energie der Lust. Vor lauter Verkopftheit vergeht uns häufig die Lust. Bleiben Sie locker. Verbissenheit führt zu Verkrampfung. Durchbeißen führt auf Dauer nur zu Zahnschädigungen.

Seien Sie unternehmungslustig. Gerade durch das spielerisch Leichte und spaßig Lustige gelingt uns so manche Unternehmung besser – ob im beruflichen oder im privaten Umfeld.

Die 11-L-Allianz

Gehen Sie den einfachen Weg zum Glück und schmieden Sie eine Allianz der elf L: *l*uftig, *l*eicht und *l*ocker sein, *l*ustvoll *l*ieben, *l*ebendig *l*achen, *l*oslassen *l*ernen und sich selbst *l*euchtend den Weg zu einem selbstbestimmten Leben *l*eiten.

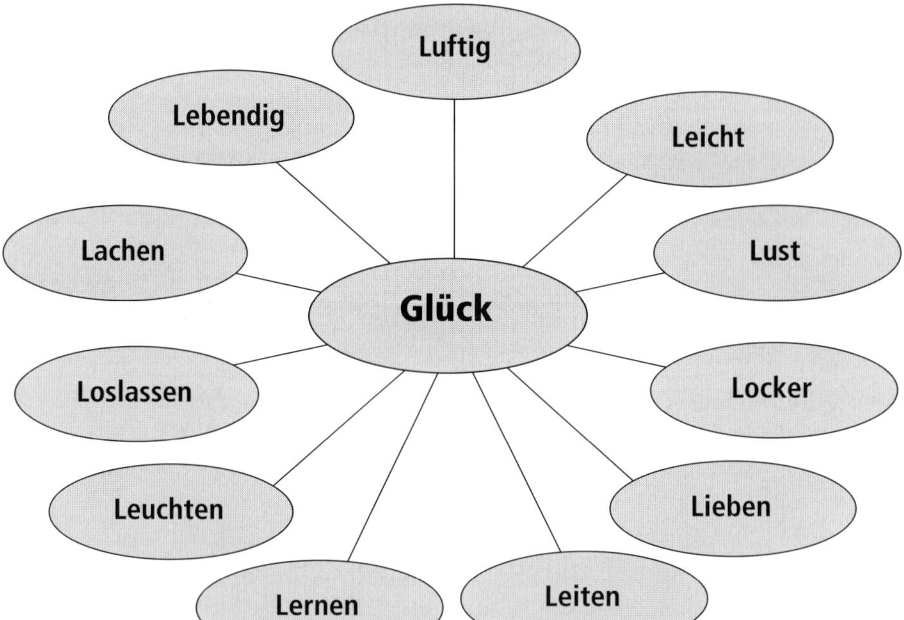

Abb. 12:
Die 11-L-Allianz zum grenzenlosen Glück

Denk-Mal: Die Nebenwirkung von riesigem Spaß ist einfach Erfolg.

Merk-Mal: Rechnen Sie mit allem – auch mit dem Glück.

Fazit: Sprungbretter zur Veränderung

Sie haben soeben acht Energiesprungbretter kennen gelernt. Finden Sie Ihre eigenen. Wenn Sie Veränderungen wirklich umsetzen wollen, lassen Sie sich nicht begrenzen – weder von den Erwartungen anderer noch von eigenen Vorstellungen –, sondern gehen Sie *Ihren* Weg. Sky is the limit. Tanzen Sie, statt zu kämpfen. Übernehmen Sie die Verantwortung für alles, was Sie tun, aber nehmen Sie dabei nichts bierernst. Denn alles ist leicht, wenn Sie es leicht nehmen.

Der Neu-Anfang

Der Neu-Anfang

> *»Der Anfang ist die Hälfte vom Ganzen.«*
> Aristoteles

Jetzt machen Sie einfach, was Sie wollen. Aus der Öffnung wird Orientierung, aus der Vielfalt wird Einheit, aus der Analyse wird Synthese, aus dem Verstehen wird Vision – und aus WOLLEN und KÖNNEN wird MACHEN. Zu guter Letzt ein paar Tipps zum Neu-Anfang:

12 Tipps zum Neubeginn

1. Es gibt so viele, die über alles reden wollen – auch über das Leben. Aber Leben heißt leben und nicht drüber reden.
2. Sie können voller Vertrauen die alten Sicherungen rausdrehen und sich auf Jetzt-Zeit einstellen. Egal, in welcher Situation Sie auch sein mögen – handeln Sie eigenverantwortlich. Es geht um SIE.
3. Lernen Sie Ihre inneren Energieräuber kennen und bringen Sie Ihre Talente, Begabungen und Ihre Power auf die Straße.
4. Tanken Sie Superbleifrei. Wenn Sie sich von der Schwere befreien, können Sie (fast) fliegen. (EINFACH LASSEN heißt die Devise.) Tanken Sie auf an den Zapfsäulen Ihrer emotionalen Lebensenergie und fluten Sie die Räume Ihres Herzens mit Sonne.
5. Gehen Sie achtsam und respektvoll mit Ihrem Körper um und nutzen Sie eine gesunde Ernährung, Entspannung und Sport als maßgebliche Ladegeräte Ihrer Lebensbatterie.

6. Lassen Sie Ihrer Lust Freiraum, damit sich Ihre Lebenskraft voll entfalten kann.
7. Umgeben Sie sich mit Menschen, die auf guter Frequenz leben und energiereich sind, und meiden Sie Ratschläge von Menschen, die mies drauf sind.
8. Eine Welt, in der wir uns besser fühlen, wird es nicht geben, solange wir nur davon träumen. Wenn unsere Träume wahr werden sollen, müssen wir als Erstes aufwachen und sie mit Leben erfüllen!
9. Bleiben Sie wach und präsent für Veränderungen.
10. Gehen Sie den einfachen Weg zum Glück: luftig leicht und locker sein, lustvoll lieben, lebendig lachen, loslassen, sich selbst leuchtend den Weg zu einem selbstbestimmten Leben leiten.
11. Nehmen Sie sich dabei selbst nicht so ernst und lachen Sie, was das Zeug hält.
12. EINFACH MACHEN lautet die Zauberformel für den Neubeginn. Der Weg fängt mit dem ersten Schritt an. Wenn Sie WOLLEN und KÖNNEN mit MACHEN addieren, stellt sich der individuelle Erfolg ein. Auf diese Steine können Sie bestimmt bauen.

Die Welt, in der wir leben, braucht Menschen, die sich ihrer selbst bewusst sind, authentisch handeln und den Platz in ihrem Leben finden. Wie Sterne erhalten wir die Mittel, damit wir stärker strahlen können – wenn wir nur das für uns Richtige tun. Jeder von uns kann ein Meisterstück aus seinem Leben machen, wenn wir unserem Lebensweg folgen und unsere ganz persönliche Mission erfüllen.

Jenseits der bisherigen Beschleunigungskultur werden wir den Umgang mit unseren Ressourcen neu definieren müssen und uns einer ganzheitlichen, verantwortungsethischen Ökonomie zuwenden. Das gilt für die Unternehmen, in denen wir arbeiten, und für uns als Menschen.

Was ist der Sinn des Lebens? Das gefunden zu haben, was für uns richtig ist. Dinge zu tun, die uns glücklich machen und unseren Potenzialen, Begabungen und Talenten entsprechen – und die anderen Menschen nützen. Ich wünsche Ihnen, dass Ihr Kopf und

Ihr Herz frei werden, damit Sie sich ohne überflüssigen Ballast voll auf das konzentrieren können, was wesentlich, schön, wahr, neu ist und Spaß macht, und, was Sie wollen.

»Oft suchen wir so lange den Schlüssel zum Glück, bis wir merken, dass er bereits steckt« – der Ausspruch ist nicht von mir, aber ich setze meine Unterschrift darunter. Jetzt müssen Sie den Schlüssel nur noch herumdrehen und die Türe öffnen. Aller Anfang ist leicht. *Machen Sie doch, was Sie wollen!*

Positivaffirmationen für den Alltag

»Here comes the sun …«
The Beatles

Mit den folgenden Positivaffirmationen können Sie die Räume Ihres Herzens mit Sonne fluten. Die von mir gewählten Beispiele können, sollen und dürfen Sie nach Ihrem eigenen Geschmack verändern.

Zum WOLLEN:

- Ich will Regie in meinem eigenen Leben führen.
- Ich will den inneren Krieger in mir entwickeln und kämpfe für meine Ziele.
- Ich will meinem Handeln Richtung und Kraft geben.
- Ich will einen stählernen und athletischen Körper.
- Ich will der werden, als der ich gemeint bin.
- Ich will meine eigene Mitte leben und mein innerstes Licht zum Leuchten bringen.

Zum MACHEN:

- Ich kämpfe für meine Ziele.
- Ich gebe meinem Handeln Richtung und Kraft.
- Ich trainiere für einen stählernen Körper.
- Ich bin der Meister meines eigenen Lebens.
- Ich übernehme die volle Verantwortung für mein Leben.

Genussfähigkeit und Selbstwert:

- Ich liebe mich selbst.
- Ich genieße die künstlerischen Seiten an mir.
- Ich genieße das Schöne am Leben.
- Ich bin mir selbst wichtig und nehme mir Zeit für mich.

Grenzen setzen – NEIN sagen:

- Ich kann mich gut abgrenzen.
- Ich kann gut NEIN sagen.
- Ich habe ein Recht auf mein Sein.
- Ich respektiere meine eigenen Grenzen.
- Ich genieße den Abstand.

Zum KÖNNEN:

- Ich kann gut lernen.
- Ich liebe Sprachen.
- Ich kenne meine Stärken und kann mich zweifel-los auf Experimente einlassen.
- Ich lerne konsequent aus meinen Fehlern und suche nach Wegen, mich permanent zu verbessern.
- Ich kann auf meine Talente und Fähigkeiten bauen.
- Es fällt mir leicht, mich in neue Zusammenhänge einzudenken.
- Ich bin offen und neugierig auf Neues.
- Ich bin einfallsreich.
- Ich liebe das Verhandeln.

Gefühlswelt, Intuition, Träume und Gespür:

- Ich will meine Gefühle leben und mit meiner Gefühlswelt in Kontakt sein.
- Ich zeige meine Gefühle.
- Ich habe ein gutes Gespür für den Rhythmus und die Zyklen des Lebens.
- Ich schärfe meine Intuition.
- Ich folge meinen Träumen und gebe meinen inneren Bildern Raum.

- Ich folge meiner eigenen Stimme.
- Ich genieße die Stille.

Über das Loslassen:

- Ich lasse los und gehe mit leichtem Gepäck durchs Leben.
- Leicht und locker hüpfe ich durch den Alltag und das Leben.
- Spielerisch überspringe ich meine Grenzen und fühle mich grenzenlos frei.

Klarheit:

- Ich habe ein klares Konzept von meinem Leben und setze meine großen Energien gezielt ein.
- Ich konzentriere mich auf das Wesentliche.
- Mit freiem Kopf kann ich gelassen wichtige Entscheidungen treffen.

Fülle:

- Ich schöpfe aus dem Vollen des Lebens.
- Ich genieße das Leben in vollen Zügen.

Talentschuppen und Arbeit:

- Ich bin überzeugt von meiner Einmaligkeit und arbeite stets daran, das zu machen, was mir entspricht.
- Mit funkelnden Augen und brennender Begeisterung tue ich das, was mir am meisten Spaß macht.
- Meine Arbeit ist ein Zentrum meiner individuellen Weiterentwicklung.
- Mit großer Erfüllung kann ich mich in meinem Beruf selbst verwirklichen.
- Meine Arbeit ist ein Riesenspaß, bei dem ich spielerisch wachsen kann.
- Arbeit ist für mich eine Art Aktivurlaub, in dem ich einfach das mache, was ich will.
- Meine Arbeit ist mehr als nur ein Generator meines Finanzstroms.

- Die Arbeit ist für mich ein Transmissionsriemen von Spaß, Energie und wirklicher Erfüllung.
- Ich mache einfach, was mir Spaß macht.
- Mit Volldampf und guter Laune bringe ich die Projekte nach vorn.
- Meine Arbeit ist ein Abenteuerspielplatz für Erwachsene, auf dem ich mich so richtig austoben kann.

Aufbruch, Transformation und Veränderung:

- Ich entdecke neue Horizonte.
- Ich schwimme originell und witzig gegen den Strom.
- Ich nutze meinen Freiraum und wehre mich gegen Anpassung und Fremdbestimmung.
- Ich kann gut über mich selbst lachen.
- Ich lebe nach meinen eigenen Maßstäben.
- Ich erfinde.
- Meine Fantasie ist grenzenlos.
- Ich stelle mich nicht mehr in der Reihe an, sondern mache eine neue eigene auf.

Und überhaupt:

- Ich will lachend und leicht im Leben sein.
- Ich will mich selbst nicht so ernst nehmen.
- Ich will authentisch sein.
- Ich will an Spannungen wachsen und bin gespannt darauf.
- Ich gebe das Zepter meines Lebens nicht aus der Hand und bin Herr meiner Energie.
- Mutig stelle ich althergebrachte Regeln in Frage und folge meiner inneren Überzeugung.
- Es ist prima, wenn ich überflüssige Schritte vermeiden kann und aufgestellte Hürden locker überspringe.

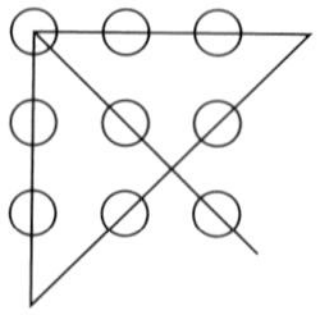

Abb. 13: Auflösung von Seite 200

Epilog

Es gibt viele Menschen, ohne die dieses Buch nicht möglich gewesen wäre. Mein Dank geht an all die Menschen, die direkt oder indirekt zu diesem Buch beigetragen haben – sie alle hier aufzuführen, würde ein eigenes Buch füllen.

Mit großem Respekt verneige ich mich in Dankbarkeit vor unzähligen Führungskräften, visionären Unternehmern, Vorständen großer Konzerne und kleiner Start-up-Unternehmen, Geschäftsführern aus dem Mittel-, Ober- und Unterstand, Managern und Machern aus der Wirtschaft, der Verwaltung und der Wissenschaft, Konzernstäben, engagierten Projektleitern, Vorsitzenden von Fachgesellschaften und Verbandsfunktionären, Dekanen privater und staatlicher Hoch- und Niederschulen, Psychologen, Chef-, Ober- und Unterärzten, Personal- und Unternehmensberatern, kreativen Katalysatoren, Inspiratoren, Change-Agents, Quer-, Vor-, Nach- und Nichtdenkern und all meinen Lehrern, die mich seit der Entstehung des Buches in den letzten 15 Jahren begleitet und inspiriert haben. Ihnen danke ich für Feedback, An- und Abregungen, kreative Geistesblitze und durchblutungsfördernde Ratschläge. All ihre Gedankensplitter und Impulse habe ich zu einem neuen Mosaik verweben dürfen, um aus altbekanntem Wissen eine andersartige Mischung herzustellen und diese thematisch neu zu fokussieren.

Meinen Großmeistern der ostasiatischen Kampfkünste danke ich für die gelassene Erwartungslosigkeit und die Vermittlung der Fähigkeit, hinter das (eigene) Brett (vorm Kopf) zu sehen.

Claudia danke ich für den empathischen Spürsinn, die kritische Unerschrockenheit und den liebevoll messerscharfen Geist. Dieser Dreiklang gab mir die Bodenhaftung und die beschwingte Resonanz.

Ein großes Dankeschön geht an Ute Flockenhaus, Susanne von Ahn und alle Kollegen des GABAL-Verlages, die von Anfang an an dieses Buch geglaubt haben.

Danken möchte ich zudem allen Mitarbeitern, Seminarteilnehmern und Unternehmern, die mich an ihren Herausforderungen und Fragestellungen haben wachsen lassen. Sie haben mich darin bestärkt, dass es sich lohnt, alte Wege zu verlassen und neue eigene Pfade zu beschreiten.

Wenn Sie mir schreiben wollen, so freue ich mich auf Ihr Feedback und Anregungen unter jottps@freenet.de. Im Informationszeitalter bin ich nur einen Maus-Klick von Ihnen entfernt.

Über den Autor

Als Arzt und Medizinischer Informatiker hat sich Dr. Jörg-Peter Schröder seit 15 Jahren mit systemischen Prozessen von Kommunikation und Führung beschäftigt und viele Projekte im Informations- und Gesundheitsmanagement in Führungspositionen erfolgreich umgesetzt. Als kreativer Querdenker, Change-Agent und vernetzender Katalysator begleitet er Menschen auf den Gebieten Führung und Persönlichkeitsmanagement. Durch Artikel, Seminare und Workshops hat er sich einen Namen gemacht. Schwerpunkte seiner freiberuflichen Arbeit sind:

- Leadership und authentische Führung
- Innovatives Stress-Management
- Transformation, Information und Integration
- Tanzen statt Kämpfen
- Inner Change (individuelle Veränderungsprozesse und persönlicher Wandel)

Seminarhinweise:

- Machen Sie doch einfach, was Sie wollen – Erfolgsfaktoren jenseits von Stress und Hektik
- Abschied vom Effizienzwahn – Projektmanagement neu gedacht
- Inner Change – den Wandel proaktiv gestalten
- Zeit-Zeichen – die Zeichen der Zeit
- Strickmuster verstehen
- Tanzen statt Kämpfen
- Beyond Shareholder Value – Führung neu denken

Das kleine Energie-Glossar

Energie ist die Summe aller uns zur Verfügung stehenden Kräfte auf allen Lebensebenen von Körper, Emotionen und Geist.

Energiemanagement bedeutet, dass wir uns im Gleichgewicht mit unseren inneren Werten, Mustern, Potenzialen und Ressourcen befinden. Wir müssen gleichsam die Macht unserer Gedanken, unserer Wünsche und unserer kreativen Energie nutzen, um unser Leben ganzheitlich auszurichten. Beispiele für Energien sind: Liebe, Zeit, Aufmerksamkeit, Gedanken, Geld, Gesundheit, körperliche Kraft und Emotionen. Diese können auf einer positiven Frequenz, wie zum Beispiel Freude und Glück, oder auf einer negativen Frequenz, wie zum Beispiel Frustration, Trauer, Wut oder Krankheit, gelebt werden. Ziel ist es, Negativenergie in Positivenergie zu verwandeln und die für uns richtige Frequenz und ein optimales, uns entsprechendes Energieniveau zu erreichen.

Negativenergie: Jede Energie, die Sie für Projekte oder Handlungen aufwenden, die Ihnen nicht entsprechen oder Ihnen schwer fallen, ist Negativenergie. Sie zehrt an Ihren Reserven und führt über einen Energiemangel zu einem Erlahmen des inneren Schaffendrangs und der Kräfte und lässt Sie auf einer Negativfrequenz leben.

Positivenergie bedeutet, dass Sie Energie in die Dinge stecken, die Ihnen Spaß und Freude bereiten und Ihnen von Ihren Potenzialen, Begabungen und Talenten her entsprechen. Sie setzt weitere Handlungspower frei.

Frequenzwechsel bedeutet, von einer Negativ- auf eine Positivfrequenz zu gelangen. Wir verpassen den negativen Gedanken einfach den positiven Dreh, und die Frequenz ändert sich schlagartig. Wenn Sie auf einer schlechten Frequenz leben, ist Ihr Energiefluss blockiert. Zum Beispiel können wir uns vorstellen, dass unser Gesundheitszustand an einem Barometer ablesbar ist. Magenschmerzen deuten dann auf ein Frequenz-Tief. Schlafstörungen sind ebenfalls die Vorboten eines herannahenden Frequenz-Tiefdruckgebiets auf der ganzheitlichen Wetterfront Ihres energetischen Wohlbefindens. Die unterschiedlichen Ebenen sind miteinander verbunden. Häufig reicht bereits eine kleine Veränderung auf einer Ebene, um die Energie auch auf einer anderen wieder ins Fließen zu bringen. Wenn beispielsweise ein bestehender Arbeitsfrust aufgelöst wird, kann es sein, dass gleichzeitig die Schlafstörungen verschwinden.

Transformation: Veränderungen sind natürliche Ereignisse. Im Gegensatz hierzu bedeutet eine Transformation einen Paradigmenwechsel und damit einen Quantensprung des persönlichen Wandels. Die Transformation tangiert die Bereiche Geist, Autorität, Eigenverantwortung, persönliche Kraft, Potenziale und Talente, Vorstellungsvermögen, Proaktivität, Emotionalität und Bewusstsein auf einer ganzheitlichen Ebene (WOLLEN, KÖNNEN, WÄHLEN, MACHEN). Im Buch wird die Transformation auch zur Umpolung von Negativ- in Positivenergie sowie beim Frequenzwechsel eingesetzt.

Literaturhinweise

Gelesen zur für mich richtigen Zeit:

Bachmann, Winfried & Fiona: *Im Team zum Ziel*. Junfermann. Paderborn 1997

Bents, Richard / Blank, Reiner: *M.B.T.I.* Claudius. München 2001

Bents, Richard / Blank, Reiner: *Typisch Mensch*. Beltz Test. Göttingen 1995

Bridges, William: *Der Charakter von Organisationen*. Hogrefe. Göttingen, Bern, Toronto, Seattle 1998

Buser, K. / Kaul, U.: *Medizinische Psychologie, Medizinische Soziologie*. Fischer. Stuttgart, New York 1981

Capra, Fritjof: *Wendezeit*. Deutscher Taschenbuch Verlag. München 1996

Carlson, Richard: *Don't sweat the small stuff*. Hyperion. New York 1997

Chao-Hsiu Chen: *Im Tempel der Stille*. Gustav Lübbe Verlag. Bergisch Gladbach 2000

Chopra, Deepak: *Die sieben geistigen Gesetze des Erfolgs*. Heyne. München 1996

Christiani, Alexander / Scheelen, Frank. M.: *Stärken stärken*. Redline Wirtschaft bei Verlag Moderne Industrie. München 2002

Covey, Stephen R.: *Die sieben Wege zur Effektivität*. Heyne. München 1997

Dethlefsen, Thorwald / Dahlke, Rüdiger: *Krankheit als Weg*. Goldmann. München 1990

Dreyfus, Hubert L. / Dreyfus, Stuart E.: *Künstliche Intelligenz*. Rowohlt. Reinbek 1987

Drigalski, Dörte von: *Blumen auf Granit*. Ullstein. Frankfurt, Berlin 1987

Dueck, Gunter: *E-Man*. Springer. Berlin, Heidelberg, New York 2001

Eisenführ, Frankz / Weber, Martin: *Rationales Entscheiden*. Springer. Berlin, Heidelberg, New York 1999

Fröhling, Thomas / Martin, Katrin: *Feng Shui für Beruf und Karriere*. Mosaik. München 1998
Gibran, Khalil: *Der Prophet*. Walter. Olten 1989
Glaser, Volkmar: *Eutonie*. Haug. Heidelberg 1993
Goethe, Johann Wolfgang von: *Märchen*. Insel-Bücherei. Frankfurt am Main 1984
Goleman, Daniel: *Emotionale Führung*. Econ. München 2002
Grün, Arno: *Der Verrat am Selbst*. Deutscher Taschenbuch Verlag. München 1988
Grün, Arno: *Der Wahnsinn der Normalität*. Deutscher Taschenbuch Verlag. München 1989
Hanh, Thich Nhat: *Der Duft von Palmenblättern*. Herder. Freiburg, Basel, Wien 2000
Hanh, Thich Nhat: *Zeiten der Achtsamkeit*. Herder. Freiburg, Basel, Wien 1996
Hanh, Thich Nhat: *Lächle deinem eigenen Herzen zu*. Herder. Freiburg, Basel, Wien 1995
Hanh, Thich Nhat: *Das Wunder der Achtsamkeit*. Theseus. Berlin 1990
Hesse, Hermann: *Demian*. Suhrkamp. Frankfurt am Main 1984
Kaptchuk, Ted J.: *Das große Buch der chinesischen Medizin*. Heyne. München. 1983
Kellaway, Lucy: *Cold comfort*. Financial Times, Monday January 20, 2003
Köhler, Gerhard: *Lehrbuch der Homöopathie*. Hippokrates. Stuttgart 1999
Krishnamurti, Jiddu: *Der unhörbare Ton*. Kösel. München 1993
Krishnamurti, Jiddu: *Einbruch in die Freiheit*. Ullstein. Frankfurt am Main, Berlin 1986
Kuhn, Thomas S.: *Die Struktur wissenschaftlicher Revolutionen*. Suhrkamp. Frankfurt am Main 1976
Küstenmacher, Werner Tiki / Seiwert, Lothar J.: *Simplify your life*. Campus. Frankfurt, New York 2002
Lauterbach, Ute: *Spielverderber des Glücks*. Kösel. München 2001
Lec, Stanislaw Jerzy: *Sämtliche unfrisierte Gedanken*. Zweitausendeins. Frankfurt am Main 1997
Maoshing Ni (Hrsg.): *Der gelbe Kaiser. Das Grundlagenwerk der chiniesischen Medizin*. O. W. Barth Verlag im Scherz Verlag. Bern, München, Wien 1998
Marco, Tom de: *Spielräume*. Hanser. München, Wien 2001
Mello, Anthony de: *Gib Deiner Seele Zeit*. Herder. Freiburg, Basel, Wien 1999

Messner, Reinhold: *Berge versetzen*. BLV Verlagsgesellschaft. München, Wien, Zürich 1993
Meyer, Axel: *Kosmologie des Augenblicks*. Taoasis. Lemgo 1986
Miller, Alice: *Das Drama des begabten Kindes*. Suhrkamp. Frankfurt am Main 1983
Moers, Walter: *Die 13½ Leben des Käpt'n Blaubär*. Eichborn. Frankfurt am Main 1999
Münchhausen, Marco von: *So zähmen Sie Ihren inneren Schweinehund*. Campus. Frankfurt, New York 2002
Parkinson, J. Robert: *How to get people to do things your way*. NTC Business Book. Lincolnwood 1996
Pascale, Richard T. / Millemann, Mark / Gioja, Linda / Herrmann, Martin: *Chaos ist die Regel*. Econ. München 2002
Peseschkian, Nossrat: *Der Kaufmann und der Papagei*. Fischer Taschenbuch Verlag. Frankfurt am Main 1993
Pierer, Heinrich von / Oetinger, Bolko von: *Wie kommt das Neue in die Welt?* Rohwolt. Reinbek 1999
Popper, Karl R. / Lorenz, Konrad: *Die Zukunft ist offen*. Piper. München, Zürich 1988
Prochaska, James O. / Clemente, Carlo C. di / Norcross, John C.: *In Search how people change*. Applications to addictive behaviors. American Psychologist 47, Nr. 9 (1992): 1102–1114
Rilke, Rainer Maria: *Briefe an einen jungen Dichter*. Insel-Bücherei. Frankfurt am Main 1967
Robbins, Anthony: *Das Power Prinzip*. Heyne Verlag. München 1996
Scheithauer, Falk / Friedrich, Andreas W./Rehle, Eva: *Die Lebensenergie stärken mit Qi Gong*. Südwest. München 2000
Schellenbaum, Peter: *Die Wunde der Ungeliebten*. Kösel. München 1998
Schellenbaum, Peter: *Abschied von der Selbstzerstörung*. Deutscher Taschenbuch Verlag. München 1995
Schellenbaum, Peter: *Tanz der Freundschaft*. Kösel. München 1990
Schrage, Michael: *No more Teams!* Currency Doubleday. New York, London, Toronto, Sydney, Auckland 1995
Schrödinger, Erwin: *Was ist Leben?* Piper. München, Zürich 1989
Schulz von Thun, Friedemann: *Miteinander reden 2*. Rowohlt. Reinbek 1992
Schwarzenegger, Arnold: *Bodybuilding für Männer*. Heyne. München 1989
Seiwert, Lothar J.: *Das neue 1x1 des Zeitmanagements*. GABAL. Offenbach 1999

Senge, Peter, M. / Kleiner, Art / Smith, Bryan / Roberts, Charlotte / Ross, Richard: *Das Fieldbook zur fünften Disziplin*. Klett-Cotta. Stuttgart 1996

Sennett, Richard: *Respekt*. Berlin Verlag. Berlin 2002

Siedler, Wolf Jobst: *Nietzsche für Freunde*. Goldmann. München 2000

Siegenthaler, Walter: *Differentialdiagnose innerer Krankheiten*. Thieme. Stuttgart, New York 1988

Temelie, Barbara: *Ernährung nach den fünf Elementen*. Joy. Sulzberg 2000

Thomas, Gordon: *Patienten-Konferenz*. Heyne. München 1997

Thomas, Gordon: *Manager-Konferenz*. Heyne. München 1994

Uexküll, Thure von: *Psychosomatische Medizin*. Urban & Fischer. München, Jena 2003

Weizenbaum, Joseph: *Die Macht der Computer und die Ohnmacht der Vernunft*. Suhrkamp. Frankfurt am Main 1990

Weizsäcker, Carl Friedrich von: *Zum Weltbild der Physik*. Hirzel wissenschaftliche Verlagsgesellschaft. Stuttgart 1990

Wilber, Ken: *Eros, Kosmos, Logos*. Wolfgang Krüger Verlag. Frankfurt am Main 1996

Zhi-Chang, Li: *Mit dem Herzen lächeln*. Heyne. München 1999

Stichwortverzeichnis

Abhängigkeit 122, 240
Affirmationen 37, 88
Aktionsplan 10, 17, 146, 164, 166, 171, 173–176, 179, 183–185, 191–193, 199f., 202, 204–206, 209–211, 219–222
Aktivitäten 35, 39, 80, 159, 172
Alltag 29, 31f., 38, 117, 184, 186, 265, 267
Alltagsstrudel 33–41, 80, 184, 201f.
Ampel-Check 91–94, 107f., 189f.
Angst 46, 71–78, 82, 112, 121, 178, 184, 188, 190, 194f., 199, 234, 237, 244
Angst-Eisberg 77
Angst-Wurm 72f.
Arbeit 14f., 28, 31, 36f., 39, 46f., 50, 56–59, 64, 68–71, 73f., 80, 84, 90, 93, 97, 102f., 107f., 111–116, 120–125, 128–132, 142, 149, 151f., 159, 167, 173, 181, 183, 195, 197, 209, 213–215, 217, 220, 227, 244, 249, 267f.
Ärger 73, 92, 121, 197
Atmung 26, 38, 54, 81, 182, 185, 226, 230
Aufgaben 28, 45, 55, 90, 92, 106f., 123, 127, 138, 175, 213, 240, 244

Balance 19, 30, 37, 70, 80f., 93f., 96, 102, 131, 134, 138, 188f., 192, 202, 226f., 229
Begabung 14, 16, 20, 128f., 262f., 272
Behavioural Change 144, 146, 168
Bewerbung 126–129
Burn-out-Syndrom 46, 90

Change 15, 106–108, 144, 146f., 168, 204

Denken 31, 47, 57, 80, 87, 131, 143, 152, 187f., 198, 204, 227, 233, 240, 244f., 250f.
DISG 54, 116

Effektivität 16, 38, 69, 107, 135, 168, 185, 207–211, 230
Effizienz 14, 185, 198f., 207–211
Eigenverantwortung 193
Einstellung 23–26, 36f., 52, 55, 57, 63, 66, 72, 91, 96, 112, 134f., 149, 151f., 169, 208, 241, 244
Emotionen 19, 29, 70, 84, 87, 92, 96, 100, 102, 109, 164, 178f., 202, 210, 225, 233
Empowerment 20, 100, 224
Endlosschleifen 79, 81, 180
Energie 15f., 18f., 22–26, 30, 47, 57, 69, 72f., 75–77, 80, 86, 88, 91, 96–99, 102, 105–107, 109f., 116, 121f., 132, 134f., 148, 151, 158–160, 162, 178, 180, 182f., 185, 190, 204, 208f., 211, 219, 222, 226,

228, 230, 232, 235, 243, 245–247, 258, 268
Energie-Check 105–107, 211, 247
Energiemanagement 18, 84, 178
Energieräuber 17, 22, 25, 47, 82, 86, 107, 151, 164, 178, 262
Ent-chen 183f.
Entscheidung 55, 114, 152, 208, 210
Erfolg 16, 62, 78, 128, 149, 151, 181f., 194, 231–233, 239, 245, 249, 255, 258, 263

Flexibilität 114, 118, 232
Frei-Zeit 88, 142–148, 159
Fremdbestimmung 43–47, 50–52, 54, 62, 82, 125, 167, 178, 183f., 188f., 268
Frequenz 19f., 22, 24–26, 33, 43, 57–60, 72, 79, 84, 95, 101, 106 f., 109, 151, 164, 187–189, 191–193, 234, 263
Frequenzmesser 105, 107–109
Frequenzwechsel 19, 26, 32, 39, 63, 75, 81, 106f., 148, 151, 185, 228, 230
Frust 19, 24, 35, 76, 167, 188, 243–245, 247
Führung 15, 128

Gefühle 43, 45, 112, 190, 193, 202, 205, 233, 243, 266
Geld 15, 19, 29, 46, 48–50, 61f., 77, 112, 122, 149–155, 159, 167, 210
Geldstrom 88, 149–155
Gesundheit 17, 19, 69f., 88, 93–100, 105, 121f., 158, 168, 210, 225–228, 233, 243, 257
Glück 19, 43, 54, 68, 153, 184f., 258, 263f.
Goldener Mittelweg 64f., 67
Grübeln 79–81, 253

Handy 27, 39, 198, 205, 213–216, 218

Individualität 18, 65, 130, 237
Individualitäts-Sinn-Fonie 225–230
Informationsmanagement 15, 212–221
INSIGHTS-Methode 116
Internet 68, 174, 198, 219f.
Intuition 117, 86, 179, 190, 192, 244, 249f., 266
IST-Analyse 17, 88, 167, 247

Jammern 56–59, 23
Jetzt-Zeit 134, 136, 203f., 224, 262

Kampf 37, 58, 136, 188, 243–247
Karriere 93f., 113, 115, 238f., 244
Klarheit 30, 139, 154, 160, 189, 192, 201f., 205f., 228, 267
Klärwerk 201–205
Kommunikation 29, 102, 127, 165, 167, 190, 212f., 215, 217, 219, 221, 232, 234f.
Konkurrenz 16, 118, 244
Können 16, 43, 171, 178f., 226, 262f., 266
Körper 37, 70, 79–81, 84, 92, 95f., 98–100, 108f., 158, 164, 172, 178, 185f., 189, 192, 202, 225–228, 230, 262, 265
Kreativität 23, 46, 52, 65, 132, 181, 231, 255

Lachen 109, 256f.
Lassen 174–176, 182, 185, 262
Lebendigkeit 29, 43, 103, 236f., 254, 256
Lebensinventur 17, 84, 86
Lebenslandkarte 84, 86, 156, 161
Lebensvision 15, 112, 157, 185
Leichtigkeit 14, 69, 144, 151, 172, 243
Leisure-Plan 142–148
Leitbild 62, 87
Lernen 158, 174, 198–200, 249
Lernkraftwerk 198–200, 240

Loslassen 38, 69, 178–180, 231 f., 267
Lösung 37, 39, 53, 57, 65, 76, 178 f., 181, 186, 196, 200, 234, 246 f.
Lust 15, 46, 50, 76, 116, 122, 173, 188, 229, 243–245, 247, 258, 263

M.B.T.I. 54
Machen 15, 17, 20, 66, 172, 175, 185, 231, 233, 238, 262 f., 265
Magische Vierfeldertafel 171
Mails 28, 33, 35, 68 f., 79, 216–219
Masterplan 17, 84, 157, 162, 164
Mission-Statement 160 f.
Motivation 18, 61, 73, 133
Muster 16, 22, 51, 53, 61, 74, 88, 116, 131, 144, 249
Mut 55, 74, 183 f., 188, 194 f., 248

Nebenwirkungen 26, 32, 39, 55, 59, 63, 67, 70, 78, 81 f.
Negativenergie 24, 33, 60, 72, 222, 244
Negativfrequenz 106, 188, 194
Neu-Anfang 17, 262–264

Opfer 30, 38, 57, 59, 66, 91, 142, 202
Orientierung 84, 89, 91, 93 f., 109, 166, 201 f., 206, 262

Personal Change 144
Persönlichkeit 23, 54, 116, 232–234
Persönlichkeitsmarketing 46, 124 f.
Persönlichkeitstyp 54, 116
Perspektive 53
Positivaffirmationen 87 f., 99, 104, 110, 131, 148, 154, 167, 174, 186, 197, 200, 206, 211, 221, 265–268
Positivenergie 59, 244
Positivfrequenz 106, 188
Potenziale 16, 43, 84, 129, 137, 160, 165 f., 211, 224, 263
Power 19, 32, 34 f., 42, 110, 138, 172, 183, 188, 217, 222–224, 229, 233, 262
Proaktiv 20, 125, 194 f., 202
Problem 37, 58, 82, 96, 125, 237, 247
Profiler of Personality 54, 116, 123
Profiling 116
Projektion 45, 52
Projektmanagement 56, 118, 164–176, 198, 211, 222
Prozessmanagement 17, 145

Qigong 37, 80, 227, 229

Risiken 117–120, 195
Routine 19, 23, 103, 145
Ruhe 31, 49, 80, 99, 141

Selbstbestimmung 15, 190
Selbstmanagement 173, 181, 195
Selbstverantwortung 236 f.
Self-Empowerment 20, 100, 224
SOLL-Konzeption 84, 156, 167
Spaß 14, 16, 24, 36, 60, 69 f., 76, 92 f., 95, 104, 106–109, 111, 114 f., 120, 122–124, 127, 141 f., 151, 155, 173 f., 181, 183, 185 f., 188–190, 192, 197, 200, 208, 229 f., 244, 249, 256–258, 264, 267 f.
Spiel(t)räume 248–252
Stress 34–37, 39, 88, 90, 99, 107, 113, 115, 121, 170, 173, 183 f., 205, 227
Superbleifrei 177–185, 201, 262
SWOT-Test 117–120

Talent 97, 11, 116, 190, 267
Tanz 28, 70, 76, 104, 188, 229, 243–247, 259
Team 45, 65, 112 f., 115, 274
Terminkalender 36–39, 99, 137 f., 141, 179, 202

Transformation 150f., 187–189, 191, 193–197, 224, 241, 268
Turbo-Kommunikation 212–221

Umpolen 151
Unzufriedenheit 23, 60–63, 66

Verantwortung 17f., 26, 57f., 127, 134, 151, 189, 192, 236f., 239, 259, 265
Vergangenheit 52, 57, 94, 134, 167, 180, 204, 247, 249, 254
Vergleichen 60–63, 229
Verhaltensänderung 168–170, 268
Vierfeldertafel 171
Visitenkarten 220f.
Vorzeichenwechsel 75f., 151, 187–197

Wachstum 18, 24, 54, 75, 77f., 84, 89, 137, 148, 178, 187, 240f.
Wandlung 190, 193, 224
Werte 23, 114, 116, 123, 191, 245
Wollen 16f., 43, 171f., 231, 233, 262f., 265
Work-Life-Balance 37, 70, 80
Wurm der Unzufriedenheit 60–63, 66

Zeitmanagement 28, 34–39, 133–141, 156
Ziele 15f., 28, 61f., 98, 104, 110, 118, 124, 131, 134, 142, 150, 154, 156, 158, 164–168, 171f., 178, 185, 195, 208, 210, 240, 265
Zorn 184
Zukunft 37, 52f., 66, 77, 86, 109, 118, 125, 128–131, 134, 136, 145, 153, 156–158, 161f., 169, 175, 184, 195, 199, 204, 210, 237, 249, 253f.

Dr. Jörg-Peter Schröder, Budenheim, arbeitet als Arzt und Manager im Gesundheitswesen seit 15 Jahren auf den Gebieten systemischer Prozesse, Kommunikation und Führung vorrangig für Krankenhäuser, Versicherungsunternehmen und Wissenschaft. Als renommierter Querdenker, enthusiastischer Change-Agent und vernetzender Katalysator inspiriert er Menschen auf den Gebieten Führung, Projekt- und Persönlichkeitsmanagement in Seminaren, Workshops und im täglichen Leben. Als erfolgreicher Manager im Gesundheitswesen hat er zahlreiche medizinische Fachbücher und -artikel publiziert. Schwerpunkte seiner freiberuflichen Arbeit sind:

- Leadership und authentische Führung, Führen in Veränderungssituationen
- Blockadenabbau und Stressbewältigung
- Kernkompetenz, persönliche Bilanz und individueller Wandel, Stärkung der persönlichen Ressourcen
- Persönliches Change-Management und Persönlichkeitsmarketing
- Work-Life-Balance: Balance von Körper, Seele und Geist in einer sich immer schneller drehenden Welt

Weitere Informationen:

Dr. Jörg-Peter Schröder
Im Gehren 37
55257 Budenheim
Tel. 06139-292645
Fax 06139-293476
Web www.frequenzwechsel.de

FrequenzWechsel